Kurt MATZLER

DAS HIGH PERFORMANCE MINDSET

IMPRESSUM

2. Auflage, 2023

ISBN: 978-3-903376-51-9

Lektorat: Dr. Rosemarie Konrad
Fotos: Wenn nicht anders angegeben, Privatarchiv Dr. Kurt Matzler
Coverfotos: Florian Phleps
Graphische Gestaltung: Dipl. Ing. (FH) Ing. Clemens Toscani
Printed in the EU

Gesamtherstellung
egoth verlag GmbH
Untere Weißgerberstr. 63/12
1030 Wien
Österreich
www.egoth.at

Kurt MATZLER

DAS HIGH PERFORMANCE MINDSET

RACE ACROSS AMERICA –
Was wir vom härtesten Radrennen der Welt lernen können

egoth sport

INHALT

DER AUTOR
KURT MATZLER

Kurt Matzler ist Professor für Strategisches Management an der Universität Innsbruck, Österreich. Laut Brightline Initiative ist er einer der besten strategischen Denker der Welt. Er ist akademischer Leiter des Executive MBA-Programms am MCI in Innsbruck und Partner von IMP, einem internationalen Beratungsunternehmen.

Kurt Matzler ist Autor von mehr als 300 wissenschaftlichen Arbeiten und mehreren Büchern, darunter Co-Autor der deutschen Ausgabe des Innovator's Dilemma, einem der sechs wichtigsten Managementbücher überhaupt (Economist). Er ist Co-Autor der Bücher „Digital Disruption" (2016) und „Open Strategy" (MIT Press, 2021). Mit mehr als 30.000 Zitaten in Google Scholar gehört Kurt zu den Top 20 Strategieforschern in Europa und zu den Top 50 weltweit.

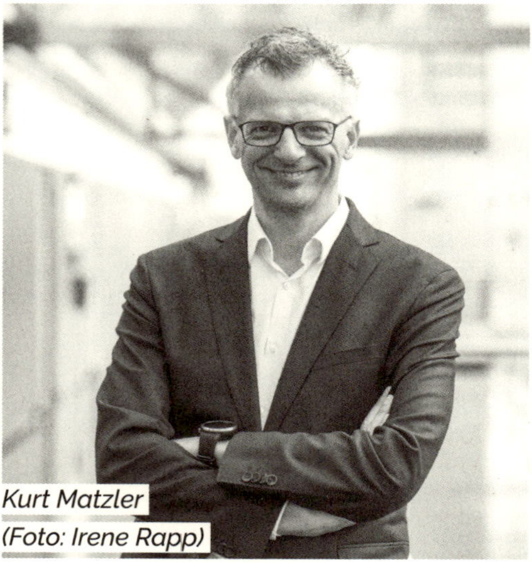

Kurt Matzler
(Foto: Irene Rapp)

Kurt Matzler ist leidenschaftlicher Radfahrer und Einzel-Finisher des Race Across America 2022. Durch seine Teilnahme am RAAM sammelte sein Rotary-Team mehr als vier Millionen US-Dollar an Spenden für die Ausrottung von Polio.

VORWORT
VON CHRISTOPH STRASSER

Es ist mir eine große Freude, hier mit ein paar Gedanken zu Wort kommen zu dürfen. Zuerst möchte ich Kurt aus ganzem Herzen gratulieren, er hat sich einen Lebenstraum erfüllt und das RAAM erfolgreich absolviert. Was mich aber am meisten beeindruckt, ist die Art und Weise, wie er das gemeinsam mit seinem Team geschafft hat. Er hat gezeigt, welche Qualitäten nötig sind und wie wichtig eine gute Vorbereitung ist. Aber auch welche Flexibilität es unterwegs braucht, denn sogar der beste Plan hält nur selten und muss auf der Strecke stets angepasst werden.

Was braucht es für ein RAAM, um über 4800 Kilometer und 42.000 Höhenmeter in weniger als zwölf Tagen aus eigener Muskelkraft mit dem Rennrad zu absolvieren und dabei brutale Hitze, klirrende Kälte, peitschende Unwetter und böige Winde auszuhalten? Was ist wichtiger, Körper oder Geist? Auf diese Fragen hat wohl jeder Mensch, der das längste Radrennen der Welt miterlebte, seine eigene Antwort.

Herausragende körperliche Fitness und mentale Stärke bilden definitiv die Basis, dazu übernimmt ein eingespieltes, flexibles und professionelles Team die Logistik, Betreuung, Verpflegung und Pausengestaltung.

Sich von Siegerzeiten oder Rekordfahrten anderer einfach die Strategie abzuschauen und für sich zu übernehmen, ohne seine eigenen Stärken und Schwächen in Betracht zu ziehen, führt oft zum Scheitern – oder zumindest zu unnötigen Leiden.

Bei meinen schnellsten RAAM-Teilnahmen war es tatsächlich so, dass ich erst nach 36 und 48 Stunden jeweils 20-minütige Powernaps einlegte und nach der Überquerung der Rocky Mountains, nach zweieinhalb Tagen Fahrzeit, die erste richtige Schlafpause von einer Stunde absolvierte. Diese Strategie mag riskant erscheinen, war aber das Schritt für Schritt weiterentwickelte Resultat aus den Erfahrungen in den Jahren davor – mein Team und ich hatten uns langfristig herangetastet. Dazu hatten wir bei meinem Streckenrekord 2014 kaum ungünstiges Wetter, ein erfahrenes Team, das insgesamt in Summe bereits 42 RAAMs mitgemacht hatte, und einen idealen Rennverlauf, der mich psychologisch anspornte. Würde ein Rookie das genauso machen, ist die Chance ziemlich groß, dass diese Strategie nicht funktioniert.

Für mich sind wahre Sieger diejenigen, die ihre Fähigkeiten realistisch einschätzen und den Mut haben, eine für sich passende Taktik zu entwickeln, und diese dann mit der nötigen Flexibilität umsetzen. Kurts unübliche Strategie mit anfangs längeren Pausen in Motels statt kurzen Stopps im Wohnmobil, um am Ende mit mehr Reserven als die Konkurrenz noch Boden gutzumachen, ging voll auf. Einfach blauäugig – oder besser gesagt naiv – ins RAAM zu starten, sich dann über sein Limit hinaus zu verausgaben, um schlussendlich unter großen Strapazen und ohne Spaß um das Finish zu kämpfen, macht das RAAM noch viel schwieriger und härter, als es ohnehin ist.

Denn im Endeffekt sollten beim RAAM die positiven Erlebnisse überwiegen: der Teamgeist, die beeindruckenden Landschaften, die Freude am Radfahren, der faire Wettkampf, das Erreichen von scheinbar unmöglichen Zielen.

Kurt Matzler ist für mich eine Inspiration: Er hat sich über Jahre in kleinen Schritten an dieses riesige Projekt herangearbeitet, hat mit Geduld und Hartnäckigkeit diverse Rückschläge hingenommen und daraus gelernt. Kurt hat sich als Teilnehmer in den „Team Rotary RAAMs Polio"-Viererstaffeln schon wertvolle Erfahrung auf der Strecke geholt und eine Crew um sich aufgebaut, die er mit seinem klaren Ziel zu einer eingespielten Truppe geformt hat, in der jeder dem anderen vertraut und sich gegenseitig inspiriert, sein Bestes zu geben.

Die Kunst beim Zusammenstellen des Teams ist es, als Leader voranzugehen, das Ziel zu formulieren und in der Vorbereitung täglich so zu leben, um dem Ziel näher zu kommen, und damit auch das Team mitzureißen und zu motivieren. Im Rennen soll man dann aber die Kontrolle an die Crew abgeben und sich nur auf seinen Job – treten, essen, trinken und wach bleiben – fokussieren und dem Team vertrauen. Der Crew die Entscheidungen zu überlassen, ist nicht einfach und auch ein Lernprozess. Aber dieses Loslassen und Delegieren ist essenziell, um ein Rennen wie das RAAM finishen zu können. Ein übermüdeter Athlet kann keine klaren und sinnvollen Entscheidungen treffen.

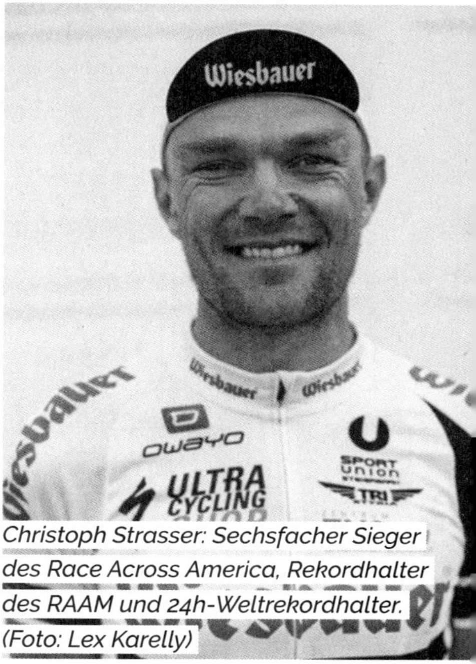

Christoph Strasser: Sechsfacher Sieger des Race Across America, Rekordhalter des RAAM und 24h-Weltrekordhalter. (Foto: Lex Karelly)

Aber auch Kurts Leistung abseits des Radfahrens ist beeindruckend: Es ist großartig, welche Summen er und sein Team für den guten Zweck übergeben haben. Ein starkes Netzwerk, kreative Ideen und Hartnäckigkeit in der Umsetzung ermöglichten es, insgesamt über vier Millionen Dollar zur Ausrottung der Kinderlähmung zu sammeln. Besonders freut es mich, dass ich mit den Erlösen meines Multimedia-Vortrags an der Uni Innsbruck etwas dazu beitragen durfte. Organisiert wurde dieser Tag selbstverständlich von Kurt Matzler persönlich.

An dieser Stelle möchte ich mich auch bei Kurt bedanken: für die freundschaftliche Verbundenheit, für die gegenseitige Unterstützung, und auch für das Gespräch, das wir in unserem „Sitzfleisch"-Podcast über sein RAAM geführt haben.

Ich wünsche allen Leserinnen und Lesern viel Freude mit diesem Buch und viel Kraft und Spaß beim Arbeiten an den eigenen Zielen! Lassen Sie sich von der cleveren strategischen Herangehensweise inspirieren und genießen Sie die lebendige Erzählung von einem der größten sportlichen Abenteuer, die es gibt!

Herzliche Grüße,

Christoph Strasser,
Extremradsportler

EINLEITUNG

Das Race Across America gilt als das härteste und längste Radrennen der Welt und als härtester Sportwettkampf überhaupt. Als ich das erste Mal davon hörte, konnte ich mir die gewaltige Dimension dieses Rennens gar nicht vorstellen, die Athleten schienen mir „übermenschlich". Erst mit der Zeit, als ich mich mit dem Ultracycling vertraut gemacht hatte und immer längere Distanzen auf dem Rad zurücklegte, rückte das Race Across America in den Bereich des Möglichen. Irgendwann traf ich die Entscheidung, es zu versuchen. Das Unvorstellbare wurde vorstellbar, die Dimensionen erfassbar und eine erfolgreiche Teilnahme realistisch. Ich lernte, dass Grenzen nur im Kopf existieren. Was vorstellbar wird, wird machbar. Mittlerweile bin ich davon überzeugt, dass jeder gesunde Mensch das Race Across America bestreiten könnte. Was dazu nötig ist, ist die Begeisterung für dieses große Ziel, die Bereitschaft für eine jahrelange Vorbereitung, enorme Disziplin und mentale Stärke. Unverzichtbar dabei ist das richtige Team, das diese Begeisterung teilt und bereit ist, gemeinsam für das Ziel zu kämpfen.

Es haben sich schon viele vor mir Gedanken darüber gemacht, was das Erfolgsrezept ist, um Höchstleistungen zustande zu bringen. Ganz abgesehen von Biografien von Athleten, die es in ihrer Sportart ganz nach oben geschafft haben und unzähligen Ratgebern für mentale Stärke im Leben und im Beruf, scheint es im Bereich der Sport- und Fitnesswissenschaft einen regelrechten Boom in Sachen leistungssteigender Gadgets und Trainingsmethoden zu geben. Nach jahrelanger Vorbereitung kann ich behaupten, dass der Weg ein langer ist und es mehr als Talent braucht, um zur Elite zu zählen. Motivation

und Inspiration sind gut und schön, aber groß zu träumen – ohne Plan oder Struktur – hat noch kaum einem Athleten aufs Siegerpodest verholfen.
In diesem Buch erzähle ich die Geschichte über das Rennen meines Lebens. Ich erzähle von meinen jahrelangen Vorbereitungen, von meiner Strategie und meinen Plänen, von den körperlichen und mentalen Herausforderungen, von Höhen und Tiefen.

Als Professor für Strategisches Management beschäftige ich mich beruflich mit der Frage, was Unternehmen besonders erfolgreich macht. In diesem Buch wechsle ich meine Perspektive. Ich versuche Antworten auf die Frage zu finden, was uns als Menschen, als Sportler oder Führungskräfte zu Spitzenleistungen verhilft. Meine Erfahrungen aus dem Race Across America, aber auch meine Reflexionen über meinen beruflichen Weg brachten mich zu der Überzeugung, dass es hauptsächlich das Mindset ist – das High Performance Mindset. Ich bin davon überzeugt, dass wir für unser Leben und für unsere berufliche Karriere viel vom Extremsport lernen können. Neben der Geschichte über das Rennen meines Lebens finden Sie in diesem Buch elf Lektionen, die ich über die Zeit gelernt habe. Elf Lektionen, die uns zu Höchstleistungen bringen können und die unser High Performance Mindset prägen.

Dieses Buch wäre ohne die Unterstützung vieler Menschen nie zustande gekommen. Das Race Across America ist ein 5000-Kilometer-Einzelzeitfahren. Der Solo-Fahrer steht im Vordergrund. Hinter dem Fahrer aber steht ein Team, ohne dessen Unterstützung ein derartiges Projekt niemals möglich wäre. Mein Team Rotary RAAMs Polio gab in der Vorbereitung und während des Rennens alles, um mich zu unterstützen. Ohne meine Frau Ruth Brandstätter, meinem Crew Chief Zoltàn Bogdàn und meine Weltklasse-Crew mit Bill Clark, Martin Ebster, Liane Fendt, Darlene McKenzie, Bob McKenzie, Florian Phleps, Alexandra Podpeskar, Hubert Siller, Balàsz Vargas und Roland Volderauer hätte es das Rennen meines Lebens nie gegeben – ich bin euch unendlich dankbar! Andi Zemann, Irene Rohregger und Julia Kovacs haben mich von Österreich aus unterstützt. Martin Böckle vom TV-Sender K19 stand während des Rennens jeden Tag frühmorgens auf, um das Videomaterial zu schneiden und die TV-Berichte fertigzustellen. Martin Roseneder hat als mein Pressesprecher dafür gesorgt, dass unser Projekt – das ja auch ein großes Spendenprojekt war – entsprechende Breitenwirkung bekam. Ich bedanke mich auch bei meiner Physiotherapeutin Anna Entleitner, die mich über Jahre hinweg immer wieder fit gehalten hat. Markus Waldhart von F7 Training hat als mein Trainer ganze Arbeit geleistet. Ich bedanke mich bei allen, die mich bei der Fertigstellung des Manuskripts unterstützt haben, vor allem bei Ruth, Alex und Liane sowie bei Andrea Mayr, bei Rosemarie Konrad für das sorgfältige Lektorieren, bei Clemens Toscani für eine herausragende graphische Gestaltung und bei Egon Theiner vom Egoth Verlag, der sich von der Idee zu diesem Buch begeistern ließ.

Ich widme dieses Buch meinen zwei Söhnen Maximilian und Felix, die zielstrebig und begeistert ihre Wege gehen und deren Erfolge mich sehr beeindrucken und stolz machen.

Liebe Leserin und lieber Leser – nun wünsche ich viel Spaß beim Lesen dieses Buchs. Ich freue mich, wenn Sie das Rennen meines Lebens inspiriert und Sie die eine oder andere Idee mitnehmen. Grenzen existieren nur im Kopf! Mit dem richtigen Mindset können Sie fast alles schaffen!

Innsbruck, im Februar 2023

DAS RENNEN MEINES LEBENS

Elf Tage, fünf Stunden und 50 Minuten. Elf Tage, fünf Stunden und 50 Minuten, um den amerikanischen Kontinent beim härtesten und längsten Radrennen der Welt zu durchqueren: 4880 Kilometer, 42.300 Höhenmeter, zwölf Staaten, vier Zeitzonen, zwei Wüsten, drei Gebirgszüge. 51 Grad Celsius Höchsttemperatur in der Mojave-Wüste. Regen und eisige Temperaturen auf dem Wolf Creek Pass, dem mit 3300 Meter höchsten Punkt des Rennens. Durch einen Hurricane in Colorado, 1000 Kilometer heftiger Seitenwind in den Great Plains, gefährlicher LKW-Verkehr auf den Highways. Elf Tage lang Schlafentzug bis hin zu Halluzinationen. Entsetzliche Schmerzen, immer wieder technische Pannen. Pro Tag im Schnitt 432 Kilometer, 3800 Höhenmeter, ca. 50.000 Pedalumdrehungen, etwa 13.000 verbrannte Kalorien, ungefähr 14,5 Liter Schweißverlust. Zwischen zwei und drei Stunden Schlaf – pro Tag –, elf Tage lang. Nach jahrelanger Vorbereitung hat sich am 25. Juni 2022 gegen 23 Uhr mein Traum erfüllt – ich bin Solo-Finisher des Race Across America (RAAM), und ich stehe mit dem dritten Platz in meiner Alterskategorie auf dem Podium des längsten und härtesten Radrennens der Welt. Nach jahrelanger Vorbereitung und unbeschreiblichen Strapazen gehöre ich nun zu den weltbesten Langstreckenfahrern.

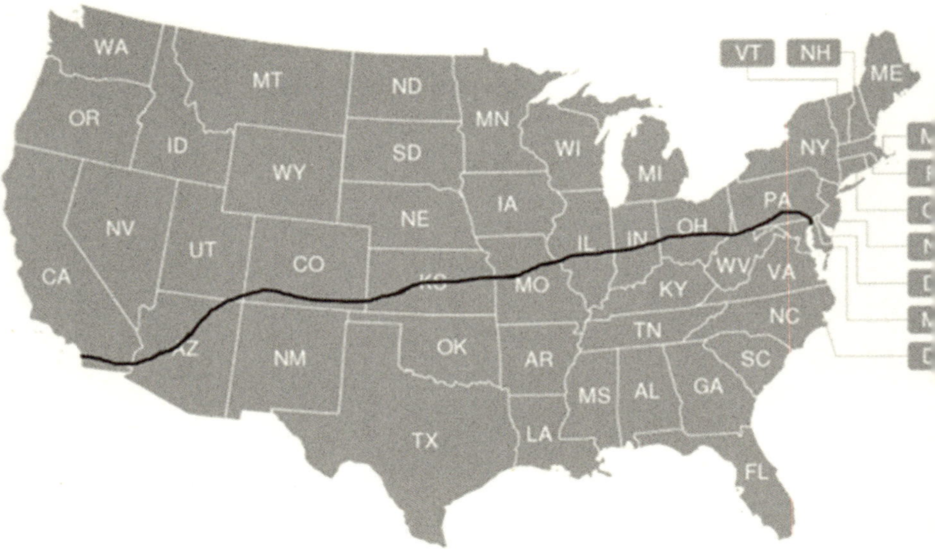

Race Across America – die Strecke.[1]

Die 40-jährige Geschichte des Race Across America hat nicht mehr als etwa 400 Finisher dieses brutalen Rennens hervorgebracht. Weniger als 50 Prozent der Solo-Starter erreichen jedes Jahr das Ziel. Von den Rookies, das heißt denjenigen, die es das erste Mal probieren, schaffen es weniger als 30 Prozent. Es gibt insgesamt weniger Finisher des Race Across America, als es in jedem Jahr Bezwinger des Mount Everest gibt.

1953 bestiegen Edmund Hillary und Tenzing Norgay als Erste den höchsten Berg der Erde. Seit Reinhold Messner und Peter Habeler 1978 den Berg ohne Sauerstoff bezwangen, stieg die Zahl der erfolgreichen Besteigungen des Mount Everest kontinuierlich an – bis zu einem Spitzenwert von 878 im Jahr 2019.[2] Mehr als 300 Tote hat es bisher gegeben. Etwa 10.000 Menschen standen bisher auf dem höchsten Punkt der Erde – darunter auch der Österreicher Wolfgang Fasching im Jahr 2001. Bekannter ist der Extremsportler aber als achtfacher Finisher des Race Across America und als dreifacher Sieger dieses Rennens. Sein Vergleich des RAAM mit dem Mount Everest: Der Mount Everest ist gefährlicher, das Race Across America aber härter.[3]

Das RAAM ist der härteste Sportwettkampf überhaupt. Das hat eine Expertenkommission, beauftragt vom Outside Magazin, ermittelt. Als Kriterien für diese Bewertungen berücksichtigte sie: a) die Länge des Wettbewerbs, b) den Schwierigkeitsgrad, c) die mentale Herausforderung und d) das Verhältnis der Kosten zur Ausfallsquote. Das Race Across America erhielt 676,2 Punkte, dahinter lag das Vendée Globe Around the World Sailing Race (675 Punkte), gefolgt vom Iditarod Trail Sled Dog Race (417,5 Punkte). Der Ironman Hawaii kam auf 67,2 Punkte.[4] Das RAAM ist um 30 Prozent länger als die Tour de France, und Finisher absolvieren es in etwa der Hälfte der Zeit. Es ist kein Etappenrennen, sondern ein Einzelzeitfahren. Sobald der Startschuss fällt, läuft die Zeit unaufhörlich – bei jeder kurzen Rast, bei jeder Schlafpause, bei jedem Stopp an jeder Ampel. Windschattenfahren ist verboten, der Radfahrer muss sich mit seinem Team auf der ganzen Strecke selbst versorgen. Das inkludiert Essen und Trinken ebenso wie medizinische Betreuung und das benötigte Material. Die Strecke ist genau vorgegeben. Über GPS-Sender und durch Race Officials werden die Teilnehmer überwacht. Ein detailliertes 60-seitiges Regelwerk lässt keinen Interpretationsspielraum zu. Verstößt man gegen eine der vielen Regeln – bleibt man etwa bei einem Stoppschild nicht stehen –, kassiert man eine Zeitstrafe. Bei fünf Zeitstrafen erfolgt die Disqualifikation. Das Rennen verlangt dem Radfahrer und der Begleitmannschaft alles ab: jahrelange Planung und Vorbereitung, physische Topform, mentale Stärke. Enorme Leidensfähigkeit, Stresstoleranz und logistische Meisterleistungen sind absolute Voraussetzungen, um überhaupt eine Chance zu haben, zu finishen. Nicht unerwähnt sollte auch der finanzielle und organisatorische Aufwand bleiben – mit einem Budget von ca. 50.000 Euro muss man rechnen.

Meine zwölfköpfige Begleitmannschaft und ich haben Außergewöhnliches geleistet. Wir erreichten nicht nur den dritten Platz in der Masterklasse (sechster Platz im Gesamtranking), mit unserer Teilnahme sammelten wir über 1,2 Millionen Euro an Spenden für die Ausrottung der Kinderlähmung. Unfassbar – je länger das Rennen zurückliegt, umso bewusster wird mir, was wir eigentlich geleistet haben.

MEINE RENNRADKARRIERE

Sportlich war ich schon immer. Als Jugendlicher war ich Leichtathlet – vor allem Hochspringer, aber auch Zehnkämpfer. Ich spielte Fußball in meiner Dorfmannschaft, war in der Basketballmannschaft und in der Volleyballmannschaft meiner Schule, und – was sportlich nicht gerade besonders anstrengend war – ich war Eisstockschütze. Sieben bis acht Trainingseinheiten pro Woche waren normal für mich. Meine Leistungen in der Schule glänzten in dieser Zeit nicht besonders, was mir weniger, mehr aber meiner Mutter immer wieder Sorgen bereitete. Unnötig, wie sich herausstellte. Die Matura schaffte ich als Zweitbester meiner Schule. Am Studium der Betriebswirtschaft an der Uni Innsbruck fand ich dann umso mehr Spaß. Ich finanzierte es selbst und arbeitete in den Ferien ganztags und während des Semesters sehr oft an den Wochenenden als Kellner. 70 bis 80 Stunden pro Woche Arbeit und Studium waren keine Seltenheit. Urlaub gab es nie. Ich erinnere mich an einen Sommer, in dem ich drei Monate lang arbeitete – zehn bis zwölf Stunden pro Tag, sieben Tage in der Woche – und mich gleichzeitig für die Diplomprüfung der Volkswirtschaftslehre im Herbst vorbereitete. Die Zeit dafür fand ich in meiner zwei-, dreistündigen Pause am Nachmittag. Ich kam in diesem Sommer leicht auf 100 Stunden pro Woche. Es war anstrengend, aber es lohnte sich. Die Prüfung bestand ich souverän.

Die Arbeit als Kellner hat mich eines gelehrt: Effizienz. Ich hatte die Gäste im Restaurant, in der Bar und auf der Terrasse zu betreuen. Oft konnte ich die Arbeit nur bewältigen, indem ich die Strecke von der Bar bis zur Terrasse rannte! Ich konnte die Arbeit nur schaffen, indem ich mehrere Dinge gleichzeitig erledigte – ich hatte mir angewöhnt, niemals mit leeren Händen zu laufen, jede Sekunde zu nutzen. Diese Einstellung prägte mein ganzes Arbeitsleben und später auch mein Training für das Race Across America. Im Winter spulte ich regelmäßig 5000 Kilometer auf der Rolle ab. Um auch diese Zeit zu nutzen, schaffte ich mir ein Rednerpult an und erledigte meine Lesearbeit auf der Rolle. Ich las pro Jahr etwa 15 bis 20 Fachbücher und unzählige wissenschaftliche Aufsätze während des Trainings, zudem bildete ich mich über Podcasts, Videos und Hörbücher weiter.

Aber zurück zu meiner Studienzeit. Die enorme Zeitbelastung durch Studium und Arbeit ließ keine Minute für Sport. Von den ehemaligen täglichen Trainings war ich weit entfernt und wurde zum regelrechten Sportmuffel. Nach dem Studium bot mir Professor Hans Hinterhuber gleich eine Assistentenstelle am Institut für Unternehmensführung an. Nachdem ich es gewohnt war, sieben Tage in der Woche zu arbeiten, machte ich so gleich weiter. Witha, meine damalige Freundin und später Mutter meiner zwei Söhne, war nicht gerade begeistert und versuchte mich zu überzeugen, dass es neben der Arbeit auch noch etwas anderes im Leben gab. Für mich war es normal, samstags und sonntags zu arbeiten. Neben der Forschung für meine Dissertation und der Lehre an der Uni bekam ich sehr viele Möglichkeiten, an Projekten mitzuarbeiten, Workshops für Unternehmen zu gestalten, Vorträge zu halten usw. Mein erstes Buch veröffentlichte ich zwei Jahre bevor ich meine Dissertation abschloss. Es war keine Seltenheit, dass ich – weil die Arbeit kein Ende nahm – die ganze Nacht lang einen Seminartag vorbereitete, in der Früh schnell unter die Dusche ging, um anschließend, ohne eine Minute geschlafen zu haben, eine Gruppe von Führungskräften den ganzen Tag zu unterrichten.

Obwohl mich dieser Lebensrhythmus nicht belastete, wurde mir klar, dass mir etwas Wichtiges fehlte: Sport. Martin, ein Freund von mir, brachte mich zum Mountainbiken, und etwas später, ich war 28, besorgte er mir ein Rennrad. Es war das Colnago Master Olympic, das Trainingsrad des Weltmeisters Maurizio Fondriest. Sein Mechaniker hatte ein Radgeschäft in Innsbruck. Ein paar Freunde von mir trainierten für den Styrkeprøven – die Kraftprobe –, ein Rennen, das jährlich zur Sonnenwende in Norwegen ausgetragen wird. Die Strecke führt 540 Kilometer lang von Trondheim nach Oslo – nonstop. Etwa 4000 Höhenmeter sind zu absolvieren. Da ich immer wieder mit ihnen trainierte, fragten sie mich schließlich, ob ich das Rennen gemeinsam mit ihnen bestreiten möchte. Ich hatte keine Ahnung vom Rennradfahren, erst

ein paar Kilometer trainiert und traute mir dieses Rennen natürlich nicht zu. Hubert, einer meiner Freunde, meinte dann im Scherz: „Das ist ganz leicht, Trondheim liegt im Norden, Oslo im Süden. Das heißt, es geht eh immer nur abwärts!"
Damit war ich überzeugt – mit diesen Jungs musste das schließlich Spaß machen!

Das Rennen startete am 18. Juni 1999. Da man in Tirol im Winter nicht gut auf der Straße trainieren kann, begann ich mit meinem Training erst im Februar, März. Ich hatte bis zum Styrkeprøven gerade einmal etwas mehr als 2000 Kilometer in den Beinen. Martin, Hubert, Markus und Peter nahmen sich die Zeit, um mit dem Wohnmobil nach Trondheim zu fahren. Ich flog knapp vor dem Rennen dorthin. Wir trainierten zwar ein bisschen, aber eigentlich genossen wir so kurz vor dem Rennen mehr die Landschaft. Und weil wir so cool waren, tranken wir abends Rotwein und rauchten Zigarren. Und weil wir nicht nur cool waren, sondern auch schlau, war uns klar, dass wir für das Rennen wohl viel Energie, sprich Kalorien, benötigen würden. Wir gingen essen – Steak mit Pommes, Dessert –, und natürlich wieder Rotwein. Um 23 Uhr waren wir im Hotel. Die Sonne schien noch, und im Zimmer war es hell. Wir konnten es kaum abdunkeln. Den Bauch vollgeschlagen und im hellen Zimmer schlief ich mehr schlecht als recht. Irgendwann war es 6 Uhr. Wir standen auf, gingen zum Start, und es ging los. Das Wetter war anfangs noch gut, aber nach ein paar Stunden begann es zu regnen. Auf dem Dovrefjell, dem höchsten Punkt, schneite es. Das Rennen war unglaublich lang, es wurde unglaublich hart. Aber irgendwie schafften wir es nach über 20 Stunden ins Ziel. So fertig war ich noch nie.

Mit Langstreckenfahren war dann vorerst einmal Schluss. Erst 2007 entschied ich mich wieder dafür, ein Rennen zu bestreiten. Mein Freund Alex brachte mich zum Ötztaler Radmarathon: für viele der Ritterschlag im Radsport, 235 Kilometer und 5500 Höhenmeter. Mit einer Zeit von etwas mehr als zehn Stunden kam ich ins Ziel. Sechs weitere Male nahm ich daran teil – das letzte Mal 2014, als ich mein Ziel erreichte, die Strecke in weniger als neun Stunden zu absolvieren. Damit war für mich das Kapitel Ötztaler abgeschlossen.

Ich begann mich wieder für längere Strecken zu interessieren. Und wie es der Zufall wollte, brachte mich Rotary 2013 zu meinem nächsten Projekt. Meinhard Huber, der Präsident der Fellowship Cycling to Serve Austria, organisierte eine Langstreckenfahrt von Weiz in der Steiermark nach Bregenz in Vorarlberg – von der Distriktkonferenz 1910 zur Distriktkonferenz 1920 (Rotary Österreich ist in zwei Distrikte geteilt). Wir wollten die über 600 Kilometer und etwa 8000 Höhenmeter in 30 Stunden bewältigen und dabei Spenden zur Ausrottung der Kinderlähmung sammeln. Bei dieser Radfernfahrt kam ich das erste Mal in direkten Kontakt mit dem Race Across America. Einer der Teilnehmer war der ungarische RAAM-Solo-Finisher Ferenc Szönyi. Er hatte von unserem Vorhaben gehört und schloss sich uns an. Unterwegs erzählte er mir, dass er vorher bereits von Ungarn nach Weiz geradelt war, uns nun begleitete, am nächsten Tag rund um den Bodensee fahren wollte und dann wieder zurück nach Ungarn – unvorstellbar für mich. Bregenz erreichten wir nach etwa 30 Stunden. Zu Meinhard sagte ich im Ziel, dass ich wieder dabei sei, wenn er noch einmal etwas in dieser Art organisiere. Diese Aussage sollte mich später zum Team Rotary RAAMs Polio bringen, ein Vier-Mann-Team, das 2016 in der Staffel das RAAM fuhr.

Vorher ging es aber noch einmal nach Norwegen zum Styrkeprøven. Ich schloss mich dem deutschen Vitargo-Team an, das das Rennen in 18 Stunden finishen wollte. Ein oder zwei Tage vor dem Start traf ich in Trondheim die Teammitglieder. Wir hatten ein kurzes Teammeeting, in dem die Rennstrategie erklärt wurde. Alle zwei Stunden zwei Minuten Pause, zehn Sekunden vor dem Ende der Pause ertönte eine Trillerpfeife, und jemand zählte zurück. Wer bei null nicht auf dem Rad war, hatte Pech – die Gruppe startete. Verabsäumte man den Startpfiff, verlor man nicht nur den Windschatten der Gruppe, sondern auch das Begleitfahrzeug, in dem Essen, Kleidung und Ersatzmaterial waren. In diesen zwei Minuten Pause musste alles erledigt werden – Pinkelpause, Essen nachfüllen, Flaschen nachfüllen, umziehen. Zwar extrem stressig, aber erfolgreich. Nicht alle kamen ins Ziel, aber gemeinsam mit ein paar Teamkollegen bewältigte ich die 18 Stunden mit einem Schnitt von ca. 30 km/h. In Oslo angekommen, verbrachten wir etwas Zeit im Ziel. Dann musste ich packen und gönnte mir drei, vier Stunden Schlaf im Hotel, bevor ich zum Flughafen aufbrach und weiter nach Oxford reiste, wo ich am nächsten Tag einen Vortrag hielt ...

Irgendwann Ende 2015 kontaktierte mich Meinhard Huber, der Präsident der Fellowship Cycling to Serve, der die Radfernfahrt zu Spendenzwecken im Jahr 2013 organisiert hatte. Er erzählte mir, dass Bob McKenzie, ein Rotarier aus Tulsa, Oklahoma, gerade dabei war, ein Team für das Race Across America 2016 zusammenzustellen, um mit einer Viererstaffel an den Start zu gehen. Mit diesem Projekt wollte er Spenden zur Ausrottung der Kinderlähmung sammeln. Ich signalisierte Meinhard sofort, dass ich interessiert war. Ich war gut im Training, und bis zum Start waren ja noch ein paar Monate Zeit. Nico Endres, der Präsident der weltweiten Fellowship Cycling to serve, stellte den Kontakt zu Bob McKenzie her. Ich kontaktierte Bob, zeigte mich sehr interessiert und beschrieb meine bisherigen Rennerfahrungen. Im letzten Satz machte ich klar, dass ich – im Herzen der Alpen lebend – gerne Bergstrecken fuhr und lange Aufstiege liebte. Bob McKenzie antwortete, das treffe sich gut, weil er lange Abfahrten bevorzuge. Wir vereinbarten, in Kontakt zu bleiben, und ein paar Wochen später, am 28. Jänner 2016 um 15:51 Uhr, erhielt ich seine Antwort:

> „Hi Kurt, Thanks for being patient with me and my questions. We would like to invite you to join ‚Team Rotary RAAMs Polio'! Let me know your decision and we will pick up from there.
> In the Best Bonds,
> Bob McKenzie“

Ich war im Team! Mein erstes Race Across America-Projekt begann. Ich intensivierte mein Training, begann Sponsoren zu suchen, Spenden zu sammeln und setzte mich mit dem Rennen intensiver auseinander. Ich begann Bücher über das RAAM zu lesen, suchte Videos auf YouTube und bereitete mich so auf das Abenteuer vor. Ein YouTube-Video eines Teams aus dem Jahr 2013 beeindruckte mich besonders: Darin wird ein Viererteam beschrieben, das in der Wüste einen Fahrer verliert. In der Hitze hatte er zu viel Wasser getrunken, erlitt eine „Wasservergiftung“ und landete für zwei Tage im Krankenhaus. Danach ließ er sich sofort mit dem Auto zu seinem Team bringen, das in der Zwischenzeit wohl weit über 1500 Kilometer weitergefahren war, und fuhr wieder mit.

Verrückt, dachte ich mir. Später stellte sich heraus, dass dieser Randy Jackson Teil des Team Rotary RAAMs Polio 2016 war.

RACE ACROSS AMERICA 2016–2019

In den Monaten bis zum Start stimmten wir uns über Skype-Meetings ab. Ich war der einzige Europäer im Team, in der Begleitmannschaft war Meinhard Huber. Das übrige Team bestand aus Amerikanern – allesamt Freunde von Bob. Sie organisierten alles vor Ort, meine einzige Aufgabe war es, zu trainieren und Spenden zu sammeln. Meinhard und ich flogen ein paar Tage vor dem Start nach Oceanside in Kalifornien. Wir kamen am Mittwoch an, am Samstag, dem 18. Juni, startete das Rennen. Wir wählten eine Rennstrategie, die für Teams typisch ist: Wir teilten uns in zwei Zweierteams (Randy und Steve, Bob und ich) und planten Acht-Stunden-Intervalle. Während unserem achtstündigen Einsatz wollten wir uns im 30-Minuten-Takt abwechseln, die acht Stunden Pause sollten für Regeneration, Essen und Schlafen genutzt werden. Selbstverständlich alles im fahrenden Wohnmobil, da ja während der Pause das andere Team rund 240 Kilometer zurücklegte und das pausierende Team zum nächsten Wechselpunkt gebracht werden musste. Dafür brauchte es mehrere Begleitfahrzeuge und ein großes Wohnmobil.

Wir starteten alle gemeinsam, danach übernahmen Steve und Randy die erste Etappe. Mein erster Einsatz begann in Borrego Springs in der Wüste, so gegen 18 Uhr. Es war unerträglich heiß: 45 Grad im Schatten. In der Nacht kühlte es auf etwa 30 Grad ab. Nach einem guten Start kamen am nächsten Tag schon die ersten großen Probleme: Rekordhitze in der Wüste mit über 50 Grad, und die Klimaanlage des Wohnmobils gab ihren Geist auf. Schlafen – ohne Klimaanlage und dazu noch in einem fahrenden Wohnmobil – wurde für die Crew und die Rennfahrer somit fast unmöglich. Und sollte man doch einmal eindösen, wurde man schon nach ein paar Minuten unsanft geweckt, wenn das Wohnmobil in ein Schlagloch fuhr, abrupt bremsen oder an engen Stellen vor und zurück manövrieren musste. Überhaupt konnte man schon froh sein, wenn man im weichen Bett einen Platz fand. Aufgrund des Platzmangels mussten wir uns abwechseln und teilweise auch auf dem Boden des Wohnmobils schlafen. Die Bettwäsche wurde natürlich nicht gewechselt. Wer einen Schlafplatz ergatterte, konnte sich in das vom Vorgänger noch warme Bett legen. Zum Putzen blieb keine Zeit, Dusche und WC waren bald in einem entsprechenden Zustand. Entsprechend war auch der Zustand des Teams, wir litten bald alle unter enormem Schlafentzug. Da nützte auch die Strategie von Bob, der sich entschloss, das ganze Rennen – sieben Tage lang – in einem der Begleitfahrzeuge zu schlafen, nicht viel. Aufgrund von Jetlag-Problemen hatte ich persönlich schon in den Nächten vor dem Rennen nur wenig geschlafen.

Wir waren alle so erschöpft, dass wir am dritten Tag ein Hotelzimmer mieteten: ein Zimmer für zwei Stunden für acht Personen im einzigen Hotel weit und breit. Wieder schliefen wir im Turnus – jeder bekam für etwa 30 Minuten ein Bett. Ein Wunder bewirkten wir dadurch freilich nicht. Der Schlafentzug wurde so schlimm, dass ich teilweise halluzinierte. In einer Nacht in den Rocky Mountains sah ich einmal jede Menge Kaninchen am Straßenrand. Mit Powernaps von etwa 15 Minuten retteten wir uns dann doch irgendwie über das Rennen, das ansonsten recht gut lief: kein einziger Regentropfen, keine einzige Radpanne.

Gegen Ende überholten wir immer wieder Solo-Fahrer. Aufgrund der Zeitlimits von zwölf Tagen für Solo-Fahrer und neun Tagen für Teams, starten die Einzelfahrer traditionsgemäß immer an einem Dienstag und die Staffeln am Samstag darauf. Teams sind natürlich deutlich schneller als Solo-Fahrer, und daher überholt man gegen Ende des Rennens immer wieder Einzelfahrer, die mit Schlafentzug, totaler Erschöpfung und allen möglichen gesundheitlichen Problemen kämpfen. Als ich den ersten Solo-Fahrer in den frühen Morgenstunden zwei Tage vor unserer Zielankunft überholte, fuhr dieser in der Ebene mit etwa 15 km/h dahin. Er radelte dabei fast nur im Stehen – sitzen konnte er wohl nicht mehr –, den Kopf gesenkt. Ich sprach ihn an, er reagierte aber erst beim zweiten Mal, grüßte und murmelte mit heiserer Stimme etwas Unverständliches, ohne den Kopf zu mir zu drehen. Ein Zombie, dachte ich mir. Ich war als Teamfahrer schon ziemlich erschöpft, aber eine Solo-Teilnahme an diesem Rennen? Das war für mich unvorstellbar. Wie konnte man sich so etwas nur antun?

Nach sieben Tagen, einer Stunde und 16 Minuten erreichten wir Annapolis und belegten damit den zweiten Platz in unserer Alterskategorie (50 bis 60). Das Spendenergebnis von rund 300.000 Dollar konnte sich ebenfalls sehen lassen. Im Ziel lernte ich den Solo-Finisher Martin Bergmeister aus Südtirol kennen. Er gab mir später einige wertvolle Tipps für meine Solo-Fahrt, und ich lernte viel von seinen Erfahrungen, die er 2016 beim RAAM gemacht hatte.

Kaum vier Wochen nach dem Finish trafen wir die Entscheidung, es 2017 noch einmal zu versuchen. Da Randy Jackson aufgrund von gesundheitlichen Problemen während des Rennens 2016 nicht mehr dabei sein wollte, suchten wir nach einem Ersatz. Ich dachte sofort an Andi Zemann, einen Tiroler Freund und ebenfalls Rotarier, und fragte ihn, ob er sich das RAAM mit uns im Team vorstellen könne. Er sagte sofort zu. Das Spiel begann von Neuem. Wir benötigten etwa 40.000 Euro an Sponsorengeldern, mussten eine Begleitmannschaft zusammenstellen, planen, organisieren, Spenden sammeln und trainieren – etwa 15.000 Kilometer in einem Jahr. Das Jahr verging schnell. Als ich im April 2017 auf einer 300-Kilometer-Trainingsfahrt von Bozen nach Bologna unterwegs war, bekam ich eine Hiobsbotschaft. Aus gesundheitlichen Gründen konnte Andi nicht mitkommen! Weniger als zwei Monate vor dem Start. Alles war bereits organisiert, die Hotels waren reserviert, alle Flüge gebucht. Wie sollten wir so kurzfristig Ersatz finden? Da meine Frau Ruth in der Begleitmannschaft vorgesehen war, fiel unsere Wahl auf sie. Ruth war ebenso begeisterte Rennradfahrerin wie ich. Sie war mehrfach den Ötztaler Radmarathon gefahren und trainierte seit Jahren gemeinsam mit mir. Doch ich wusste auch, dass sie keine Rennen mehr bestreiten wollte. Trotzdem fragte ich sie. Sie schaute mich mit großen Augen an und war sich nicht sicher, ob ich das ernst meinte. Sie war sich auch nicht sicher, ob sie das schaffen würde. Meine Antwort: „Das ist wie jeder Urlaub für uns. Jeden Tag sechs bis sieben Stunden auf dem Rad, eine Woche lang. Unter etwas verschärften Bedingungen halt."

Das überzeugte sie. Andi wechselte ins Begleitfahrzeug und Ruth auf das Rad. So flogen wir ein paar Wochen später nach Oceanside. Wir änderten unsere Strategie: Kein Wohnmobil, stattdessen Übernachtungen in Hotels und eine bessere Wechseltaktik – das sollte dafür sorgen, dass jeder von uns – Teamfahrer und Crew – pro Tag etwa drei bis vier Stunden Schlaf genießen durfte. Das war deutlich besser als 2016. Dieses Mal waren allerdings die Wetterbedingungen deutlich schlechter. Wieder kletterten die Temperaturen in der

Wüste auf bis zu 50 Grad, wir hatten aber viel mehr Wind und gegen Ende des Rennens jede Menge Regen. Wir kämpften uns sogar durch die Ausläufer des Hurricane Cindy. Trotzdem waren wir schneller als 2016 und sammelten über 500.000 Dollar an Spenden. Ruth bewältigte das Rennen souverän, und sie war es, die vorschlug, im Jahr darauf wieder anzutreten.

Noch im Ziel entschieden wir uns, 2018 erneut dabei zu sein. Markus Mayr aus Osttirol ersetzte Steve Schoonover, ein paar neue Crewmitglieder stießen dazu, wir verbesserten unsere Strategie weiter und waren wieder deutlich schneller! Mit sechs Tagen, 18 Stunden und vier Minuten gewannen wir nicht nur unsere Kategorie, sondern setzten einen neuen Streckenrekord. Für die knapp über eine Million Dollar an Spenden, die wir zur Ausrottung der Kinderlähmung gesammelt hatten, bekamen wir den Lon Haldeman Award, der jährlich an jenes Team verliehen wird, das am meisten Spenden für einen wohltätigen Zweck sammelt.

Dass wir 2019 noch einmal als Viererteam an den Start gingen, war damit vorprogrammiert. Wie jedes Jahr flogen wir ein paar Tage vor dem Start nach Oceanside. Dieses Mal waren wir sogar zur offiziellen RAAM-Pressekonferenz eingeladen. Wir hatten bis zu diesem Zeitpunkt etwa 900.000 Dollar an Spenden gesammelt, und Bob meinte so nebenbei: „Wenn wir wieder über eine Million schaffen, fährt Kurt das nächste Mal solo!" Ich nahm das nicht ganz so ernst, stimmte aber mehr im Scherz zu. Während der Pressekonferenz – ich war auf der Bühne, Bob im Publikum – stellte mir der Moderator dann überraschend eine Frage: „Stimmt es, dass du das nächste Mal solo fährst, wenn ihr wieder über eine Million Dollar an Spenden sammelt?"
Meine Antwort vor laufender Kamera: „Yes, I might consider trying to ride solo ... "
Bob schmunzelte. Er hatte mir vorher nicht verraten, dass wir bereits in Oceanside die Million geknackt hatten. Damit war die Entscheidung getroffen: Race Across America solo!

Vorher mussten wir aber alle heil dieses Rennen überstehen und gesund in Annapolis ankommen. Mit den üblichen Problemen wie Hitze, Schlafentzug, Wind, Kälte in den Rocky Mountains, Regen und Pannen konnten wir mittlerweile gut umgehen. Wir waren deutlich schneller als 2018. Alles lief wie geplant – bis Ohio. Dort erlebten wir den Worst Case. Das gesamte Team kommunizierte über eine WhatsApp-Gruppe. Nach einem kurzen Powernap warf ich einen Blick auf mein Smartphone. Jemand hatte eine Tonaufnahme gepostet, mit der ich zunächst nichts anfangen konnte: ein eigenartiges, sekundenlang andauerndes Geräusch. Am Ende der Aufnahme hörte man, wie Andi seine Frau Irene fragte, ob sie okay sei.

„Ja, du auch?“ Ihre Stimme klang panisch.

Danach ein Foto. Ein Auto, mitten am Highway, auf dem Dach liegend – Totalschaden.

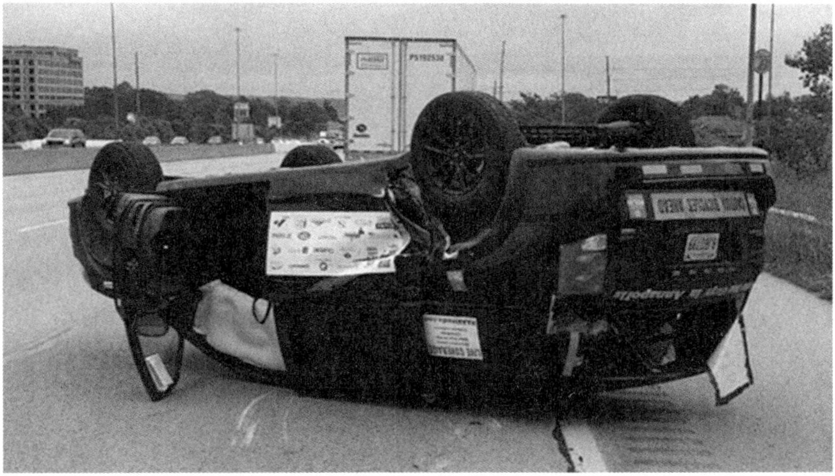

Sekundenschlaf: Totalschaden auf dem Highway. (Foto: Andreas Zemann)

Erst auf den zweiten Blick erkannte ich, dass es ein Auto unseres Teams war. Unseres Medienteams. Andi war gerade am Steuer, als er auf dem Weg zum Hotel müde wurde. Sie waren auf dem Highway unterwegs und wollten bei der nächsten Gelegenheit stehen bleiben. Dazu kam es nicht mehr. Sekundenschlaf übermannte ihn, er touchierte die Leitplanken, das Auto überschlug sich, schlitterte einige Sekunden lang auf dem Dach dahin und kam schließlich mitten am Highway zum Stehen. Zum Zeitpunkt des Unfalls war Irene zufällig in unserer WhatsApp-Gruppe online, drückte versehentlich den Aufnahme-Button, und alles war auf WhatsApp! Beide hingen mit dem Kopf nach unten in den Sicherheitsgurten. Geistesgegenwärtig sagte Andi zu Irene, sie solle auf keinen Fall den Gurt lösen – das hätte leicht zu einem Genickbruch führen können. Andis zweite Sorge war der Verkehr auf dem Highway – hoffentlich kam kein Auto von hinten, das nicht mehr rechtzeitig bremsen konnte ... Zwei LKW-Fahrer hatten aber alles beobachtet und stellten sich leicht quer über die Fahrbahn, um das Unfallauto abzuschirmen. Sie eilten Andi und Irene zu Hilfe, die sich mittlerweile aber selbst befreit hatten. Die LKW-Fahrer staunten nicht schlecht, als die beiden aus dem am Dach liegenden Auto krochen – mit Sicherheitswesten. Eine der vielen RAAM-Regeln sieht vor, dass Crewmitglieder immer Warnwesten tragen müssen. Und nach ihrem Einsatz hatten die zwei ihre Sicherheitswesten nicht ausgezogen. Sie stiegen unverletzt aus dem Auto. Der Schock aber saß tief und machte uns bewusst, wie gefährlich das Rennen sein konnte. Die beiden organisierten einen neuen Mietwagen und fuhren uns hinterher.

Nach sechs Tagen, 14 Stunden und sechs Minuten konnten wir mit einer Durchschnittsgeschwindigkeit von 31,2 km/h das Rennen in unserer Kategorie abermals für uns entscheiden und unseren Streckenrekord erneut verbessern. Mit über einer Million an Spenden lagen wir nun bei über drei Millionen Dollar insgesamt. Was für ein Erfolg.

Zurück in Österreich begann ich nun mit meinen Vorbereitungen für mein Solo-Debüt beim Race Across America. Mit dem Gedanken, das Rennen einmal solo zu fahren, hatte ich mich schon 2018 auseinandergesetzt. Wirklich wollte ich mich aber erst daran wagen, wenn ich vorher ein paar andere Prüfungen bestand. Ich entwickelte einen Masterplan, den ich zum damaligen Zeitpunkt aber noch mit niemandem besprach. Mein erster Test sollte das Race Across Italy sein, das jedes Jahr im April quer durch Italien führt. Sollte ich das schaffen, könnte ich mich an das Race Around Austria wagen – 2200 Kilometer nonstop rund um Österreich. Sollte auch das erfolgreich sein, dann erst wollte ich mich an das Race Across America wagen. Schon als Bob mich 2019 während der RAAM-Pressekonferenz zur offiziellen Entscheidung drängte, hatte ich diesen Plan im Kopf. Die Pressekonferenz 2019 war für mich aber die endgültige Entscheidung und der offizielle Startschuss für das Projekt.

2016	2017	2018	2019
Team	Team	Team	Team
Bob McKenzie (USA)	Bob McKenzie (USA)	Bob McKenzie (USA)	Bob McKenzie (USA)
Randy Jackson (USA)	Steve Schoonover (USA)	Ruth Brandstätter (AUT)	Ruth Brandstätter (AUT)
Steve Schoonover (USA)	Ruth Brandstätter (AUT)	Kurt Matzler (AUT)	Kurt Matzler (AUT)
Kurt Matzler (AUT)	Kurt Matzler (AUT)	Markus Mayr (AUT)	Markus Mayr (AUT)
Crew	Crew	Crew	Crew
David Armstrong (USA)	John Adams (USA)	Bill Clark (USA)	Zoltàn Bogdàn (HUN)
Bill Clark (USA)	Meinhard Huber (AUT)	Meinhard Huber (AUT)	Bill Clark (USA)
Todd Duhon (USA)	Susanne Marth (AUT)	Monika Huber (AUT)	Markus Huber (AUT)
Meinhard Huber (AUT)	Darlene McKenzie (USA)	Ryan Jackson (USA)	Meinhard Huber (AUT)
Ryan Jackson (USA)	Ryan Jackson (USA)	Susanne Marth (AUT)	Monika Huber (AUT)
Marvin Lee (USA)	Ryan Schoonover (USA)	Julia Mayr (AUT)	Michael Istenich (AUT)
Jack McGlumphy (USA)	Irene Rohregger (AUT)	Irene Mayr (AUT)	Randy Jackson (USA)
Darlene McKenzie (USA)	Andi Zemann (AUT)	Rainer Lamprecht (D)	Julia Kovacs (AUT)
Erik Ortega (USA)	Stefan Zemann (AUT)	Darlene McKenzie (USA)	Susanne Marth (AUT)
Linda Ortega (USA)	Jack McGlumphy (USA)	Irene Rohregger (AUT)	Irene Mayr (AUT)
Justyn Rains (USA)		Andi Zemann (AUT)	Hannes Meissl (AUT)
John Robertson (USA)		Stefan Zemann (AUT)	Darlene McKenzie (USA)
			Irene Rohregger (AUT)
			Andi Zemann (AUT)

Team Rotary RAAMs Polio 2016–2019.

RACE ACROSS ITALY

Das Race Across Italy ist eines der Qualifikationsrennen für das RAAM. Seit 2013 treten dort einige der weltbesten Ultracyclists an, um rund 800 Kilometer und 10.000 Höhenmeter nonstop quer durch Italien zu fahren. Für mich war es der perfekte erste Test. Start und Ziel befinden sich in Silvi an der Adriaküste, in der Nähe von Pescara. Sehr früh in der Saison stattfindend, erfordert es eine gute Vorbereitung über den Winter. Die Strecke führt durch den Gran Sasso, wo es im April vor allem bei schlechtem Wetter sehr kalt sein kann, weiter auf die andere Seite Italiens an die Küste südlich von Rom und dann wieder zurück. Die vielen Höhenmeter auf dieser kurzen Distanz sind eine besondere Herausforderung. Meinhard und Monika Huber, die schon viel Race Across America-Erfahrung als Crewmitglieder hatten, erklärten sich bereit, mich zu betreuen.

Beim Race Across Italy bekam ich einen ersten Vorgeschmack auf die Herausforderungen, die beim Race Across America auf mich warten sollten. Meine Finisher-Zeit lag bei etwa 40 Stunden. Das war nicht besonders schnell, aber mir ging es hauptsächlich um die Erfahrung und darum, überhaupt ins Ziel zu kommen. Ich ging das Rennen sehr defensiv an. In den 40 Stunden hatte ich nur eine einzige 15-minütige Schlafpause. Ich fuhr mein S-Works Venge – ohne Aufleger. Das lehrte mich meine erste Lektion. Im Ziel spürte ich an beiden Händen die kleinen Finger und die Hälfte der Ringfinger nicht mehr: Karpaltunnelsyndrom. Durch den ständigen Druck auf die Hände am Lenker wurden die Nerven abgeklemmt. Etwa drei Monate dauerte es, bis ich die Finger wieder normal spürte. Lektion: Ein Aufleger bei einem Langstreckenrennen ist ein absolutes Muss, um die Hände zu entlasten. Aber das war noch nicht alles: Zwei Tage nach dem Rennen hatte ich einen Vortrag auf dem Weltkongress der Kerzenhersteller in Barcelona. Dort angekommen, begann meine Schulter zu schmerzen. Der Vortrag war die reinste Qual. Die entsetzlichen Schmerzen waren kaum auszuhalten. Eine Folgeerscheinung des Race Across Italy. Eine Kortisonspritze und zahlreiche Physiotherapiesitzungen waren nötig.

Meine zweite Lektion lehrte mich, meine Schlafstrategie zu überdenken. Auch auf einer relativ „kurzen" Strecke ist mit Schlafdefizit zu rechnen, der letzte Berg in Italien wurde für mich zu einem Albtraum. Es war aber weniger der Aufstieg, sondern vielmehr die Abfahrt, die mir Probleme verursachte. Ich kämpfte nach fast 40 Stunden ununterbrochen auf dem Rad gegen die bleierne Erschöpfung. Sobald der Körper nicht mehr in Bewegung ist und der Kreislauf etwas runterfährt, also beim Bergabfahren, überkommt einen überfallsartig die Müdigkeit. Erst Jahre später erzählte mir Monika, damals in der Crew, von den Halluzinationen, die ich bei der Abfahrt offensichtlich hatte. Meinhard und Moni beobachteten, wie ich immer wieder mein Rad auf die Seite riss. Sie fragten mich, warum ich das tat, und ich antwortete wohl: „Da sind immer wieder Menschen, die über die Leitplanken einfach auf die Straße steigen. Ich muss ausweichen."
Gegen drei Uhr morgens auf einer verlassenen Bergstraße waren diese unachtsamen Leute zum Glück nicht mehr als Gehirngespinste.

Nach 41 Stunden und 15 Minuten war ich im Ziel – 9,5 Stunden nach dem Erstplatzierten Jean Vanek. Dennoch, das erfolgreiche Finishen des Race Across Italy – trotz der Schwierigkeiten – machte mir Mut für das Race Around Austria.

RACE AROUND AUSTRIA 2020

2019 kam ich auf etwa 20.000 Trainingskilometer. Das war eine formidable Steigerung gegenüber den etwa 15.000 Kilometern, die ich bis dahin jährlich trainiert hatte. Dieses Trainingspensum wollte ich auch für das Race Around Austria (RAA) beibehalten. Da das RAAM 2020 COVID-bedingt abgesagt wurde und wir als Staffel daher nicht teilnahmen, konnte ich mich ganz auf das RAA konzentrieren. Das Race Around Austria ist mit seinen 2200 Kilometern und über 30.000 Höhenmetern rund um Österreich das längste Einzelzeitfahrrennen Europas und wohl das härteste Qualifikationsrennen für das Race Across America. Bis auf die Rekordtemperaturen in der Wüste und die langen Geraden in Kansas und Missouri kann man so ziemlich alle Herausforderungen erleben, denen sich man auch beim RAAM zu stellen hat. Es gilt ein ähnliches Regelwerk, die Anforderungen an den Radfahrer und die Crew sind enorm. Es braucht eine Schlaf- und Ernährungsstrategie, und besonders in den Bergen im Westen muss man mit allem rechnen – bis hin zu Schneefall. Die Statistik für erfolgreiche Race Around Austria-Finisher ist vielversprechend. Wer das RAA schafft, hat eine fast 100-prozentige Wahrscheinlichkeit, auch beim RAAM erfolgreich zu sein.

Mit den Planungen und Vorbereitungen begann ich etwa ein Jahr vor dem Start. Für die Crew konnte ich wieder auf ein bewährtes Team zurückgreifen: meine Frau Ruth, Monika und Meinhard Huber, Andi Zemann und Irene Rohregger, Julia Kovacz und Zoltàn Bogdàn, und in Osttirol kamen Michael Istenich, Heinz Istenich und Hannes Meissl dazu – allesamt mit Race Across America-Erfahrung. Ich entschied mich für eine außergewöhnliche Strategie: kein Wohnmobil, dafür Übernachtungen im Hotel und ca. eineinhalb Stunden Schlafpause pro Tag. Das erforderte zwar viel Planung, sollte mir aber eine bessere Regeneration erlauben. So wollte ich die 2200 Kilometer und 30.000 Höhenmeter in fünf Tagen schaffen. Diese Strategie musste ich testen, da ich auch das Race Across America so fahren wollte. Bis zum Großglockner lief ziemlich alles nach Plan. Nach ca. 1300 Kilometern und knapp drei Tagen war es so weit: Von Lienz in Osttirol waren es über 50 Kilometer und über 2100 Höhenmeter mit einigen sehr steilen Passagen. Am späten Nachmittag erreichte ich das Fuschertörl, ruhte mich für ein paar Minuten aus und startete sofort wieder. Es war eine Gewitterfront im Anmarsch, und ich wollte die lange Abfahrt so weit wie möglich in Sicherheit und im Trockenen fahren.

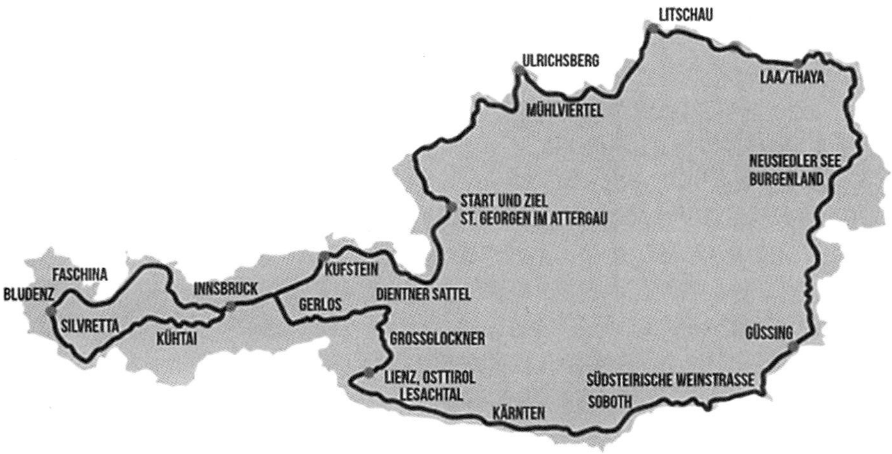

Race Around Austria – die Strecke.[5]

Schon fast im Tal geriet ich plötzlich in eine Regenwand. Ich fand ein Gebäude mit einem Blechvordach und entschied mich für einen kurzen Powernap. Ich wollte abwarten, bis das Schlimmste des heftigen Gewitters vorbeigezogen war. Auf einer Matte und gut betreut von meiner Crew schlief ich für etwa eine halbe Stunde warm zugedeckt auf dem Boden. Als ich aufwachte, nieselte es nur noch. Gute Voraussetzungen also, um wieder durchzustarten. Ich stieg auf das Rad – hatte aber plötzlich entsetzliche Knieschmerzen, die an ein Weiterfahren kaum noch denken ließen. Ich versuchte es, gab aber nach ein paar Hundert Metern auf. Meine Crew brachte mich dazu, es noch einmal zu probieren. Es war hoffnungslos: Die Schmerzen waren einfach zu groß. Julia und Zoli (Zoltàn) schlugen eine kurze Schlafpause in einem Hotel vor. Etwa zwei Stunden schlief ich dort, wurde massiert und erhielt entzündungshemmende Tabletten. Unter Schmerzen stieg ich erneut auf das Rad. Es regnete, und es ging durch die Nacht auf den Gerlospass, dann durch das Zillertal Richtung Innsbruck, wo meine nächste Schlafpause geplant war – *nur* 100 Kilometer. Mental und physisch am Limit blieb ich immer wieder stehen und wollte aufgeben. Schlafentzug und Schmerz plagten mich. Im Inntal fuhr ich im Flachen kaum noch 20 km/h, es war 3 Uhr morgens, und ich konnte nicht mehr. Zoli und Julia riefen Andi und Irene an. Sie sollten kommen, um mich zu motivieren, es brauchte jetzt jede Unterstützung. Als ich ein letztes Mal stehen blieb und aufgeben wollte, sagte Zoli: „Nur noch 30 Kilometer bis Innsbruck zur nächsten Schlafpause, das musst du schaffen!" Ich zweifelte: „Vielleicht schaffe ich das. Aber danach kommen das Kühtai, die Bielerhöhe und die Berge in Vorarlberg. Das schaffe ich mit diesen Schmerzen niemals!" Zoli fand die richtige Antwort: „Vergiss alles, was nachher kommt. Jetzt gibt es ein Ziel, und das ist Innsbruck. Dort hast du zwei Stunden Schlafpause. Danach schauen wir weiter."

Im Hotel in Innsbruck wachte ich nach zwei Stunden Schlaf von selbst auf. Ich fühlte mich wieder gut, und das Kühtai und die restlichen Berge schafften wir souverän. Eine wichtige Lektion: Niemals daran denken, wie weit es noch ist. Immer kleine Zwischenziele definieren!

Nach fünf Tagen, zwei Stunden und 27 Minuten war ich im Ziel. Ich war Finisher des Race Around Austria, und – was entscheidend war – ich hatte wieder einiges im Ultracycling dazugelernt. Die Schlaf- und Ernährungsstrategie mit Flüssignahrung funktionierte, mit den Knieschmerzen, die bei fast jedem irgendwann auftauchen, konnten wir umgehen, und die Crew unterstützte mich auf Weltklasse-Niveau. Das RAAM konnte kommen.

DER GEPLATZTE TRAUM

Nach einer einwöchigen Regenerationspause startete ich wieder mit dem Training und intensivierte es. Das Ziel waren nun ca. 25.000 Trainingskilometer für dieses Jahr, davon im Winter etwa 5000 auf der Rolle. Dazu kam mein wöchentliches EMS-Training mit Julia und Zoli. Beim Elektromuskelstimulations-Training trägt man einen mit Elektroden ausgestatteten Anzug, der den Muskel durch Stromimpulse kontrahiert. Es ist besonders zeiteffizient (einmal pro Woche 20 Minuten), gelenkschonend und effektiv, weil viele Muskeln gleichzeitig trainiert werden. Durch das EMS-Training konnte ich vor allem die beim Radfahren wichtigen, aber oft vernachlässigten Muskelpartien an Rumpf und Nacken stärken. Im Winter kamen noch viele lange Skitouren dazu, wodurch ich vor allem die Grundlagenausdauer verbessern wollte. Ein strukturierter Trainingsplan von Markus Waldhart (F7 Training) sah Umfänge von 15 bis 25 Stunden pro Woche vor.

Ich machte mich wieder auf die Suche nach Sponsoren und einer Crew und begann schon im September Flüge zu buchen, Mietautos und Hotels zu reservieren, die Strecke zu planen usw. Alles lief nach Plan, im Training machte ich sehr gute Fortschritte, und nach den ersten Crew Meetings war mir klar, dass alles auf Schiene war. Nur eines machte mir Sorgen: Der damalige US-Präsident Donald Trump hatte aufgrund von COVID-19 ein Einreiseverbot erlassen. Zwar verbesserte sich die COVID-Situation im Frühjahr, aber eine Aufhebung dieses Verbots war nicht in Sicht. Daher bemühten wir uns um eine National Interest Exception, die an Personen erteilt wird, deren Einreise in die USA von nationalem Interesse ist. Vom österreichischen Ministerium für Kunst, Kultur, Öffentlichen Dienst und Sport erhielten wir eine Bestätigung, dass wir Leistungssportler waren und unsere Teilnahme beim RAAM von nationalem Interesse Österreichs sei. Wir erhielten Unterstützung vom Bundeskanzleramt, von zwei Ministerien, waren in Kontakt mit der österreichischen Botschaft in Washington, mit der US-Botschaft in Wien und einer Reihe weiterer Institutionen. Aufgrund der Rückmeldungen hatten wir guten Grund, optimistisch für unser Unterfangen zu bleiben. Eine Woche vor dem Abflug war die Einreisegenehmigung aber immer noch nicht da. Trotzdem fingen wir schon an zu packen. Bob McKenzie und seine Frau Darlene, die in der Nähe von Washington D.C. wohnen, machten sich bereits mit ihrem vollgepackten Minivan auf ihre 5000 Kilometer lange Fahrt nach Oceanside, wo sie auf uns warten wollten. Ich drehte gerade noch eine Trainingsrunde am späteren Nachmittag, als ich die Nachricht erhielt, dass unser Antrag auf National Interest Exception abgelehnt worden war. Keine Einreise in die USA! Kein Race Across America 2021, wir mussten ein paar Tage vor dem Abflug alles absagen. Bob und Darlene, die schon fast einen ganzen Tag Richtung Oceanside unterwegs waren, drehten um und fuhren wieder nach Hause.

Zurück von meiner Trainingsfahrt setzte ich mich auf die Terrasse, öffnete eine Flasche Primitivo 365, machte ein Foto davon und postete das Bild in unsere RAAM-WhatsApp-Gruppe. Darunter schrieb ich: „Wir fliegen in 365 Tagen. Wer ist dabei?“

Ausnahmslos alle Crewmitglieder sagten zu. RAAM war um ein Jahr verschoben. Wir konnten alle Flüge, alle Mietautos, alle 120 Hotelzimmer kostenlos stornieren! Das Budget für 2022 war gerettet – zumindest *eine* gute Nachricht.

RACE AROUND AUSTRIA 2021

Nach dieser großen Enttäuschung entschloss ich mich, noch einmal am Race Around Austria teilzunehmen. Ein Teil meiner Race Across America-Crew war in der Betreuung mit dabei (Ruth, Zoli, Julia, meine Teamärztin Alex, Armin, Andi und Irene). Dazu gesellten sich Raphaela und Matthias von Bellabambi, einem meiner Sponsoren, sowie Michael, Heinz und Hannes aus Osttirol. Wir wollten alles noch einmal testen und deutlich schneller sein als 2019. Ich wählte wieder die gleiche Strategie (pro Tag eineinhalb Stunden Schlafpause in einem Hotel). Die erste Etappe plante ich bis nach Deutschaltenburg – 600 Kilometer und 7000 Höhenmeter.

Nach 21,5 Stunden erreichte ich gegen 8 Uhr morgens das Hotel. Noch voller Adrenalin konnte ich aber überhaupt nicht schlafen, wälzte mich eineinhalb Stunden lang im Bett herum. Meine erste wirkliche Schlafpause hatte ich dann erst in Arnoldstein, nach 1100 Kilometern. Ärgerlich, aber wieder eine wichtige Lektion für das RAAM. Ich musste mir etwas einfallen lassen, damit ich jede geplante Schlafpause auch wirklich nutzen konnte. Wäre mir das beim RAAM in der Wüste passiert, wäre das eine Katastrophe gewesen.

So wie beim ersten Race Around Austria machten sich auch 2021 nach dem Großglockner meine Knie bemerkbar. Anders als im Vorjahr aber hatten wir aus unseren Erfahrungen gelernt, und ich konnte deutlich besser mit den Schmerzen umgehen. Vorab gilt es natürlich zu sagen, dass Schmerzen sehr individuell sind und diverse Ursachen haben können. Beim Ultracycling handelt es sich meist um eine klassische Überbelastungsreaktion des Körpers. Während die Muskulatur und das Herz-Kreislauf-System sehr gut auf extensive Dauerbelastungen vorbereitet werden können, besteht das Kniegelenk, abgesehen von der knöchernen Komponente, vor allem aus Knorpeln und

Sehnen – allesamt mit sehr niedriger Stoffwechselaktivität. Rundherum sind im Bindegewebe die innervierenden Nerven eingebettet. Die hohe mechanische Dauerbelastung und damit einhergehende Mikroverletzungen übersteigen schlichtweg das Regenerationspotenzial der Strukturen, es kommt zu einer Verhärtung des Bindegewebes, und die Reizleitung der Nerven wird beeinträchtigt – diese spielen dann verrückt und verursachen heftige Schmerzen. Um den Nährstoffaustausch im Bindegewebe anzukurbeln, führten wir also vom Beginn des Rennens an in jeder noch so kurzen Pause Faszienmassagen durch. Zusätzlich erleichterte mir das Wissen um den „harmlosen" Ursprung der Schmerzen erheblich den Umgang mit ihnen.

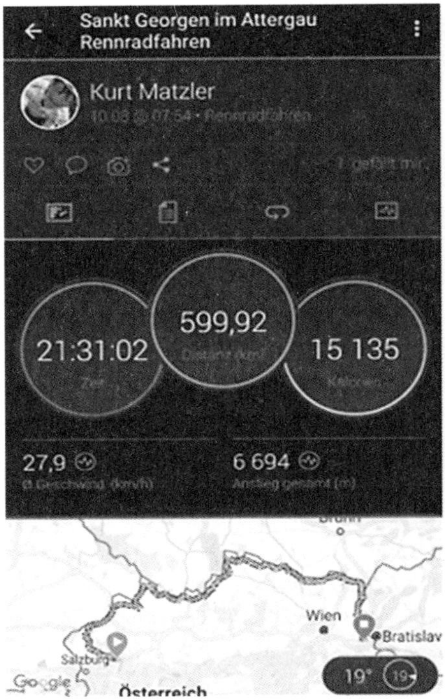

Erste Etappe des Race Around Austria.

Am vierten Tag tauchte dann ein weiteres altbekanntes Problem auf: Mein Verdauungssystem machte sich bemerkbar – damit offenbarte sich ein deutlicher Nachteil meiner Hotelstrategie. Ohne Wohnmobil waren wir auf öffentliche WCs angewiesen. Was in Österreich kein größeres Problem darstellte – da es ja genügend Tankstellen, Restaurants usw. gibt –, könnte in den USA in der Wüste, in den Rocky Mountains oder in Kansas, wenn man 200 oder 300 Kilometer fern jeglicher Zivilisation unterwegs ist, ein Problem werden. Ich musste mir also noch etwas einfallen lassen, legt das 60-seitige Regelwerk des RAAM unter Zeitstrafe doch Folgendes fest: „Public nudity, urination, defecation, lewd or indecent behavior is prohibited."

Alles andere hatten wir gut im Griff, und ich beendete das Rennen fast einen halben Tag schneller als im Vorjahr: vier Tage, 14 Stunden und 35 Minuten, 19,61 km/h im Schnitt. Nun war ich für das Race Across America wirklich bereit!

DIE VORBEREITUNGEN

Die Crew stand bereit: drei Follow Vehicles mit jeweils drei Personen und ein Media Car mit ebenfalls drei Crewmitgliedern. Flüge und Mietautos hatte ich schon im Herbst gebucht, um die günstigsten Preise zu bekommen, und Darlene reservierte erneut alle 120 Hotelzimmer. Ich las jedes Buch über das RAAM, das ich finden konnte, sah jedes Video und hörte jeden Podcast. In der Zwischenzeit hatten Christoph Strasser, der Superstar unter den Ultracyclisten, und Florian Kraschitzer ihren Podcast „Sitzfleisch" lanciert. Jede Woche erschien eine neue Folge, die ich meist während des Trainings auf der Rolle anhörte: ein unglaublicher Schatz an Erfahrungen von „Weitradlfahrern" und Tipps für das RAAM. Ich setzte mich mit Ernährung, Mentaltraining und Regeneration nun noch einmal viel intensiver auseinander.

Die Strategie und die Detailplanung übernahmen wir aus dem letzten Jahr. Anders als die meisten Fahrer plante ich lange Schlafpausen ein. Mein Ziel war es nicht, zu gewinnen. Mein Ziel war es, das Rennen sicher zu finishen (stand doch unser Spendenprojekt mit im Vordergrund), mit meiner Crew Spaß zu haben und – soweit das möglich war – dieses Abenteuer zu genießen. Da die Zeit beim Rennen ununterbrochen läuft, betrachten die meisten RAAM-Teilnehmer Schlaf als verlorene Zeit, manche sogar als Schwäche. Christoph Strasser, der sechsfache Sieger und Rekordhalter mit sieben Tagen, 15 Stunden und 56 Minuten, reduziert seine Schlafpausen auf ein absolutes Minimum: sechs bis acht Stunden insgesamt! Die erste Schlafpause machen die meisten frühestens nach 36 Stunden: „Nach ein paar Tagen ist der Körper so oder so am Ende. Deshalb macht es wenig Sinn, zu Beginn viel zu schlafen, und man sollte besser bis zur ersten Schlafpause so weit wie möglich kommen", meinte ein RAAM-Finisher, mit dem ich mich kurz vor dem Abflug noch einmal traf. Wenn der Schlafmangel zu groß und das Risiko eines Sekundenschlafs zu gefährlich werden, hilft man sich mit kurzen Powernaps.

Für mich kam diese Strategie aber nicht infrage. Man mag vielleicht schneller am Ziel ankommen, aber Spaß konnte das so keiner sein, und das Risiko eines Unfalls und totaler Erschöpfung war mir das nicht wert. Inspiriert von zwei RAAM-Teilnehmern, die es anders gemacht hatten – Michael Nehls[6] und Martin Gruebele[7] –, entwickelte ich eine andere Strategie. Ich hielt mich an die Grundideen der beiden und passte den Plan meinen Zielen an:

- vier bis fünf Stunden Pause pro Tag (fünf Minuten Pause alle drei Stunden, 15 Minuten Pause alle neun Stunden)
- zwei bis drei Stunden Schlaf pro Tag
- Schlafpausen für mich und meine Crew im Hotel – kein Wohnmobil
- Schlafpause über Mittag, wenn es am heißesten ist
- erste Schlafpause bereits nach 24 Stunden
- Ernährung fast ausschließlich durch hochkalorische Flüssignahrung

Mir war klar, dass ich mit dieser Strategie in der ersten Hälfte des Rennens weit zurückfallen würde, ging aber davon aus, dass ich deutlich besser regenerieren und im zweiten Teil des Rennens wieder viel aufholen könnte.

Die Schlafpausen im Hotel erforderten eine detaillierte Planung. Vor allem im Westen der USA – in der Wüste, in den Rocky Mountains, in Kansas – sind die Ortschaften oft weit über 100 Kilometer voneinander entfernt, und in manchen davon gibt es gar kein Hotel. Ich verbrachte unzählige Stunden mit der Planung: Wie viele Kilometer konnte ich in 20 Stunden schaffen? Bei 50 Grad in der Wüste, bei allen möglichen Wetterverhältnissen, in den Bergen? Hatte ich die richtige Etappenlänge gefunden, musste ich herausfinden, ob es ein Hotel an der Strecke gab. Gab es weit und breit keines, musste alles neu geplant werden – die Strecke des Vortags verkürzen oder verlängern, die Strecke des nächsten Tages darauf anpassen usw. Schließlich stand meine Etappenplanung fest: elf Etappen zwischen 380 und 551 Kilometer Länge.

Etappe	Start – Ziel	Kilometer	Höhenmeter	Schnitt [km/h]
1	Oceanside (CA) – Salome (AZ)	551	3.420	22,5
2	Salome (AZ) – Flagstaff (AZ)	419	5.280	22,05
3	Flagstaff (AZ) – Cortez (CO)	452	3.180	24,80
4	Cortez (CO) – La Veta (CO)	404	4.230	22,44
5	La Veta (CO) – Montezuma (KS)	529	1.960	24,05
6	Montezuma (KS) – Fort Scott (KS)	506	1.160	26,6
7	Fort Scott (KS) – Washington (MO)	400	2.660	22,9
8	Washington (MO) – Bloomington (IN)	450	1.930	20,05
9	Bloomington (IN) – Athens (OH)	450	2.650	23,08
10	Athens (OH) – Cumberland (MD)	380	4.990	22,35
11	Cumberland (MD) – Annapolis (MD)	395	3.940	26,4

Etappenplan Race Across America.

Ich entwickelte einen detaillierten Zeitplan, der Zielzeiten für jede einzelne der über 50 Time Stations enthielt, und ich legte einen Plan für die drei Begleitfahrzeuge zurecht. Dieser sah Schichten von acht bis neun Stunden für jedes Team vor.

Im nächsten Schritt begann Darlene mit der Buchung der Hotels – bei 120 Zimmern ein enormer Aufwand. Es mussten aber nicht nur die passenden Unterkünfte gefunden werden, Darlene rief jedes einzelne Hotel persönlich an, um die Eincheck-Zeiten abzuklären. Die Nachtschicht der Crew endete beispielsweise um 9:30 Uhr am Vormittag, und so musste sichergestellt sein, dass alle früh einchecken oder länger bleiben konnten.

Anmerkung: *Ein Ausschnitt des Zeitplans und eines Hotelplans sind im Anhang zu finden.*

Zusätzlich erstellte ich einen detaillierten Streckenplan mit den geschätzten Ankunftszeiten für jede Time Station, ein Höhenprofil für jede Etappe mit allen Besonderheiten auf der Strecke und legte fest, mit welchem Rad ich welchen Streckenabschnitt fahren wollte (Zeitfahrrad im Flachen, mein Tarmac SL7 Speed of Light Collection für die Berge, mein S-Works Venge mit Aufleger als Allround-Bike).

Mein Training setzte ich über den Winter in gleicher Intensität fort, und ich bereitete mich mental auf das RAAM vor. Besonders hart waren die langen Trainingseinheiten auf der Rolle – bis zu fünf Stunden, oder die High-Intensity-Einheiten beim Skitourengehen (z. B. zwei Stunden mit Puls 170). Montag war immer mein Ruhetag – Regeneration ist ein wichtiger Teil des Trainings. Unter der Woche hatte ich Einheiten zwischen einer und drei Stunden, die ich gut neben meinem Job unterbringen konnte, da ich die drei Stunden auf morgens und abends verteilte. Am Wochenende stand Umfang auf dem Programm. Ein typischer Samstag oder Sonntag begann mit zwei Stunden auf der Rolle, danach ging es mit den Tourenskiern zweimal auf den Patscherkofel, den Innsbrucker Hausberg (jeweils ca. 1250 Höhenmeter), oder zweimal direkt von meiner Haustür aus auf die Seegrube (jeweils ca. 1050 Höhenmeter). Bei trockenen Straßen trainierte ich auch ab und zu draußen auf dem Rennrad – bei Minustemperaturen. So konnte ich Material und Kleidung für die Kälte in den Rocky Mountains testen. Durchschnittlich verbrannte ich über 4000 Kalorien am Tag, die ich oft kaum zu mir nehmen konnte.

Ich freute mich auf das Frühjahr und auf die ersten langen Trainingseinheiten draußen. Ab März konnte ich endlich meine Intervalle auf der Straße fahren – abends bei Dunkelheit fuhr ich unzählige Male von Innsbruck über die Höhenstraße auf die Hungerburg (ca. 300 Höhenmeter). Die Straße ist beleuchtet und daher ideal für Intervalle, auch in der Nacht. Der Trainingsumfang steigerte sich, und es wurde immer härter. Nicht selten hatte ich den ganzen Tag Vorlesungen – bis 17:30 Uhr. Danach musste ich noch drei Stunden auf das Rad. Im April und Mai regnete es oft, dann stieg ich direkt aus dem Hörsaal aufs Rad und fuhr manchmal drei Stunden im Regen und kam völlig durchnässt bei Dunkelheit nach Hause. Ich betrachtete das als mentales Training und sagte mir immer wieder: Wenn dir das schon zu viel ist, dann brauchst du gar nicht erst nach Oceanside fliegen!

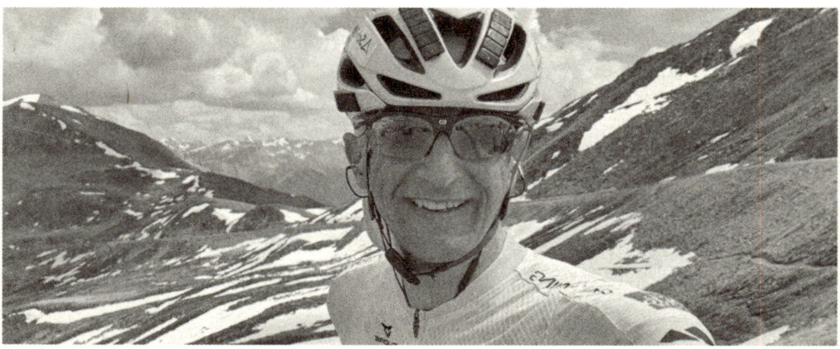

Training mit Bleigewichten auf dem Helm zur Stärkung der Nackenmuskulatur. (Foto: Kurt Matzler)

Neben dem Training, den Planungen und der Organisation setzte ich mich intensiv mit allen Schwierigkeiten auseinander, die beim Rennen auftauchen und zum Scheitern führen könnten. Besonders hilfreich dabei waren der vorhin schon erwähnte Podcast „Sitzfleisch“ von Christoph Strasser und Florian Kraschitzer, die Videodokumentationen der RAAM-Finisher Christoph Strasser, Martin Bergmeister, Markus Brandl, Gerhard Gulewicz, Michael Nehls, Xandi Meixner, Matt Hoffmann und Max Sala. Ich las die Renntagebücher von Christoph Strasser,[8] Guido Löhr,[9] David Misch,[10] Martin Gruebele,[11] Alex Gepp,[12] Srinivas Gokulnath,[13] Karl Traunmüller,[14] Marshall Reeves,[15] Jim Rees[16] und die Mentalratgeber von Thomas Jaklitsch[17] und Wolfgang Fasching.[18] Ich arbeitete Fachliteratur über Long-Distance-Cycling durch, vor allem die Bücher von Hughes und Kehlenbach[19] sowie von Jobson und Irvine.[20]

Eine gute Quelle war das Buch von Michael Nehls,[21] der systematisch alle Gründe eruierte, die beim RAAM zum Scheitern führen konnten. Für jeden seiner DNF-(Did not Finish-)Gründe suchte ich in den Videos und Renntagebüchern nach Lösungen und Gegenmaßnahmen. Das Ergebnis war das entsprechende physische und mentale Training und eine Reihe von Checklisten für meine Betreuung während des Rennens.

Orthopädische Probleme	Shermer's Neck (Versagen der Nackenmuskulatur) Sitzprobleme (Abszesse, offene Haut, Schmerzen) Kniegelenküberlastung Anschwellen der Füße Überlastung der Handgelenke (Schmerzen, Taubheit) Rückenprobleme
Hitze	Dehydratation, komatöse Zustände Sonnenstich Wasservergiftung
Magen-Darm-Probleme	Magenverstimmung, Gastritis, Sodbrennen, Dehydrierung Durchfall bis zur Dehydrierung und Elektrolytstörungen bis hin zu komatösen Zuständen
Übermüdung	Demotivation durch exzessiven Schlafmangel Unfälle durch Sekundenschlaf paranoide Zustände durch Überlastung und Schlafentzug
Zu niedrige Geschwindigkeit	Leistungsabfall durch Ermüdung nicht ausreichende Vorbereitung mangelnde Athletik und/oder Motivation

Probleme in der Crew	Streit/Problem durch Enge und Schlafmangel Unfall Begleitfahrzeug fährt Radfahrer an
Zeitstrafen	Disqualifikation nach der fünften Zeitstrafe
Atemwege	Austrocknen der Schleimhäute bis zu Lungenblutungen Infektion der Atemwege (Übergang von der trockenen Wüste zu den feuchtkalten Rocky Mountains)
Motivationsprobleme	Erschöpfung, Unstimmigkeiten im Team, Schmerzen, mangelnde mentale Stärke, Navigationsfehler

DNF-Ursachen.[22]

Die Wintermonate vergingen schnell, es schien alles auf Schiene zu sein. Im Frühjahr ergaben sich dann aber die ersten Probleme. Julia, meine EMS-Trainerin und Physiotherapeutin, die schon beim RAAM und beim Race Around Austria dabei gewesen war, musste ihre Teilnahme im Betreuerteam absagen. Sie hatte ein Physiotherapie-Studium begonnen und in der Woche des RAAM große Prüfungen. Zoli fand Ersatz, sein Freund Balàsz aus Ungarn sprang ein. Selbst ein begeisterter Rennradfahrer und guter Mechaniker passte er gut ins Team. Dann mussten wir auch auf Armin, der mich beim Race Around Austria begleitet hatte, verzichten. Erst etwa zwei Wochen vor dem Start fanden wir Ersatz. Liane, eine gute Freundin von uns, sagte zu, konnte aber erst am Tag des Starts in die USA fliegen, da sie auf einem Rolling Stones-Konzert in Amsterdam war. Auf den letzten Drücker war das Team komplett. Es konnte losgehen.

RACE ACROSS AMERICA 2022 – TEAM ROTARY RAAMS POLIO

RACER

Kurt Matzler

CREW

Zoltàn Bogdàn (Hungary – Crew Chief)
Ruth Brandstätter (Austria)
Bill Clark (USA)
Martin Ebster (Austria)
Liane Fendt (Austria)
Darlene McKenzie (USA)
Bob McKenzie (USA)
Florian Phleps (Austria)
Alexandra Podpeskar (Austria)
Hubert Siller (Austria)
Balàsz Vargas (Hungary)
Roland Volderauer (Austria)

Körperlich fühlte ich mich topfit. Das Training war sehr effektiv gewesen. Eine meiner Lieblingsstrecken war die Karwendelrunde (ca. 180 Kilometer). Ich fuhr sie regelmäßig mit mehreren 30-Minuten-Einheiten zu 300 Watt – im Grundlagenpuls. Die „Höll“, man kennt sie von der Rad-WM 2018 in Tirol, mit einer Maximalsteigung von 28 Prozent war auf dem Heimweg meist der Abschluss meiner Trainingsfahrten, auch diese Steigung fuhr ich im Grundlagenpuls. Der Leistungstest am 28. Mai 2022 bestätigte schließlich eine Topform: Mein FTP war knapp 380 Watt (FTP=Functional Threshold Power, d. h. die maximale Wattzahl, die man eine Stunde lang konstant halten kann), und meine maximale Sauerstoffaufnahme (VO2-Max) lag bei 65 ml O_2/min/kg.

LEADERSHIP-LEKTION 1:

DISZIPLIN –

ES IST LEICHTER, EINEN GRUNDSATZ ZU 100 % EINZUHALTEN ALS ZU 95 %!

„Stärke wächst nicht aus körperlicher Kraft – vielmehr aus unbeugsamem Willen“, meinte Mahatma Gandhi. Wenn man von Extremsportlern eines lernen kann, dann ist es Disziplin. Eine Teilnahme am längsten und härtesten Radrennen der Welt, dem Race Across America, erfordert jahrelange Vorbereitung. Das Training ist dabei mindestens so hart wie das Rennen selbst. Mein Trainingspensum für das RAAM war enorm: über 100.000 Kilometer in fünf Jahren, über eine Million Höhenmeter, zwischen 15 und 30 Stunden Training pro Woche. Wer das mit einem Fulltime-Job in Einklang bringen muss, braucht Willenskraft und Durchhaltevermögen. Sich jahrelang nur auf ein großes Ziel zu konzentrieren und alles andere dem unterzuordnen, erfordert eiserne Disziplin – mein Leben bestand aus Arbeit, Training und Schlaf. Sowohl im Alltag wie auch im Job und in meiner Freizeit war die Vorbereitung auf das RAAM meine Top-Priorität, konnte ich die Frage „Bringt mich das meinem Ziel näher?“ nicht mit Ja beantworten, verzichtete ich darauf. Mein Tagesablauf, meine Wochenenden und meine Urlaube waren auf dieses eine, große Ziel ausgerichtet, ein Ziel, das lange Zeit weit entfernt war. In den ersten Jahren der Vorbereitung kamen mir immer wieder Zweifel, ob ich es überhaupt schaffen kann. Erst allmählich nahm die Gewissheit zu, dass ich mir körperlich und mental die Voraussetzungen für ein erfolgreiches Finishen erarbeitet hatte.

Ein Leitsatz von Clayton Christensen, Professor an der Harvard University, prägte meine Einstellung zum Training: „Es ist leichter, einen Grundsatz zu 100 % einzuhalten als zu 95 %!“[23] Im Zwei-Wochen-Rhythmus erhielt ich detaillierte Trainingsvorgaben von Markus Waldhart von F7 Training. Ich versuchte, die Trainingspläne zu 100 Prozent zu erfüllen, ich ließ nicht die geringsten Abweichungen zu. Im Gegenteil, meist trainierte ich zu Beginn der Woche ein bisschen mehr als verlangt, um ein kleines Guthaben aufzubauen, falls im Laufe der Woche etwas dazwischenkommen sollte. Da das so gut wie nie der Fall war, lag ich mit meinem Training fast immer über dem Soll.

Sah mein Trainingsplan eine Sieben-Stunden-Einheit vor und kam ich nach meiner Trainingsrunde bereits nach sechs Stunden und 45 Minuten zurück, legte ich noch eine Zusatzrunde ein oder fuhr die Straße vor meinem Haus so lange auf und ab, bis die sieben Stunden voll waren. Wenn mein Plan drei Stunden Nüchtern-Training auf der Rolle vorsah, stand ich früh auf und trainierte zu Hause auf der Rolle. Nicht zwei Stunden und 58 Minuten, nicht zwei Stunden und 59 Minuten, sondern exakt drei Stunden: „Es ist leichter, einen Grundsatz zu 100 % einzuhalten als zu 95 %!“ Die erste kleine Abweichung vom Trainingsplan, die erste Ausnahme, fällt schwer; die zweite schon etwas leichter. Und je öfter man einen Grundsatz verletzt, umso schwieriger ist es, ihn in Zukunft einzuhalten. Die Moral verfällt zu Beginn ganz langsam, dann aber plötzlich sehr schnell.

Auch während des Rennens ist Disziplin eine wichtige Tugend. Das 60-seitige Regelwerk sieht zum Beispiel vor, dass der Radfahrer und sein Begleitfahrzeug bei jeder Stopptafel stehen bleiben müssen. Wer die Regel verletzt – und das wird durch Race Officials überprüft –, wird mit einer Zeitstrafe versehen. Manche Stoppschilder stehen „in the middle of nowhere“, an verlassenen Kreuzungen in der Wüste, auf einsamen Bergstrecken oder irgendwo in den Weiten von Kansas. Vor allem in der Nacht, wenn kilometerweit kein Auto zu sehen ist, wenn absolut keine Gefahr besteht und auch kein Race Official in Sichtweite ist, ist die Versuchung groß, nicht stehen zu bleiben und den Schwung über die Kreuzung einfach mitzunehmen. Aber auch hier gilt: „Es ist leichter, einen Grundsatz zu 100 % einzuhalten als zu 95 %!" Das erste Mal eine Regel zu verletzen, braucht schon etwas Überwindung. Das zweite Mal fällt etwas leichter, und bald wird es zur Gewohnheit. Ich nahm fünfmal am Race Across America teil, viermal im Team und einmal als Solo-Fahrer. Nicht ein einziges Mal wurde eine Zeitstrafe gegen uns verhängt. Uns war es immer wichtig, alle Regeln mit äußerster Disziplin einzuhalten. Es gibt nicht viele Teams, die mehrfach am RAAM teilgenommen haben und ohne Zeitstrafe durchgekommen sind, vielleicht sind wir sogar das einzige.

Disziplin ist nicht nur eine puritanische Tugend, sie ist eine Schlüsseleigenschaft und Grundlage für Erfolg in praktisch allen Lebensbereichen.[24] Die wissenschaftliche Forschung zu Selbstkontrolle und Disziplin begann in den 1960er-Jahren mit den bekannten Experimenten des Psychologen Walter Mischel zu Impulskontrolle und Belohnungsaufschub von Kleinkindern. In seinen berühmten Marshmallow-Experimenten wurden kleine Kinder in einen Raum gebeten. Sie bekamen ein Marshmallow – eine Süßigkeit –, und die Versuchsleiterinnen und -leiter teilten den Kindern mit, dass sie den Raum für eine bestimmte Zeit verlassen würden. Wenn sie dann nach etwa 15 Minuten zurückkämen und das Kind hatte sein Marshmallow nicht gegessen, dann würde es ein zweites bekommen. Konnte das Kind der Versuchung nicht widerstehen und hatte das Marshmallow verspeist, dann gab es kein zweites. Die Forscher beobachteten die Reaktionen der Kinder. Manche lenkten sich ab, indem sie ein Lied sangen, andere erfanden ein Spiel, wieder andere bedeckten ihre Augen oder versuchten ganz einfach nicht hinzusehen. Eine harte Probe für kleine Kinder: Etwa ein Drittel aß das Marshmallow sofort, ein Drittel schaffte es ein paar Minuten, der Versuchung zu widerstehen, und etwa ein Drittel hielt bis zum Ende durch.[25] Als Walter Mischel Jahre später untersuchte, was aus den Kindern, die damals die Selbstkontrolle hatten und das Marshmallow nicht gegessen hatten, geworden war, stellte er fest, dass sie als kompetenter in schulischen und sozialen Bereichen beschrieben wurden, dass sie besser mit Frustration und Stress umgingen, besser Versuchungen widerstehen konnten, in der Schule erfolgreicher waren, harmonischere Beziehungen und seltener Übergewicht hatten.[26] Hinsichtlich aller untersuchter Kriterien waren sie erfolgreicher. Disziplin lohnt sich.

Die beiden Autoren des Buches „Die Macht der Disziplin"[27] fassen die Vorteile einer ausgeprägten Selbstkontrolle wie folgt zusammen:

> „Die Fähigkeit, unsere Impulse und Wünsche zu kontrollieren, ist unabdinglich für unseren Erfolg im Zusammenleben und Zusammenarbeiten mit anderen. Menschen mit Kontrolle über ihre Gedanken, Emotionen und ihr Verhalten sind nicht nur in der Schule und im Beruf erfolgreicher, sie sind auch gesünder, wohlhabender und beliebter. Sie haben innigere Beziehungen (was deren Partner bestätigen) und genießen mehr Vertrauen. Sie kommen seltener auf falsche Wege, sie werden weniger wahrscheinlich verhaftet oder werden seltener ungewollt schwanger. Sie haben sogar eine höhere Lebenserwartung. Der brasilianische Schriftsteller Paolo Coelho fasste all diese Vorteile von Selbstkontrolle in einer seiner Novellen zusammen: ‚Wenn du dich selbst eroberst, eroberst du die Welt.'"[28]

Zwar ist Disziplin zu einem bestimmten Teil genetisch bedingt, sie kann aber auch zu einem großen Teil entwickelt werden. Dazu reichen ein paar einfache Dinge.

1. Setzen Sie sich attraktive Ziele und seien Sie sparsam mit Disziplin

Es gibt kaum einen Wissenschaftler, der sich intensiver mit Disziplin auseinandersetzte als der Sozialpsychologe Roy Baumeister. Er führte eine ganze Reihe von Experimenten durch, um zu verstehen, was Disziplin ausmacht. Er wollte wissen, warum es für manche Menschen so schwierig ist, sich selbst unter Kontrolle zu halten, während es anderen sehr leichtfällt, und er untersuchte, wie man Disziplin erlernen kann usw. Eine seiner wichtigsten Erkenntnisse: Disziplin ist eine endliche Ressource. Man kann sie mit einem Muskel vergleichen. Baumeister beobachtete immer wieder, dass uns Selbstkontrolle besonders schwerfällt, wenn wir kognitiv müde sind: „Je mehr die Teilnehmer ihren Willen anstrengten, umso größer war die Wahrscheinlichkeit, dass sie der nächsten Versuchung erlagen, vor allem wenn diese kurz darauf erfolgte."[29] Bei einem seiner Experimente wurden Teilnehmer in einen Raum gebeten, in dem Teller mit warmen Keksen und Schokolade standen sowie Teller mit Radieschen. Die Hälfte der Probanden durfte Süßigkeiten essen, die andere Hälfte nur Radieschen. Für viele sicher ein besonders gemeiner Test. Die Radieschen-Esser gaben bei einer anschließenden – eigentlich nicht lösbaren – Aufgabe nach acht Minuten auf, diejenigen, die Süßigkeiten bekommen hatten, hielten 20 Minuten lang durch.[30] Fazit: Die Radieschen-Esser mussten be-

reits viel Disziplin vor der Problemlösungsaufgabe aufbringen, sie waren mental schon etwas erschöpft und hielten dann nicht mehr lange durch. Disziplin funktioniert so ähnlich wie ein Muskel.[31] Je mehr man ihn in Anspruch nimmt, umso stärker ermüdet er. Wenn Sie gleichzeitig abnehmen und auf Alkohol verzichten möchten, aufhören wollen zu rauchen und Ihren Fernsehkonsum reduzieren möchten, dann wird es schwierig. Sie werden sehr wahrscheinlich nicht ausreichend Disziplin für alles zusammen aufbringen. Überlegen Sie sich also gut, welches Ziel Sie sich setzen wollen und gehen Sie sparsam mit Ihrer Disziplin um. Sie ist eine wertvolle Ressource, die Sie nicht vergeuden sollten. Achten Sie darauf, dass die Ziele, die Sie sich setzen, SMART sind: **S**pezifisch, **M**essbar, **A**ttraktiv, **R**ealistisch und **T**erminiert. Sie brauchen Fortschrittskontrolle und Erfolgserlebnisse – selbst kleine Fortschritte können schon motivierend sein, um durchzuhalten.
Disziplin kann, so wie ein Muskel, aber auch trainiert werden. Forschungen haben gezeigt, dass Menschen, die sich in einem Bereich regelmäßig in Disziplin üben, diese Tugend deutlich besser ausprägen und schließlich auch in anderen Lebensbereichen mehr Selbstkontrolle und Willenskraft entwickeln.

2. Führen Sie penibel Buch über Ihre Leistungen und Fortschritte

Wenn Sie Ihre Motivation zur Disziplin aufrechterhalten wollen, kontrollieren Sie sich selbst, und zwar diszipliniert und regelmäßig! Ich führte täglich Buch über mein Training, verglich Umfang und Trainingserfolg – zum Beispiel gemessen über VO2 Max (maximale Sauerstoffaufnahme) oder FTP (Functional Threshold Power, die maximale Wattleistung über eine Stunde) – mit meinen Zielen und verglich mein Trainingspensum mit jenem des Vormonats und jenem des Vorjahrs. So hielt ich alle meine Fortschritte fest. Das war ein wichtiger Motivationsfaktor in all den Jahren des Trainings.
Wie wichtig Fortschrittskontrolle für die Motivation ist, wissen alle, die schon einmal Gewicht verlieren wollten. Menschen, die ihr Gewicht reduzieren wollen, so stellten Forscher in Studien fest, erreichen ihre Ziele umso eher, je häufiger sie sich auf die Waage stellen. Wer sein Gewicht regelmäßig kontrolliert, erreicht seine Ziele besser, verfällt seltener in Fressorgien und ist deutlich weniger frustriert: „Je sorgfältiger und häufiger Sie sich kontrollieren, umso besser haben Sie sich im Griff“[32] – so einfach ist das. Auch die

minimalsten Formen der Kontrolle wirken. Bei Gefängnisinsassen stellte man immer wieder fest, dass sie kontinuierlich zunehmen. Der Grund: Sie tragen keine Gürtel und keine enge Kleidung, und in ihren weiten Overalls oder weiten Hosen merken sie kaum, dass sie an Gewicht zulegen. Es zwackt kein Bund, kein Gürtel muss um ein Loch weiter gestellt werden usw.[33]

3. Formulieren Sie Realisierungsintentionen

Vage Vorhaben sind in der Regel wirkungslos. Formulieren Sie daher eindeutige Realisierungsintentionen. Meine zweiwöchigen Trainingspläne legten für jeden einzelnen Tag die Art des Trainings (z. B. Grundlagenausdauer, Krafttraining, Regenerationstraining), die Intensität des Trainings (z. B. wie viele Intervalle, wie lange diese waren, wie viel Zeit zwischen den Intervallen liegen sollte) und die Dauer des Trainings fest. Meine Trainingspläne waren spezifisch und detailliert. Ich erhielt sie immer sonntagabends. Sofort glich ich sie mit meinem Kalender ab und legte fest, zu welchen Uhrzeiten ich täglich den Plan umsetzen wollte und welche Strecken ich dabei fuhr.

***Anmerkung:** Einen Ausschnitt meines Trainingsplans finden Sie im Anhang.*

Will man einen Plan erfolgreich umsetzen, kommt man um solche spezifischen Handlungspläne nicht herum. Realisierungsintentionen legen genau fest, wie, wann und wo man etwas erledigen will. Vage Vorhaben bringen einen kaum zum Ziel. In einer Studie über Brustkrebsvorsorge stellten Wissenschaftler zum Beispiel fest, dass Frauen, die Realisierungsintentionen für ihre Brustkrebsselbstuntersuchungen hatten, diese zu 100 Prozent durchführten. Frauen, die zwar die besten Absichten zur Selbstuntersuchung hatten, diese aber nicht konkret formulierten, führten diese Untersuchungen nur zu 53 Prozent durch.[34] Zu einem ähnlichen Ergebnis kam auch eine andere Studie. Im Rahmen von Gesundheitsprogrammen sollten Menschen zu regelmäßigem Sport motiviert werden. Ein Teil von ihnen wurde gebeten, klare Realisierungsintentionen zu formulieren (z. B. „Nächste Woche werde ich am Tag XX um XX Uhr in XX (Ort) für mindestens 20 Minuten intensiv trainieren"). Die anderen wurden lediglich über die Wichtigkeit von regelmäßigem Sport aufgeklärt, und sie erklärten motiviert ihre Absicht zu trainieren. Während Erstere ihr Vorhaben zu 100 Prozent umsetzten, betrieben von der zweiten Gruppe tatsächlich nur 40 Prozent Sport.[35] Der Weg zur Hölle ist mit guten Absichten gepflastert. Entwickeln Sie also ganz spezifische Handlungspläne, wenn Sie in der Umsetzung Ihrer Vorhaben erfolgreich sein wollen.

4. Machen Sie Ihr Commitment öffentlich

Menschen haben ein starkes Bedürfnis nach Konsistenz. Es ist ihnen wichtig, dass ihr Handeln in Einklang mit dem steht, was sie sagen. Geben wir ein öffentliches Commitment ab, ist die Wahrscheinlichkeit, dass wir anschließend dementsprechend handeln, viel größer. In einer Studie berichten israelische Wissenschaftler, wie es ihnen sehr erfolgreich gelungen ist, Bewohner eines Wohnblocks zu Spenden für die Errichtung eines Rehabilitationszentrums für Behinderte zu bewegen. Zunächst baten sie einige Bewohner, lediglich eine Petition zur Errichtung dieses Rehabilitationszentrums zu unterschreiben. Das war eine gute Sache und die Unterschrift zu leisten kein großer Aufwand. So gut wie alle, die um die Unterschrift gebeten wurden, unterstützten das Projekt. Zwei Wochen später baten die Wissenschaftler nun alle Bewohner des Gebäudekomplexes um eine Spende für das Projekt. Von denen, die vorher nicht um die Unterschrift der Petition gebeten wurden, spendete gerade einmal die Hälfte. Aber 92 Prozent all jener, die die Petition unterschrieben hatten, gaben einen Geldbeitrag![36] Wie lässt sich das erklären? Mit der Unterschrift der Petition gaben sie so etwas wie ein öffentliches Commitment ab, und als sie um eine Spende gebeten wurden, wollten sie dem nicht widersprechen. Ihr Bedürfnis nach Konsistenz veranlasste sie, zu spenden. Konsistenzbedürfnisse können zuweilen sehr stark sein. Wir können das immer wieder an uns selbst beobachten. Beispielsweise wenn wir in einer Diskussion mit anderen einen Standpunkt einnehmen. Haben wir uns einmal mit einer Meinung positioniert, versuchen wir dabeizubleiben. Selbst wenn wir feststellen, dass wir falsch liegen, versuchen wir diesen einmal öffentlich gemachten Standpunkt zu verteidigen. Der Psychologe Robert Cialdini schreibt in seinem Buch „Die Psychologie des Überzeugens“ dazu: „Wenn ich Sie zu einem *Commitment* bewegen kann (d. h. dazu, einen Standpunkt einzunehmen, sich zu etwas zu bekennen), habe ich die Voraussetzungen dafür geschaffen, dass Sie automatisch und ohne lange zu überlegen in Einklang mit dieser Festlegung handeln. Sobald man einmal einen Standpunkt eingenommen hat, besteht eine natürliche Neigung, konsequent (oder konsistent) bei diesem Standpunkt zu bleiben.“[37]

Nutzen Sie dieses Prinzip für Ihre Disziplin. In einem Experiment zu einem 16-wöchigen Programm für Gewichtsabnahme bei Frauen in einem Fitnesscenter wurde untersucht, welche Rolle das öffentliche Commitment für die Zielerreichung hat.[38] Die teilnehmenden Frauen wurden dabei in drei Gruppen geteilt. Eine Gruppe setzte sich ein Ziel, gab aber dafür kein öffentliches Commitment ab. Eine zweite Gruppe gab ihr langfristiges Ziel für die Gewichtsabnahme nach 16 Wochen öffentlich bekannt: Es wurde auf eine Karte mit dem Namen der Teilnehmerin geschrieben und im Fitnessstudio für alle sichtbar auf einer Aushängetafel veröffentlicht. Eine dritte Gruppe von Frauen veröffentlichte lediglich ein kurzfristiges Ziel (drei Wochen). Welche Gruppe war wohl am erfolgreichsten? Klar! Die Frauen, die ihr Ziel öffentlich kommuniziert hatten! Nach Abschluss des gesamten Programms wurden die Teilnehmerinnen auf die Waage gebeten: Frauen, die ihr langfristiges Ziel veröffentlicht hatten, erreichten es zu 103 Prozent, sie nahmen sogar etwas mehr ab als geplant. Frauen, die ihr kurzfristiges Ziel veröffentlichten, erreichten ihr Ziel durchschnittlich zu 97 Prozent, und Frauen, die kein öffentliches Commitment abgaben, erreichten ihr Ziel nur zu 89 Prozent.

Wenden Sie also einen kleinen Trick an, um sich selbst etwas mehr unter Druck zu setzen. Machen Sie Ihr Ziel öffentlich! Lassen Sie andere wissen, was Sie erreichen wollen! Geben Sie ein öffentliches Commitment ab! In jedem Jahr unserer RAAM-Teilnahme formulierten wir ein Spendenziel, das wir öffentlich kommunizierten. Dieses Commitment erzeugte den notwendigen Druck, uns anzustrengen und alles zu geben, um dieses Ziel zu erreichen. In jedem Jahr unserer RAAM-Teilnahme übertraf unser Spendenergebnis unser Ziel. Über 4,2 Millionen Dollar kamen schließlich insgesamt zusammen!

5. Nutzen Sie die Macht der Gewohnheit

„Disziplin bedeutet: Dinge, die man hasst, so zu tun, als würde man sie lieben!“, meinte der Boxer Mike Tyson einmal. Disziplin erfordert viel Kraft. Wenn Sie jedes Mal hin und her überlegen müssen, ob sie etwas tun oder nicht, werden Sie schnell erschöpft sein und Ihre Moral wird schwinden. Der vorhin erwähnte Psychologe Roy Baumeister bezeichnet das als „Ego-Erschöpfung“.[39] Die gute Nachricht ist aber: Disziplin lässt sich leicht lernen. Schaffen Sie Gewohnheiten. Wenn Sie immer am selben Ort zur selben Zeit Dinge auf die gleiche Art und Weise erledigen, wenn Sie also Routinen schaffen, fällt das ständige Entscheiden weg. Es entwickelt sich ein Automatismus. Ohne lange zu überlegen, tun Sie die Dinge einfach. So sparen Sie geistige Energie und kommen besser ans Ziel. Das führt uns zur nächsten Leadership-Lektion.

LEADERSHIP-LEKTION 2: NUTZE DIE MACHT DER GEWOHNHEIT

Was haben Winston Churchill und Jennifer Aniston gemeinsam? Winston Churchill, der britische Premierminister während des Zweiten Weltkriegs (und dann später noch einmal), war bekannt für seine Produktivität. Die Schauspielerin Jennifer Aniston wird für ihr makelloses Aussehen bewundert. Auch wenn die beiden noch so unterschiedlich sind, sie haben eine Gemeinsamkeit. Für beide spielen ihre Routinen eine wichtige Rolle. Winston Churchill hatte einen äußerst strukturierten Arbeitstag:

> Um 7:30 Uhr wachte er täglich auf, nahm sein Frühstück im Bett, las die Zeitungen, arbeitete und diktierte seinen Sekretärinnen.
> Um 11 Uhr stand er auf, spazierte eine Runde im Garten und genehmigte sich einen Whiskey mit Soda.
> Um 13 Uhr empfing er Gäste und Familie zum Essen.
> Um 15:30 Uhr arbeitete er in seinem Arbeitszimmer.
> Um 17 Uhr schlief er für eineinhalb Stunden, nahm dann ein Bad und bereitete sich für das Abendessen vor.
> Vor dem Schlafengehen begab er sich noch einmal für eine Stunde in sein Arbeitszimmer.

Praktisch jeder Tag verlief nach dem gleichen Schema, seine Gewohnheiten bestimmten den Tagesablauf, und von diesen rückte er nur selten ab.[40]
Jennifer Aniston, die Schauspielerin, steht um 4:30 Uhr auf, trinkt eine Tasse heißes Wasser mit Zitrone, wäscht sich, meditiert, trinkt einen Proteinshake und trainiert anschließend,[41] sie geht mit ihren Hunden spazieren, und – wie interessant – sie verbringt die ersten eineinhalb Stunden an jedem Tag ohne Smartphone: „No phones, no email, no texting and no social media. No looking at any of that for a good hour, hour and a half … I highly recommend doing a week of it, you won't believe the difference."[42]

Tägliche Routinen machen unser Leben nicht nur einfacher, sie sorgen auch dafür, dass wir produktiver sind, unsere begrenzten kognitiven Ressourcen nicht für banale Alltagsentscheidungen verschwenden und disziplinierter an unseren Zielen arbeiten. In einer Studie über tägliche Morgenroutinen von Mitarbeitern untersuchten Wissenschaftler, wie sich diese Gewohnheiten auf das Verhalten am Arbeitsplatz auswirken.[43] Dabei beobachteten sie sie über einen Zeitraum von drei Wochen und befragten sie mehrfach täglich. Mitarbeiter, die strikt ihren täglichen Morgenroutinen folgten (z. B. Frühstück, Morgensport, Pendeln zum Arbeitsplatz usw.) verfügten im Tagesablauf über mehr mentale Energie, waren gelassener, waren engagierter bei der Arbeit und erreichten ihre Ziele besser. Wichen sie von ihren Morgenroutinen ab, waren sie weniger engagiert, machten weniger Fortschritte, waren mental erschöpfter und weniger gelassen. Die Autoren der Studie führen das auf die höheren kognitiven Anstrengungen zurück, die entstehen, wenn wir von Gewohnheiten abweichen. Haben Sie sich schon einmal gefragt, warum wir zum Frühstück fast immer das Gleiche essen? Das ist nicht nur bequem, es ist auch sehr effizient. Wir alle haben begrenzte kognitive Energie, und wenn wir diese bereits für banale Alltagsentscheidungen einsetzen müssen, bleibt weniger Energie für die Arbeit.

Gewohnheiten spielen für mich eine große Rolle. Anfangs fiel es mir sehr oft sehr schwer, mein Trainingspensum zu erfüllen. Ich kam abends zu unregelmäßigen Zeiten nach Hause, war meist müde und oft regelrecht ausgelaugt. Ich hatte Hunger, aß etwas, und noch während des Essens begann ein Kampf in meinem Kopf: Jetzt noch trainieren? Vielleicht verschiebe ich es lieber auf morgen oder mache eine etwas kürzere Trainingseinheit und dafür morgen etwas mehr? Irgendwann hatte ich genug davon und änderte meinen Rhythmus. Ich verlegte mein tägliches Training auf den Morgen. Da fiel es mir viel leichter. Ich stand früh auf, nahm ein leichtes Frühstück zu mir und begab mich auf meinen Rollentrainer. Bald wurde das zu einer Gewohnheit und lief nach einem automatischen Muster ab. Ich dachte nicht mehr darüber nach, ob ich jetzt trainieren sollte oder nicht – ich tat es einfach. Kein permanentes Überlegen, kein schlechtes Gewissen mehr, kein Aufschieben. Es fiel mir um vieles leichter, mein Trainingspensum unter der Woche zu erreichen. Tägliche Routinen machen unser Leben in vielerlei Hinsicht angenehmer und effizienter. Disziplin fällt nicht mehr schwer, und wir gehen mit einer knappen Ressource – unserer mentalen Energie – sparsam um. Richtig eingesetzt, bestimmen Gewohnheiten über Erfolg und Misserfolg. Der Begründer der nach ihm benannten Körpertherapie F. M. Alexander brachte es auf den Punkt: „Menschen entscheiden nicht über ihre Zukunft. Sie entscheiden über ihre Gewohnheiten, und diese Gewohnheiten bestimmen über die Zukunft!“ Schaffen Sie also Routinen für Aufgaben, die Ihnen wichtig sind, die viel Disziplin erfordern und die Ihnen sonst schwerfallen. Berücksichtigen Sie dabei drei Dinge:

1. Achten Sie darauf, dass Sie für diese Tätigkeiten ein bestimmtes Zeitfenster und einen bestimmten Ort festlegen. Wenn es ein paar Dinge gibt, die Sie gar nicht gerne erledigen, die Sie immer wieder aufschieben oder einfach nur immer wieder vergessen, dann legen Sie einen Tag, eine Uhrzeit und einen Ort fest, an dem Sie sich diesen Aufgaben widmen. Sorgen Sie dafür, dass es keine Ablenkungen gibt. Für lästige Büropflichten eignet sich beispielsweise der Freitagnachmittag sehr gut. Machen Sie es sich zur Gewohnheit, dass Sie diese Aufgaben immer zur gleichen Zeit am gleichen Ort erledigen. Mit dieser Routine haben Sie nicht nur diese Arbeiten regelmäßig erledigt, Sie schaffen sich auch ein kleines Erfolgserlebnis und ein angenehmes Gefühl für das Wochenende.
2. Knüpfen Sie diese Tätigkeiten an bestimmte Ereignisse. Wenn Sie sich beispielsweise vornehmen, mehr Wasser zu trinken, verbinden Sie dieses Vorhaben mit einem Ereignis: „Jedes Mal, wenn ich zu einem Meeting gehe, nehme ich eine Flasche Wasser mit“ oder „Jedes Mal, wenn ich einen Kaffee trinke, nehme ich ein Glas Wasser dazu“. Wenn Sie mehr Schritte gehen wollen, dann verzichten Sie auf den Fahrstuhl. Wenn Sie im Büro weniger sitzen und mehr stehen wollen, dann nehmen Sie an Zoom-Meetings stehend teil. Machen Sie eine Gewohnheit daraus. Das sind ganz kleine, trivial wirkende Dinge, sie helfen uns aber, Routinen zu entwickeln und unser Leben in vielen kleinen – und oft auch großen – Dingen besser zu machen.
3. Wiederholen Sie diese Tätigkeiten regelmäßig. Nur durch Wiederholung entwickelt sich die Gewohnheit. „Eine Gewohnheit entsteht, wenn sich ein Verhalten durch Wiederholung immer stärker automatisiert. Je häufiger Sie eine Tätigkeit wiederholen, desto stärker verändert sich die Struktur Ihres Gehirns, sodass diese Tätigkeit effizient ausgeführt werden kann“,[44] erklärt James Clear in seinem Buch „Die 1% Methode“. Tatsächlich haben Wissenschaftler in Studien festgestellt, dass sich Gehirnstrukturen verändern. Musiker

haben ein größeres Kleinhirn, das zuständig für körperliche Abläufe wie das Zupfen einer Gitarrenseite ist, als Nicht-Musiker. Taxifahrer in London haben einen größeren – für das räumliche Gedächtnis zuständigen – Hippocampus.

LEADERSHIP-LEKTION 3:

VERSUCHE STETS, IN ALLEN DINGEN DAS ANGENEHME FÜR DICH SELBST MIT DEM NÜTZLICHEN FÜR DIE ANDEREN ZU VERBINDEN

Diese Lebensweisheit von Hodscha Nasreddin[45] war das Leitmotiv unseres gesamten Race Across America-Projekts. Wir verbanden unsere Leidenschaft für das Rennradfahren mit einem Spendenprojekt. Unser Motto „We ride so that others can walk" brachte das zum Ausdruck.

Wenn es uns gelingt, unterschiedliche Dinge auf eine derartige Weise miteinander zu verbinden, werten wir unsere Tätigkeiten nicht nur auf, wir nutzen unsere Zeit doppelt! Dieses einfache Prinzip wandte ich auch im Training an. Zu meiner Morgenroutine des Trainings auf der Rolle gehörte es, meine Lesearbeit für das Büro zu erledigen. Im Büro sammelte ich Material, das ich gut bei Niedrigherzfrequenztraining lesen konnte. Dazu gehörten Fachbücher, Fachzeitschriften, Fallstudien für meine Lehrveranstaltungen ebenso wie Zeitungsartikel. Mein Training auf der Rolle lief immer nach dem gleichen Muster ab: Zunächst las ich das Handelsblatt, dann einen wissenschaftlichen Fachartikel und anschließend mindestens ein Kapitel aus einem Fachbuch. Bei längeren Trainingseinheiten hörte ich Podcasts und Hörbücher. Ich sah mir YouTube-Videos an und bildete mich auf diese Weise während des Trainings fort. Das wurde zu meiner täglichen Morgenroutine. Wenn ich gegen 9 Uhr ins Büro kam – oft zur gleichen Zeit wie meine Kolleginnen und Kollegen –, gab es einen Unterschied: Ich hatte schon ein bis zwei Stunden trainiert und ein bis zwei Stunden gearbeitet. So las ich während meines Trainings Tausende Seiten pro Jahr und hörte zahllose Podcasts und Hörbücher. Was viele überrascht: Die Jahre seit meiner ersten Race Across America-Teilnahme waren die produktivsten Jahre in meinem Beruf. In diesem Zeitraum publizierte ich über 30 Aufsätze in wissenschaftlichen Zeitschriften und mehrere Bücher. Einige meiner wichtigsten Arbeiten entstanden in dieser Zeit, unter anderem unser Buch „Open Strategy“ (MIT Press, 2021), das von der Zeitschrift Business+Strategy zum besten Strategiebuch des Jahres gewählt wurde und für den Thinkers50 Strategy Award nominiert war – ein Preis, der alle zwei Jahre für die besten Managementideen der Welt vergeben wird. Es zählt zu den besten Leadership-Büchern (LeadershipBlog) und zu den besten Managementbüchern des Jahres (The Globe and Mail), und es erhielt den internationalen Axiom Award (Bronze). All diese wissenschaftliche Publikationstätigkeit erfordert sehr viel Lesearbeit, und ich bin mir sicher, dass mein Lesepensum aufgrund meines Trainings weit über dem der meisten anderen Wissenschaftler liegt.

Unsere Zeit ist begrenzt. Wenn wir sie aber nach dem Motto „Verbinde stets das Angenehme mit dem Nützlichen“ nutzen, können wir viel mehr daraus machen.

AB IN DIE WÜSTE

Zehn Tage vor dem Start machte ich mich mit meinem Crew Chief Zoltàn Bogdàn auf den Weg nach Kalifornien zur Hitzeakklimatisierung in der Wüste. Die Tage zuvor hatte ich mich noch um logistische Dinge gekümmert. Etwa 300 Kilo Gepäck mussten in die USA gebrachten werden – vier Räder, ca. 50 Kilo Flüssignahrung, einige Kilo Getränkepulver, Werkzeug, Ersatzmaterial, Bekleidung usw. Ursprünglich wollte ich nur drei Räder mitnehmen: mein Zeitfahrrad für die Flachetappen, mein Tarmac SL7 mit den Alpinist Laufrädern für die Berge und mein S-Works Venge mit Auflegern als Allroundrad. Drei Wochen vor dem Abflug entschied ich mich aber, zusätzlich mein altes S-Works Venge 2015 einzupacken. Das Rad war schon viermal beim RAAM gewesen, zweimal beim Race Around Austria und einmal beim Race Across Italy. Das Race Across America ist unberechenbar. Auf den 5000 Kilometern unter den schwierigsten Verhältnissen kann viel passieren. Immer wieder hatten wir größere Defekte bei den Rädern, und so dachte ich mir: Plan for the worst, hope for the best. Mein Radteamkollege Didi lieh mir einen zusätzlichen Radkoffer. Es war eine gute Entscheidung, wie sich schon am zweiten Tag des Rennens herausstellen sollte.

In Los Angeles angekommen, machten wir uns mit dem Mietwagen auf den Weg nach Palm Springs. Dort war es heiß genug für meine Hitzeakklimatisierung. Tägliche Trainingseinheiten bei 45 bis 50 Grad Celsius bereiteten mich gut auf die Hitze vor. Hitzeakklimatisierung ist ein wichtiger Teil der Vorbereitung: „Der Organismus kann sich in 5 bis 10 Tagen an Hitze akklimatisieren, wenn die Körperkerntemperatur beim Training auf 40°C ansteigt. Die durch Hitzetraining ausgelöste Akklimatisation zeichnet sich durch erniedrigte Körperkerntemperatur, geringeren Kochsalzgehalt im Schweiß, abnehmende Herzfrequenz sowie Zunahme des Plasmavolumens und der Schweißbildungsrate aus“,[46] habe ich in einem Artikel in einer Fachzeitschrift gelesen. Durch ein tägliches Training von etwa zwei Stunden, bei dem die Körperkerntemperatur auf über 39 Grad gebracht wird, beginnt sich der Körper anzupassen. Ich trainierte zur heißesten Zeit des Tages – über Mittag. Zwei Stunden bei bis zu 50 Grad mit 250 Watt, dazwischen immer wieder 400-Watt-Intervalle zu je fünf Minuten. Das Training war laut Garmin, das die Hitzeakklimatisierung anzeigt, wohl effektiv, bereits nach sechs Tagen war ich bei 100 Prozent.

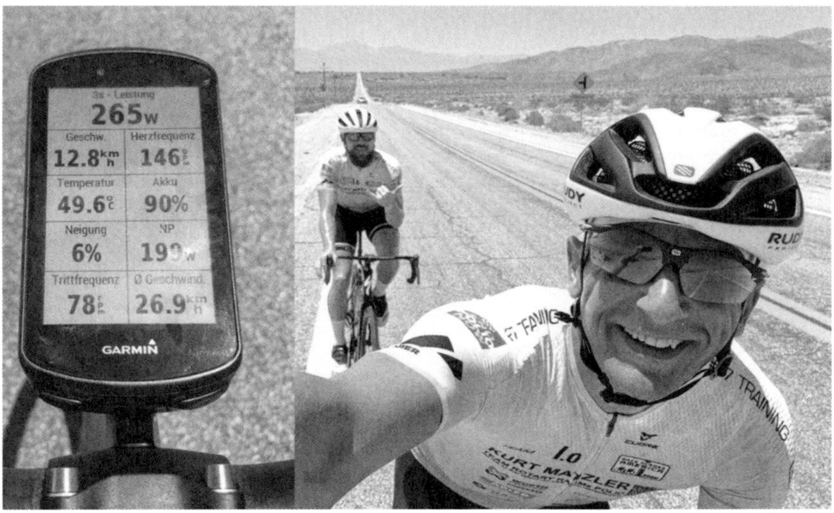

Hitzeakklimatisierung in der Wüste in der Nähe von Palm Springs. (Foto: Kurt Matzler)

Zoli begleitete mich beim Training in der Wüste. Das allein zu bestreiten, wäre ein zu großes Risiko gewesen. Ich trainierte auf dem Zeitfahrrad, Zoli fuhr mein drei Monate altes Tarmac SL7. Am zweiten Tag stand eine etwa 60 Kilometer lange Runde auf dem Programm. Ich fuhr voraus, Zoli in meinem Windschatten. Auf dem Rückweg bemerkte ich, dass ich plötzlich allein war. Ich blickte zurück und sah Zoli ein paar Hundert Meter hinter mir stehen. Er gestikulierte wild, und ich merkte sofort, dass er ein Problem hatte. Der Freilauf seines Rads war kaputt, er drehte einfach durch. Wir hatten Glück, es waren nicht mehr als ein, zwei Kilometer bis zur nächsten Tankstelle. Bis dahin konnte ich ihn schieben und ihn dann dort mit dem Auto abholen. Nicht auszudenken, wenn das eine Stunde weiter draußen mitten in der Wüste bei 50 Grad passiert wäre oder gar während des Rennens!

Wir fanden eine kleine Werkstatt, die das Problem mit der Feder im Freilauf behelfsmäßig lösen konnte, und waren optimistisch, dass es damit erledigt war. Wir täuschten uns, es kam zu einem weiteren Defekt. Jetzt suchten wir Hilfe in einem Spezialgeschäft. Dort konnte man den Schaden beheben, und wie der Zufall es so will, trafen wir dort Leah Goldstein, die RAAM-Siegerin aus dem Vorjahr. Aufgrund der Corona-Beschränkungen hatten 2021 fast ausschließlich Amerikaner mitmachen können. Das Starterfeld war mit zwölf Teilnehmern sehr klein, und nur drei kamen aufgrund der extremen Hitze ins Ziel. Das Rennen ging als eines der härtesten in die Geschichte ein. Leah Goldstein war mit elf Tagen, drei Stunden und drei Minuten die erste Frau, die das RAAM als Gesamtsiegerin gewann. Wir unterhielten uns eine Weile, verabschiedeten uns und sahen uns in Oceanside wieder – Leah fuhr in diesem Jahr das Race Across the West, eine Teilstrecke des RAAM von Oceanside bis Durango in Colorado.

Nach ein paar Tagen Hitzetraining ging es für Zoli und mich wieder nach Los Angeles. Wir holten Ruth und Balázs ab. Zoli und Balázs fuhren nach Oceanside weiter, für Ruth und mich standen noch einmal zwei Tage in der Wüste in Borrego Springs auf dem Programm. Borrego Springs liegt auf der RAAM-Strecke, es ist die erste Stadt, die man am Abend des ersten Renntags erreicht. Damit ist der Ort bei RAAM-Teilnehmern ein beliebtes Ziel für die Hitzeakklimatisierung, und tatsächlich trafen wir dort einige Kollegen. Ich absolvierte ein paar Trainingseinheiten und entspannte mich am Pool unseres Hotels. Dort traf ich auch Rainer Steinberger, der als der absolute Favorit für das Rennen gehandelt wurde. Der sympathische Ultracyclist aus dem Bayerischen Wald konnte mit einigen Siegen, unter anderem beim Race Around Austria, beim Race Across Germany und beim Glocknerman, aufwarten. Wir waren froh, dem Trubel in Oceanside noch für ein paar Tage zu entkommen, und genossen die Ruhe. Wir unterhielten uns über das Rennen, die Rennstrategien und alles Mögliche. Ich ließ ihn wissen, dass es für mich klar war, dass er dieses Rennen gewinnen würde.
Er meinte nur: „Möglicherweise, wenn ich überhaupt ins Ziel komme."

Eine düstere Vorahnung, dass es dieses Mal für ihn nicht gut ausgehen könnte. Am Samstag, dem 11. Juni, machten Ruth und ich uns schließlich auf den Weg nach Oceanside, wo das Rennen am Dienstag starten würde. Darlene und Bob, Zoli und Balázs waren bereits dort und hatten schon mit den ersten Vorbereitungen begonnen. Die Mietautos waren zu bekleben, Lichter mussten entsprechend den Vorgaben montiert werden, Lautsprecher wurden angebracht, die Navigation musste vorbereitet werden, an den Rädern waren Reflektoren anzubringen, Einkäufe zu erledigen usw.
Meine Crew war sehr kreativ in der Gestaltung der Begleitfahrzeuge, jedes erhielt einen eigenen Namen und wurde entsprechend gestaltet:

> **RAAMbulance:** Ruth, Alex und Liane. Dieses Auto war mit der Teamärztin, einer Apothekerin und einer Biologin vor allem für meine Gesundheit und mein körperliches Wohlbefinden zuständig.
> **RAAMbler:** Zoli, Florian und Balázs. Dieses Trio mit dem Crew Chief Zoli übernahm die Nachtschicht.
> **RAAMerica:** Bob, Darlene und Bill. Die drei Amerikaner waren für die erste Schicht nach der Schlafpause eingeteilt.
> **RAAMcam, von uns nur RAAMedia genannt:** Hubert, Martin und Roland. Das Medienfahrzeug, das für die Filmaufnahmen für den TV-Sender K19 und für die Pressearbeit zuständig war.

Dazu gab es ein paar Pflichtmeetings (offizieller Fototermin, Crew Chief Meeting, Abgabe der Rennunterlagen usw.). So wie 2019 waren wir auch dieses Mal zur offiziellen Pressekonferenz eingeladen. Ich saß neben Rainer Steinberger und Elin Starup aus Dänemark. Sie war bei ihrem ersten RAAM-Versuch gescheitert und voller Optimismus, dass es dieses Jahr klappen würde. Nach 550 Meilen war ihr Traum allerdings geplatzt. Sie kam zu Sturz, und mit einer Fraktur ihres Fingers war ihr Rennen zu Ende. Gemeinsam mit ihrem Team fuhr sie dann die gesamte Strecke mit dem Auto mit und tauchte immer wieder auf, um die Rennteilnehmer zu motivieren. Auch Rainer Steinberger kam nicht ins Ziel. In Führung liegend, hatte er einen schweren Sturz in den Rocky Mountains und lag einige Zeit mit schweren Verletzungen in einem Krankenhaus.

Saturday, June 11	12:20	• Darlene picks up the race packet / Harbor Lot 498–100 Riverside Drive • Crew puts signage on the vehicles / hotel parking lot • Self-inspections of vehicles and bicycles / hotel parking lot
Sunday, June 12	11:00	• Photos / Harbor Lot 498–100 Riverside Drive • Jersey sizing (Kurt) / Harbor Lot 498–100 Riverside Drive
	12:30–2:30	• Crew Chief Meeting (Zoli & Darlene) Library / 330 N Coast Hwy • Darlene TURN IN BINDER
Monday, June 13	10:00–12:00	• Cargo drop off / Harbor Lot 498–100 Riverside Drive
	11:30–12:30	• Media Crew Meeting (Roland & Martin) / Library / 330 N Coast Hwy
	5:00–6:30	• Racer Meeting (MANDATORY) Community Bldg. 300 The Strand N

Rennvorbereitungen in Oceanside.

Nach der Pressekonferenz spazierten wir Richtung Meer und fanden ein nettes Restaurant, in dem wir zu Mittag aßen. Martin hatte einen kleinen Bluetooth-Lautsprecher dabei, den er nach dem Essen auf den Tisch stellte und ein Lied abspielte. Was für eine Überraschung! Mit seinem Freund Markus Linder, einem bekannten Tiroler Kabarettisten und Bluesman, hatte er das Lied „Route 66" von Nat King Cole umgetextet und für mich gesungen und aufgenommen. Unser RAAM-Song war geboren!

Route RAAM

If you ever plan to bike the RAAM
join Kurt Matzler on his ride, an incredible man
He keeps his pace on the world's toughest bicycle race
It winds more than 3000 miles all the way
through burning deserts, up steep mountains, night and day
He keeps his pace on the world's toughest bicycle race.
Well you go through Alamosa and Jefferson City
and Bloomington, Indiana, is mighty pretty.

You'll see Montezuma and El Dorado, Kansas,
Navajo Reservation, the Rockies of the Nation,
Greensburg, Oxford, Mississippi River ...

Won't you get hip to this timely tip
when THAT Kurt takes that big American trip
He'll keep his pace on the world's toughest bicycle race.
Well you go through Alamosa and Jefferson City
and Bloomington, Indiana, is so mighty pretty.
You'll see Montezuma and El Dorado, Kansas,
Navajo Reservation, the Rockies of the Nation,
Greensburg, Oxford, Mississippi River ...

Won't you get hip to this timely tip
when OUR Kurt takes that big American trip
He'll keep his pace on the world's toughest bicycle race.

Um der Hektik vor dem Rennen zu entgehen, versuchte ich mich aus den Vorbereitungen möglichst rauszuhalten. Meine Crew erledigte alles, und es gab die Vereinbarung, dass kein Problem an mich herangetragen werden würde – zumindest so lange nicht, bis es eine Lösung dafür gab.

Und tatsächlich tauchten in den letzten Tagen vor dem Rennen ein paar größere Probleme auf, von denen ich zunächst nichts erfuhr. Hubert, Martin, Florian und Roland flogen am Samstag, dem 11. Juni, von München nach San Diego. Zoli holte sie abends vom Flughafen ab, es waren aber nur drei angekommen. Hubert hatte am Flughafen in München ein Problem mit seiner elektronischen Einreisegenehmigung. Er hatte sie zwar beantragt und auch erhalten, am Flughafen wurde ihm aber das Einchecken verwehrt: Da er nach der Beantragung des ESTA einen neuen Pass erhalten hatte, war es nicht mehr gültig. Roland, Martin und Florian mussten ohne ihn fliegen. Irgendwie gelang es ihm jedoch, innerhalb kürzester Zeit zu einem neuen ESTA und einem Flug ein paar Stunden später zu kommen – sogar ohne Umbuchungsgebühr. Unser großes Spendenprojekt war in den Diskussionen mit Lufthansa wohl überzeugend genug gewesen.

Das sollte aber nicht das einzige Anreiseproblem bleiben. Alexandra, meine Ärztin, wollte am Montagabend – einen Tag vor dem Start – zu uns stoßen.

Sie hatte über das Wochenende noch eine Veranstaltung in Österreich und konnte nicht früher fliegen. Am Sonntag erhielt sie die Nachricht, dass ihr Flug zum Einsteigen bereit sei – aufgrund eines Buchungsfehlers war ihr Flug nicht für Montag, sondern für Sonntag gebucht! Sie verfiel leicht in Panik. Den Flug konnte sie unmöglich erwischen, sie hätte es niemals rechtzeitig nach München geschafft. Im letzten Augenblick gelang es ihr, einen Flug am Montag zu bekommen, um noch rechtzeitig zum bereits fast vollständigen Team in den USA zu stoßen.

Liane war am 14. Juni auf einen Flug von Amsterdam nach San Diego gebucht. Sie sollte ein paar Stunden nach dem Start dort ankommen und von Ruth und Alex abgeholt werden. Das war kaum ein Umweg für die beiden, da sie von Oceanside nach Brawley unterwegs waren. Der Flughafen liegt mehr oder weniger auf diesem Weg. In Brawley sollte am Mittwoch um 4:50 Uhr morgens ihre erste Schicht beginnen. Liane startete am Montag bereits fünf Stunden vor dem Abflug zum Flughafen, stellte aber mit Entsetzen fest, dass die Fluggäste schon weit außerhalb des Flughafengebäudes in einer Schlange für den Check-in anstanden. Aufgrund von Personalproblemen herrschte absolutes Chaos. Liane war klar, dass die Zeit niemals reichen würde, um rechtzeitig zum Gate zu kommen. Ihr Mann half ihr, sie über eine Absperrung zu schmuggeln. Unter Tränen erklärte sie der Flughafenmitarbeiterin, was auf dem Spiel stand. Das half – Liane wurde vorgereiht und erreichte in letzter Minute das Flugzeug. Gar nicht auszudenken, wenn Hubert, Alex und Liane es nicht geschafft hätten!

Beim RAAM geht immer irgendetwas schief, und wir waren überzeugt, dass wir unseren Anteil an Pech schon abbekommen hatten. Ab jetzt keine Probleme mehr – hofften wir zumindest!

Bis zum Tag des Starts war ich ausgesprochen entspannt und ruhig. Als ich allerdings am Race Day aufwachte, spürte ich eine unglaubliche Nervosität. Mein Pulsschlag war deutlich höher, und ich war sehr angespannt. Während meine Crew noch die letzten Vorbereitungen traf, blieb ich im Hotelzimmer, schaute zur Entspannung „Forrest Gump“ und blickte alle fünf Minuten auf die Uhr. In wenigen Stunden ging es los.

RACE ACROSS AMERICA 2022

Der Start

Das Gefühl am Start dieses Rennens ist unbeschreiblich. Man steht an der Startlinie und weiß, dass man jetzt 5000 Kilometer und über 40.000 Höhenmeter vor sich hat, bis zu 50 Grad in der Wüste, die Rocky Mountains, die unendlichen Geraden der Great Plains. Wind, Sonne, Regen, Kälte, Schlafentzug, Schmerzen und totale Erschöpfung. Aber auch unbeschreibliche Momente des Glücks, einzigartige Landschaftserlebnisse und Spaß mit dem Team. Man hat keine Vorstellung, was alles auf einen zukommen wird. Wird das Wetter mitspielen? Welche technischen Probleme tauchen auf? Spielt mein Körper mit? Wird mit der Crew und den Fahrzeugen alles funktionieren?

Race Across America 2022 – Race Roster

Solos

268 Ricardo Arap - BRA
300 Jim Trout - USA
399 Valerio Zamboni – MON
448 Srinivas Gokulnath - IND
455 Svata Bozak - CZE
539 Kari Rouvinen - FIN
549 Nicole Reist - SUI
599 Christian Mauduit - FRA
608 Elin Starup - DEN
610 Kabir Rachure - IND
620 Allan Jefferson - AUS
624 Bharat Pannu – IND
625 Dorina Vaccaroni – USA
627 Graham Macken – IRL
628 James Golding – GBR
632 Joff Spencer Jones – GBR
634 Chris Davies – USA
635 Lionel Poggio – SUI
642 Paolo Pietro Godardi – ITA
644 Peter Trachsel – SUI
645 Rainer Steinberger - DEU
647 Rupert Guinness – AUS
650 Vivek Shah - IND
654 Kurt Matzler - AUS
655 Martin Neitzke – GER
658 Phil Fox - USA
659 Simon Potter – GBR
660 Soren Peter Rosenkilde – DEN
661 Sebastien Sasseville - CAN
663 Guy Stapleford – GBR
664 Adriano Ongaro – ITA
665 Les Crooks – USA
668 Peter Skovbak – DEN
670 Jean-Luc Perez – FRA
671 Arvis Sprude – LVA

Startliste Race Across America 2022.

Um 13:05 Uhr ging es los. Meine erste Etappe hatte ich mit 551 Kilometern und 3400 Höhenmetern bis Salome in Arizona geplant. Mit einer Durchschnittsgeschwindigkeit von 22,5 km/h sollte ich nach etwa 24 Stunden in meine erste Schlafpause gehen. Die anfänglichen Kilometer führen neutralisiert auf einem Radweg aus der Stadt. Das eigentliche Rennen beginnt nach 16 Meilen an der Old Castle Road, ab dort sind dann auch Begleitfahrzeuge zugelassen. Aus den 20 Grad in Oceanside wurden bald 35 bis 40 Grad im Landesinneren. Die ersten 120 Kilometer bis zum sogenannten Glass Elevator, einer neun Meilen langen Abfahrt, die über 1200 Höhenmeter hinunter in die Wüste führt, hatten es in sich. Ein permanentes Auf und Ab mit vielen steilen Anstiegen – der Sleeping Indian hat eine Steigung von 16 Prozent. Ich versuchte, kontrolliert zu fahren, um mit meiner Energie hauszuhalten, und achtete auf Puls und Watt. Bald wurde ich links und rechts überholt. Mir kamen Zweifel an meiner Fitness. Wie konnte es sein, dass so viele an mir vorbeizogen? Es war frustrierend. Nach einiger Zeit bemerkte ich allerdings, dass die meisten sehr unrhythmisch fuhren. In ihrer Euphorie nach dem Start konkurrierten sie auf jeder Steigung und lieferten sich eine Attacke nach der anderen. Es hatte fast den Anschein, als würden sie dabei an ihr Limit gehen. Eine Vermutung, die sich bestätigte – gegen Ende des Anstiegs wurden die meisten wieder nach hinten durchgereicht. Das unvernünftige und leichtsinnige Rennverhalten so manchen Teilnehmers ließ mich bereits am Glass Elevator ahnen, wer es ins Ziel schaffen würde und wer nicht. In Annapolis hatte ich dann auch ein Gespräch mit einem dieser Fahrer. Wir waren zufällig im gleichen Hotel, und er sagte mir, dass er sich am ersten Tag unglaublich stark gefühlt habe. Es sei ihm so gut gegangen, dass er die ersten Berge mit einem Puls von bis zu 180 bpm fuhr! Man braucht kein Leistungssportler zu sein, um zu wissen, dass das alles andere als vernünftig ist. Das RAAM kann man auf den ersten Bergen nicht gewinnen – dort kann man es nur verlieren. Es ist ganz entscheidend, konstant und mit niedriger Belastung zu fahren. Es sei dahingestellt, ob es an mangelnder Erfahrung, Leichtsinn oder der Euphorie am ersten Renntag lag – jedenfalls verschossen so einige bereits am ersten Tag viel Pulver.

Auf dem Glass Elevator war mir also klar, dass ich relativ weit hinten lag. Das irritierte mich nicht weiter. Ich fuhr mein Rennen für mich und mein Ziel und wollte mich nicht aus der Ruhe und schon gar nicht von meiner Strategie abbringen lassen. Die Abfahrt in die Wüste war bei Weitem nicht so gefährlich, wie erwartet, die böigen Seitenwinde blieben aus. Auf dieser Strecke kommt es immer wieder zu Stürzen. Das Rennen kann hier schon nach wenigen Stunden zu Ende sein, wenn man nicht vorsichtig genug ist. Das YouTube-Video des Sturzes von Stefan Schlegel im Jahr 2014 kennt wohl jeder RAAM-Teilnehmer als abschreckendes Beispiel.

Mit jedem Höhenmeter nach unten merkte ich nun, wie es heißer wurde. In Borrego Springs warteten 45 Grad auf mich. Ich stieg auf das Zeitfahrrad und fuhr weiter kontrolliert mein Tempo, merkte aber, dass ich immer mehr Mitstreiter überholte. Die Nacht bei Vollmond in der Wüste war ein unvergessliches Erlebnis. Man sah die anderen Radfahrer schon von Weitem, gefolgt von blinkenden Begleitfahrzeugen, die ihnen die Straße ausleuchteten und sie nach hinten abschirmten. Das war einer der beeindruckendsten Momente während des ganzen Rennens. Der gesamte Tross war auf dem Weg nach Annapolis. Alle waren voller Euphorie und guter Dinge.

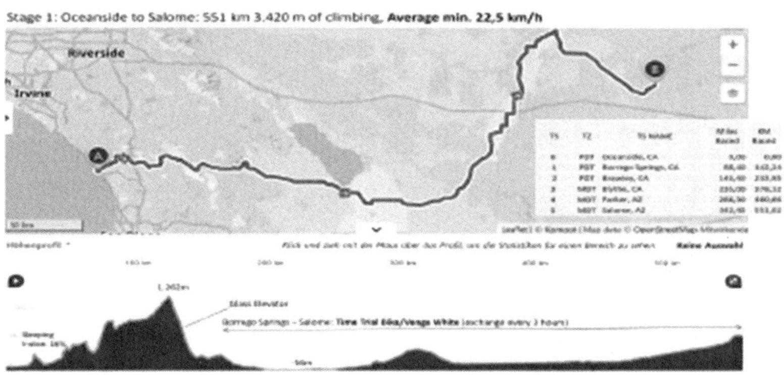

RAAM – die erste Etappe.

Langsam stellte sich eine gewisse Routine ein. Alle drei Stunden machte ich meine Fünf-Minuten-Pause, wurde von meiner Crew bestens versorgt und erreichte nach 21,5 Stunden mein erstes Hotel in Salome – fast drei Stunden schneller als geplant. Bei der Time Station Salome lag ich an vierter Stelle. Das wusste ich zu diesem Zeitpunkt aber nicht – ich wollte mein Rennen für mich allein fahren und hatte mit meiner Crew vereinbart, dass mir von Platzierungen und Zwischenständen nichts mitgeteilt werden durfte. Ich wollte an meiner Strategie festhalten, unbeeinflusst von allem, was um mich herum passierte.

Ein Begleitfahrzeug hatte schon im Hotel eingecheckt und wartete auf mich. Ich nahm sofort eine Schlaftablette, duschte, wurde von meiner Ärztin untersucht und von Zoli und Alex in den Schlaf massiert. Wir hatten ausgemacht, dass – sollte ich schneller sein als geplant – das Zeitguthaben in zusätzlichen Schlaf investiert wird. Nach etwa zwei Stunden wachte ich allerdings auf und ging nach draußen, wo fast die gesamte Crew versammelt war.
„Weiter geht's", rief ich und blickte in erstaunte Gesichter.
Niemand hatte wohl damit gerechnet, dass ich von selbst so früh aufwachen würde. Da ich mich sehr gut erholt fühlte, bestand ich darauf, zu starten. Zoli war zwar nicht ganz überzeugt, aber er willigte ein.

> „Die Schlafpause ist vorbei. Die Crew wollte ihn länger schlafen lassen, Kurt wollte aufs Radl. Also haben wir Trikot und Kopftuch in Eiswasser getränkt, doppelt Sonnencreme aufgetragen und *crushed ice* in die Trinkflasche gegeben. So haben wir ihn bei 45 Grad auf die Strecke geschickt. Es liegen nun 419 km und 5300 hm bis zur nächsten Schlafpause vor ihm", schrieben Martin und Florian ins Renntagebuch auf www.radsport-news.com.

Ein langer Tag in der brütenden Hitze von Arizona wartete auf mich.

Tag 2 – Die große Hitze

Da die erste Etappe mit 551 Kilometern durch die Wüste sehr anstrengend war, plante ich die zweite Etappe etwas kürzer: 419 Kilometer und über 5000 Höhenmeter bis nach Flagstaff. Zunächst war es noch flach, daher startete ich auf dem Zeitfahrrad. Bob, Darlene und Bill begleiteten mich in den ersten acht Stunden, die Nachtschicht übernahmen Zoli, Florian und Balázs. Ruth, Alex und Liane waren für die letzten Stunden bis zur Schlafpause zuständig. Der Nachmittag war brütend heiß: 51 Grad maßen wir als Höchsttemperatur. Nun mussten wir alle Register ziehen: Dehydratation und ein Hitzeschlag mussten unbedingt vermieden werden. Die Hitze strahlte auch vom Straßenasphalt ab, der sich hier gut und gerne auf 95 Grad Celsius aufheizen kann. Stürzt der Radfahrer, muss die Crew schnell sein und ihn sofort von der Straße holen. Immer wieder gibt es Berichte von Menschen – oft Obdachlose –, die sich auf dem Wüstenasphalt schreckliche Brandverletzungen zuziehen.

Die Akklimatisierung in der Wüste vor dem Rennen hatte sich bezahlt gemacht. Was aber jetzt auf mich zukam, war nochmal eine Stufe höher und erreichte die Grenzen der menschlichen Leistungsfähigkeit. Nach nur zwei Stunden Schlaf verließ ich das gekühlte Zimmer und setzte mich aufs Rad. Ich hatte das Gefühl, die Hitze würde mich erdrücken. Nicht einmal der Fahrtwind kühlte ab. Im Gegenteil – die heiße Luft blies mir wie aus einem Föhn ins Gesicht, das Atmen war fast schmerzhaft. In Palm Springs hatte ich mir isolierte Trinkflaschen besorgt, ich bekam ca. alle 45 Minuten eine 750-Milliliter-Flasche mit eisgekühltem, isotonischem Getränk. Das ergibt 20 Liter pro Tag. Meine Crew überwachte mich permanent, achtete auf alle Anzeichen von Dehydratation wie spröde, rissige Lippen, trockene Haut, Konzentrationsschwäche und die Farbe des Urins. Gleichzeitig durfte mein Team meinem ständigen Drängen nach mehr zum Trinken aber nicht nachgeben. Wird der Körper mit Wasser überschwemmt, kann dies ebenso fatale gesundheitliche Konsequenzen haben wie eine Dehydratation. Überschüssige Flüssigkeitsaufnahme verursacht einen Einstrom von Wasser in die Zellen und führt zu einem Absinken des Salzgehalts im Blut. Die Folgen reichen von leichten Schwellungen der Beine oder Hände über Gehirnödeme bis hin zum Krampfanfall oder sogar Tod.

Um Gewichtsschwankungen frühzeitig zu erkennen, wurden daher nicht nur meine Flüssigkeitsaufnahme und die Ausscheidungen überwacht, sondern auch mein Körpergewicht – ich stieg nach jeder Schlafpause auch auf die Waage.

Das Management des Wasserhaushalts ist komplex und sollte einem Ultraausdauerathleten vertraut sein. Immer wieder jedoch begegnet man Teilnehmern mit geschwollenen Beinen und Armen, Radfahrern mit geschwollenem Gesicht und sogar manchen, die die Radschuhe vorne aufschneiden müssen, weil die geschwollenen Füße nicht mehr Platz darin haben. Meine Crew bekam daher den Auftrag, vor allem auf meine Wadenmuskulatur zu achten – so lange man die Sehnen und Venen sowie die Konturen der Muskeln gut erkennen konnte, durfte ich weiter meinem Trinkplan folgen.

Dass dieses Thema sehr gefährlich werden kann, musste auch Christoph Strasser beim Race Across America 2015 erfahren. In der Wüste war es in diesem Jahr extrem heiß, und Christoph hatte wohl zu viel getrunken: „Ich hatte jedenfalls seit dem zweiten Tag Probleme mit der Hydration, mein

Gesicht war aufgeschwemmt und mein Gewicht stieg an. Ich sah aus wie eines dieser Michelin-Männchen – nur dass ich nicht lächelte", schreibt er in seinem Buch „Der Weg ist weiter als das Ziel".[47] Besonders gefährlich können diese Wasserablagerungen dann in der Höhe werden. Die Strecke des RAAM führt die Athleten nach der Wüste in die Rocky Mountains und somit auf über 3000 Höhenmeter. Bildet sich ein Lungenödem, ist eine Lungenentzündung fast unausweichlich, auch Christoph Strasser blieb nicht verschont. Bereits während der Aufstiege in den Rocky Mountains merkte er, dass etwas nicht stimmte. Er schaffte die Pässe mit letzten Kraftanstrengungen. Doch auf dem Cucharas Pass, dem letzten in den Rocky Mountains, diagnostizierte sein Arzt eine Bronchitis, die sich aus dem Lungenödem entwickelt hatte. Strasser musste so schnell wie möglich in tiefere Lagen. Für ein erfolgreiches Finish war es aber schon zu spät, der mehrfache RAAM-Sieger musste das Rennen in Kansas beenden. Eine ähnliche Erfahrung hatte der Steirer auch 2009 gemacht, damals landete er sogar in der Intensivstation. Von diesen Lektionen aber durften wir viel lernen, in einer Folge seines Podcasts „Sitzfleisch" wird das Flüssigkeitsmanagement ausführlich diskutiert. Vor allem meine Ärztin achtete darauf, dass ich genau die richtige Menge an Flüssigkeit zu mir nahm. Eine schmale Gratwanderung. Immer wieder kam es vor, dass ich vor Durst fast wahnsinnig wurde, aber nichts zu trinken bekam. Ich hatte schon zu viel getrunken und musste leiden. Das war sehr hart, aber es war wichtig.

Jeder Sportler, der das RAAM auf seiner Agenda hat, sollte sich also nicht nur mit den erheblichen körperlichen Belastungen, sondern auch mit seinem Flüssigkeitshaushalt auseinandersetzen. Um die Bedeutung zu veranschaulichen, kurz ein paar interessante Fakten: Der menschliche Körper besteht zu 50 bis 80 Prozent aus Wasser, und eine 70 Kilo schwere Person hat fünf bis sechs Liter Blut. Blut besteht zu ca. 90 Prozent aus Wasser und versorgt alle Organe, vor allem das Gehirn und die Muskeln mit Nährstoffen und Sauerstoff. Sowohl eine zu geringe als auch eine zu hohe Flüssigkeitszufuhr können sich dementsprechend negativ auswirken und ein Gesundheitsrisiko darstellen. Wird nicht ausreichend Flüssigkeit zugeführt, kann das gravierende Folgen für den Organismus haben. Bei einem Wassermangel sinkt das Gesamtvolumen des Blutplasmas, daraufhin verschlechtern sich die Fließeigenschaften des Blutes, das zentrale Blutvolumen und das Schlagvolumen des Herzens werden reduziert. Die Herzfrequenz steigt, während die Hautdurchblutung und die Schweißbildung sinken. In der Folge steigt die Körperkerntemperatur. Sichere Zeichen für einen Wassermangel sind dunkler Urin, weil die Harnproduktion abnimmt, sowie Mundtrockenheit aufgrund reduzierter Speichelproduktion. Insgesamt beeinträchtigt ein Flüssigkeitsmangel sowohl die körperliche als auch die geistige Leistungsfähigkeit. Ab einem Flüssigkeitsverlust von zwei bis vier Prozent des Körpergewichts sind Einschränkungen in der Kraft- und Ausdauerleistungsfähigkeit zu erwarten. Die durch eine noch stärkere Dehydratation verminderte Gehirndurchblutung kann zu Symptomen wie Müdigkeit, Kopfschmerzen, Konzentrationsschwierigkeiten und verlängerten Reaktionszeiten führen und letztendlich das Risiko für Hitzefolgen wie Hitzekrämpfe, Hitzekollaps und den Hitzschlag erhöhen. Man könnte also daraus schließen, dass eine ausreichende Trinkmenge von Vorteil wäre – vor allem bei bis zu 50 Grad in der Wüste Arizonas. Viel weniger bekannt ist allerdings, dass durch exzessive Flüssigkeitszufuhr auch das Risiko einer Hyponatriämie (Wasservergiftung) steigt, die in Extremfällen auch schon zu Todesfällen bei Freizeitsportlern (Triathleten und Marathonläufern) geführt hat. Bei starkem Schwitzen kommt es neben einem erhöhten Wasserverlust auch zu einem starken Salzverlust, insbesondere geht Natrium verloren. Eine zu hohe Zufuhr von mineralstoffarmem Wasser führt zu einer Hyperhydratation mit Hyponatriämie, einfach ausgedrückt zu einer Wasseransammlung im Gewebe, vor allem der Lunge und dem Gehirn. Atemprobleme, Lungenentzündungen, Kopfschmerzen und Bewusstseinsstörungen sind die Folge. Für die Alpinisten unter Ihnen sei hier noch der auf die Wüste folgende Anstieg auf über 3000 Höhenmeter in den Rocky Mountains erwähnt, das Risiko eines Höhenlungenödems ist bei missglücktem Flüssigkeitsmanagement natürlich ungleich höher.

Auch in anderen Bereichen waren wir gut für die Hitze vorbereitet: Ich hatte eine weiße Radhose, weiße Schuhe, weiße Handschuhe, weiße Ärmlinge, hitzeisolierte Trinkflaschen, kühlende Handtücher und sogar eine spezielle Kühlflüssigkeit, um mein Trikot darin zu tränken. Eine Anwendung aus der Notfallmedizin – durch Mischen dieser Kühlflüssigkeit mit Wasser und Kontakt mit der Luft tritt sofort eine stark kühlende Wirkung ein, die ein bis zwei Stunden anhält. Mein Trikot, meine Ärmlinge und meine Kopfbedeckung wurden darin eingetaucht. Der Kühleffekt hielt bei 50 Grad zwar nicht für zwei Stunden an, für 20 bis 30 Minuten reichte es aber jedenfalls. Das Anziehen kostete große Überwindung – das Trikot war so eisig kalt, dass die erste Berührung fast schmerzte, eine Videoaufnahme zeigt, wie ich durch den Kälteschock mit schmerzverzerrtem Gesicht nach Luft schnappe.

Zur Hitze in der Wüste gesellte sich extreme Trockenheit. Immer wieder wurde ich vom Straßenrand aus mit kaltem Wasser besprüht. Für ein paar Sekunden verschaffte das zwar Abhilfe, aber innerhalb kürzester Zeit war ich wieder trocken. Selbst mein Schweiß verdunstete sofort, übrig blieben Salzkrusten am Trikot. Diese Trockenheit war vor allem auch für die Schleimhäute ein Problem. In Berichten ehemaliger RAAM-Teilnehmer ist vom Austrocknen der Schleimhäute bis hin zu Lungenblutungen und Infektionen der Atemwege zu lesen.[48] Daher hatten wir uns auch damit in der Vorbereitung beschäftigt und ein Protokoll für die Versorgung in der Wüste entwickelt:

- Drinks with ice cubes
- Have 1 cool west in cooler
- Have 1 jersey in water with cool down fluid
- Have 1 cooling towel water with cool down fluid
- Have 1 pair of white arm sleeves water with cool down fluid
- Have 1 white bandana water with cool down fluid
- Spray cold water on head, cool west, or jersey (never on the bibs, pads must not be soaked with water)
- Important: white shoes, white bibs, white helmet, white arm sleeves and white gloves
- Coldamaris pastilles to suck every three hours
- Sun lotion
- Eyedrops
- Coldamaris nosespray

Bei jeder Pause standen bereits ein Campingsessel und ein Sonnenschirm für mich bereit – dank meiner Crew. Jede einzelne Minute wurde für meine Versorgung genutzt: Essen, Trinken, Massage, Verpflegung. Hier konnte ich einen entscheidenden Unterschied zu einigen anderen RAAM-Teilnehmern erkennen. Des Öfteren konnte ich Pausen meiner Mitstreiter mitverfolgen, in denen sie mit ihren Rädern vor dem Auto standen – über den Lenker gebeugt, Kopf gesenkt, die Crew untätig daneben. Nicht unbedingt eine Pause, die man als produktiv bezeichnen kann. So etwas gab es bei uns nicht. Jede Minute wurde genutzt. Manchmal versuchte ich mir ein paar Minuten Pause mehr herauszuhandeln, aber gerade in den ersten Tagen blieb mein Team um meinetwillen standhaft.

Die Hitze hatten wir also im Griff. Der zweite Renntag sollte aber trotzdem zu einem der schwierigsten werden. Vor dem Yarnell Grade, einem 600-Höhenmeter-Anstieg in der Wüste, machten wir eine kurze Pause. Ich wechselte in ein gekühltes Trikot und stieg auf das Tarmac um. Der Anstieg bei über 40 Grad war leichter als erwartet. Ich konnte die Landschaft, die Atmosphäre und das Rennen sogar richtig genießen. Mein Medienteam mit Hubert, Roland und Martin war bei mir, sie filmten und fotografierten.

Nach dem Yarnell Grade wechselten kurze Flachetappen mit kürzeren Anstiegen und Abfahrten, und bei der nächsten Pause stieg ich auf mein Venge um. Beim Losfahren spürte ich, dass die Schaltung nicht funktionierte. Hatte meine Crew vielleicht vergessen, den Akku aufzuladen? Ein kurzer Check, nein, es war nicht der Akku. Ich blieb stehen, Zoli sprang aus dem Begleitfahrzeug, lief zu mir und fragte, was los sei. Ich antwortete nur, das Rad sei kaputt. Zoli und Balázs, beide gute Radmechaniker, waren ratlos. Zoli kam zu dem Schluss, dass es nur an der Kabelverbindung der elektronischen Schaltung liegen konnte. Er nahm an, dass sich die Steckverbindung der Kabel, die im Rahmen innen verlegt ist, gelöst hätte – vielleicht durch die Erschütterungen auf dem Radträger während der Autofahrt. Diese Diagnose erwies sich später als richtig. Das Problem war allerdings, dass man das ganze Rad auseinanderbauen musste, um den Fehler zu beheben. Wir brauchten also eine geeignete Werkstatt. Diese Feststellung traf mich wie ein Blitz, da das Venge mein wichtigstes Rad war. Es war neben dem Zeitfahrrad das einzige mit Auflegern, das einzige also, um lange Etappen fahren zu können. Aber es half nichts. Balázs bereitete mein Tarmac vor, ich stieg auf und fuhr weiter. Ich erinnerte mich an mein Karpaltunnelsyndrom, unter dem ich beim Race Across Italy und beim Race Around Austria gelitten hatte. Ohne Aufleger würde der permanente Druck auf die Handflächen die Nerven abklemmen und bald würden Taubheitsgefühle einsetzen. Das wollte ich unbedingt vermeiden.

In Prescott war der nächste Schichtwechsel der Begleitmannschaft geplant. Dort hatte ich 15 Minuten Pause. Es war bereits dunkel geworden. Ich bat Balázs, den Aufleger des Venge auf das Tarmac umzumontieren. Er passte eigentlich nicht für diesen Vorbau, aber irgendwie schaffte Balázs mit ausreichend Gummi unter den Klemmen eine einigermaßen wackelige Konstruktion. Doch das Fahren und Lenken fühlten sich schwammig an. Jedenfalls war dieser Kompromiss besser, als ohne Aufleger zu fahren. Das Rennen konnte weitergehen, und ich freute mich schon auf meine nächste Schlafpause.

Wir hatten ein Hotel in Flagstaff gebucht, dort sollte ich mir eine zweistündige Schlafpause gönnen. Für den nächsten Tag war eine 450 Kilometer lange Etappe nach Cortez in Colorado geplant. Auf dem Weg nach Flagstaff wurde mir klar, dass irgendetwas nicht stimmte. Meine Crew war nervös, telefonierte dauernd, und ich hatte das Gefühl, dass man mir irgendetwas verheimlichte. Es wurde bereits wieder hell, als ich erfuhr, was passiert war. Aufgrund von großflächigen Waldbränden in der Nähe von Flagstaff hatte sich die Rennleitung für eine Umleitung entschieden – weit weg von unserem Hotel. Ein Weiterfahren bei diesen Waldbränden wäre schlicht zu gefährlich gewesen.

„Wo machen wir dann meine Schlafpause?", fragte ich Zoli.
Winslow, eine 9000-Einwohner-Stadt im Navajo County im US-Bundesstaat Arizona lag auf der Umleitung, ein Zimmer war dort aber nicht zu bekommen. Zoli teilte mir seine Entscheidung mit: Wir hatten gerade noch ein einziges Zimmer in Tuba City ergattert. Dort konnte ich meine Schlafpause machen. Aus der 420-Kilometer-Etappe wurden 600 Kilometer mit 6000 Höhenmetern. Zwar durften wir einen kleinen Teil der Umleitung im Auto transportiert werden, dennoch war meine Etappe um weit mehr als 100 Kilometer länger als geplant. Aus einer 19-Stunden-Etappe wurden letztendlich 27 Stunden. Ich war am Boden zerstört, als ich erfuhr, was unmittelbar vor mir lag. Zoli war aber von meiner physischen und mentalen Stärke überzeugt. Er kannte meine Leistungswerte, und er kannte mich. Die Etappe am nächsten Tag sollte dafür etwas kürzer werden. Für die Umleitung erhielten wir kurzfristig Streckenbeschreibungen – allerdings so unpräzise, dass man die tatsächlichen Höhenmeter kaum abschätzen konnte. Tatsächlich waren die Anstiege dann viel länger als erwartet. Das zermürbte mich zunehmend.

Ich hatte keine Wahl, ich musste weiter. In Winslow warteten Ruth, Liane und Alex mittlerweile schon seit Stunden auf uns. Sie übernahmen ab hier die Begleitung bis nach Tuba City. Gegen Mittag war ich bei ihnen angelangt und legte mich für einen kurzen Powernap ins Auto. Ich war schon etwa 20 Stunden unterwegs, es war extrem heiß, und es waren noch ungefähr 200 Kilometer bis zum Hotel. Die Strecke führte nun durch das Hopi-Indianerreservat. Da es dort weder Telefon noch Internetverbindung gab, waren wir für ein paar Stunden von der Außenwelt abgeschnitten. Wir hatten keine Informationen zum Höhenprofil der Umleitung und keine Vorstellung davon, was auf uns zukam. Ständiges Auf und Ab, immer mehr Höhenmeter, und die Strecke zog sich ewig dahin. Ich fuhr mit meinem Tarmac, und das Begleitfahrzeug führte das Zeitfahrrad mit. In der Nähe von Shongopovi, vor einem kürzeren Anstieg, sah ich unser Media Team. Es stand am Straßenrand und war mit Aufnahmen beschäftigt. Das war jedes Mal ein Highlight für mich. Hubert, Martin und Roland waren immer bestens gelaunt, und natürlich trug auch die Kamera dazu bei, dass ich etwas motivierter fuhr. Ich zog mit gutem Tritt an ihnen vorbei und ließ mir die Anstrengung nicht anmerken. Es war nicht mehr weit bis zum Ende des Hügels. Danach wartete wieder eine schöne Abfahrt auf mich. So weit kam ich aber nicht. Auf den letzten Metern des Anstiegs erkannte ich einen anderen Rennfahrer vor mir. Er war sehr langsam unterwegs, und es war ein Leichtes, ihn zu überholen. Genau in dem Moment, als wir auf gleicher Höhe waren, trat ich plötzlich ins Leere. Der Freilauf!

„Das gibt es doch nicht!“, schrie ich. Ich stieg ab, schob das Rad auf die Seite und setzte mich frustriert auf die Leitplanken. Der zweite Defekt an einem Tag. Und wieder einer, den wir nicht selbst reparieren konnten. Mein nagelneues Tarmac SL7 war erst drei Monate alt, und am zweiten Renntag waren wir erneut mit demselben Schaden konfrontiert, den wir schon in der Wüste gehabt hatten. Jetzt wurde es ernst. Mir stand nur noch das Zeitfahrrad zur Verfügung, und die restlichen 100 Kilometer bis nach Tuba City waren ein ständiges Auf und Ab. Mit dem Zeitfahrrad war das nur mit enormer Anstrengung zu bewältigen – wenn überhaupt. Wir hatten keine Telefonverbindung und kein Internet. Wir waren uns selbst überlassen.

Doch da war noch unser Media Team, das uns wenige Minuten vor dem Defekt überholt hatte und in Richtung Tuba City weiterfuhr. Es wartete an einer landschaftlich exponierten Stelle, um noch letzte Aufnahmen von mir im beginnenden Sonnenuntergang zu machen. Nachdem ich einige Zeit nicht aufgetaucht war, entschieden sie sich, zurückzufahren, um nach mir und dem Begleitfahrzeug zu sehen. Nicht unweit der Stelle, an der sie uns rund 30 Minuten zuvor überholt hatten, fanden sie uns ziemlich verzweifelt am Straßenrand sitzend. Hubert sprang aus dem Auto und fragte, was los sei. Er dachte, ich wäre gestürzt. Was für ein Glück, dass die drei gerade in diesem Moment auftauchten! Drei Wochen vor dem Abflug hatte ich mich entschieden, mein altes Venge (2015) als viertes Rad mitzunehmen – Plan for the worst, hope for the best! Ich hätte nie gedacht, dass wir es irgendwann brau-

chen würden. Daher hatten wir es in das Medienfahrzeug gepackt, weil dort noch ausreichend Platz war.
In Oceanside hatte ich noch zu Hubert gesagt: „Hier packen wir es ein, und in Annapolis packen wir es wieder aus!"
Das alte Venge hatte ich für das Race Around Austria für die steilen Anstiege umgebaut, mit Kompaktschaltung vorne und 34er-Ritzeln hinten. Nun war es meine Rettung. Mit diesem Rad konnte ich es bis nach Tuba City schaffen. Hätte das Medienfahrzeug nicht noch einmal umgedreht, wäre das ganze Rennen auf dem Spiel gestanden. Den Cut-off in Durango hätte ich unter Umständen nicht mehr geschafft. Die Jungs holten das Rad aus dem Auto, bauten es schnell zusammen und setzten mich drauf.
„Wie kann man nur so viel Pech haben?", murmelte ich frustriert.
Hubert hatte die richtige Antwort: „Zum Jammern haben wir jetzt keine Zeit! Fahr weiter! Du musst den Cut-off schaffen!"
Das wirkte.

Die restlichen 100 Kilometer waren mit einem Wort beschrieben „brutal". Ich saß schon weit über 20 Stunden auf dem Rad, es war heiß, und hinter jedem Anstieg wartete noch ein weiterer. Irgendwann war ich nur noch verzweifelt, auch die Mädels im Begleitfahrzeug wussten nicht mehr so recht, wie sie mich motivieren konnten. Magenkrämpfe kamen dazu, und ich musste öfters stehen bleiben. Nach weiteren zwei oder drei Stunden rechnete ich mir aus, dass es nur noch etwa zehn Meilen bis Tuba City sein konnten, aber wieder lag ein langer Anstieg vor mir. Ich quälte mich nach oben. Dort angekommen, überblickte ich eine trockene, steinige Landschaft. Irgendwo musste Tuba City sein! Es war noch hell, und in ein paar Kilometer Entfernung sah ich die Stadt. Tuba City! Vor mir lag nun eine kilometerlange Abfahrt – frisch asphaltiert! Ich stieg vom Rad, küsste die Straße und war überglücklich, dass dieser Tag endlich zu Ende ging. Ruth sprang aus dem Auto, dachte, ich wäre verrückt geworden, und befahl mir, mich wieder auf das Rad zu setzen. Ich zeigte wortlos auf Tuba City. In 30 Minuten würde ich im Bett liegen. Was für ein Tag. Zwei kaputte Räder und diese nicht enden wollende Umleitung!

Während ich schlief, hatte mein Begleitteam viel zu tun. Der Ablauf der Aktivitäten war präzise durchgeplant, damit die nächste Etappe ohne Verzögerungen starten konnte. Es blieben ca. zweieinhalb Stunden Zeit, in denen die Räder kontrolliert, die elektronischen Schaltungen aufgeladen, die Lichter gewechselt und deren Akkus geladen wurden. Da mir mein Team in meiner Pause maximale Erholung gönnen wollte und möglichst nicht in mein Zimmer kam, erlaubte man uns in den allermeisten Fällen, in der Lobby des Hotels sämtliche Steckdosen zu blockieren. Dann wurden die Räder in das aktuelle Begleitfahrzeug umgeladen. In der Zwischenzeit musste so schnell wie möglich die Wäsche gewaschen, getrocknet und entsprechend der Wetterverhältnisse neu sortiert werden. Zumindest für diesen Zweck war es von ungemeinem Vorteil, dass Wasch- und Trockengang einer durchschnittlichen amerikanischen Waschmaschine nie länger als eine Stunde dauert. Die erste Frage an der Rezeption war darum immer sofort, wo sich der Waschraum befinde. Der Schreck saß daher tief, als sich herausstellte, dass das Hotel hier in Tuba City keine dieser begehrten Maschinen zur Verfügung stellte und der Waschsalon auf der anderen Straßenseite bereits seit Stunden geschlossen war. Rettung erfuhren wir an diesem Abend in Person der Nichte der Rezeptionistin, die in einem hermetisch abgeriegelten, mit Stacheldraht geschützten und von drei beißwütigen Hunden bewachten Apartment auf der anderen Seite der selbst zu dieser späten Stunde noch dicht befahrenen Durchzugsstraße lebte. Der Einwand, in dieser Gegend besser nur in Begleitung die Straße zu queren, musste aus Zeitgründen ignoriert werden, der Wäschesack änderte kurzfristig mit einem schwungvollen Wurf über den zwei Meter hohen Zaun den Besitzer, und eine Stunde später wurde er uns vom Hotelpersonal duftend retourniert. Wie unglaublich erleichtert und dankbar waren wir für diese Unterstützung!

LEADERSHIP-LEKTION 4:

SEI PENIBEL IN DER PLANUNG, ABER FLEXIBEL IN DER UMSETZUNG

Für mein Ziel, das Race Across America in weniger als elf Tagen zu schaffen, entwickelte ich, wie schon gesagt, einen detaillierten Plan. Ich analysierte die Strecke, berechnete Zielzeiten für die einzelnen Time Stations (55 insgesamt), die dafür erforderlichen Durchschnittsgeschwindigkeiten, und wir buchten Hotels entlang der Strecke. Dafür musste ich die Topographie der Strecke analysieren, die Temperaturen und Windverhältnisse in der Ebene berücksichtigen, die Pausen einplanen und alle möglichen Besonderheiten (wie Verzögerungen durch Pannen) ins Kalkül ziehen. Ich analysierte die Zeiten anderer RAAM-Teilnehmer, die die Strecke in elf Tagen geschafft hatten, las deren Erfahrungsberichte und leitete daraus meinen Plan ab. Ich entwickelte einen Einsatzplan für meine Begleitmannschaft und definierte deren Rollen. Ich überlegte, wann ich welches Rad einsetzen würde, entwarf einen Ernährungsplan, setzte mich mit allen Problemen auseinander, die während des Rennens auftauchen konnten, und suchte in Renntagebüchern, Interviews und Videodokumentationen nach Ideen, wie sie zu lösen waren. So entstanden unzählige Excel-Listen mit Zeitplänen, Ablaufplänen und Checklisten. Ich fasste alles in einem ca. 40-seitigen Handbuch zusammen. Der Aufwand war enorm.

Am zweiten Tag des Rennens wurde unser Plan bereits auf eine harte Probe gestellt. Die Umleitung aufgrund der Waldbrände bei Flagstaff wirbelte unsere Hotel- und Streckenplanung durcheinander. Die zwei Defekte an den Rennrädern zwangen uns zu zusätzlichen Pausen und brachten unseren Zeitplan in Gefahr. Wir mussten grundlegend umplanen, um die Karenzzeit von 81 Stunden in Durango zu schaffen.

Liest man die aktuelle Managementliteratur über Planung, erhält man den Eindruck, dass Planen außer Mode gekommen sei: „Kein Business Plan überlebt den ersten Kontakt mit dem Kunden" und „Niemand außer Venture Capitalists und die späte Sowjet-Union verlangen 5-Jahres-Pläne", hört man zum Beispiel von Steve Blank, dem US-amerikanischen Unternehmer und Buchautor. Kaum ist ein Langfristplan verabschiedet, ist er schon überholt. Wie kann man vernünftig planen, wenn niemand die Zukunft vorhersehen kann? Das mag zwar alles stimmen, vernachlässigt aber eine ganz essenzielle Funktion der Planung. Diese lässt sich am besten mit einer Geschichte erzählen, die man bei Carl Weick nachlesen kann.[49]

> „Dieser Vorfall, den der ungarische Nobelpreisträger Albert Szent-Gyorgyi erzählte und der in einem Gedicht von Holub (1977) festgehalten ist, ereignete sich bei Kriegsmanövern in der Schweiz. Der Leutnant einer kleinen ungarischen Abteilung in den Alpen schickte eine Aufklärungseinheit in die eisige Wildnis. Es fing sofort an zu schneien, es schneite zwei Tage lang und die Einheit kehrte nicht zurück. Der Leutnant litt darunter, weil er befürchtete, er hätte seine eigenen Leute in den Tod geschickt. Aber am dritten Tag kam die Einheit zurück. Wo waren sie gewesen? Wie hatten sie ihren Weg gefunden? Ja, sagten

> sie, wir hielten uns für verloren und warteten auf das Ende. Und dann fand einer von uns eine Karte in seiner Tasche. Das beruhigte uns. Wir haben unser Lager aufgeschlagen, den Schneesturm überstanden und uns dann mit der Karte orientiert. Und hier sind wir."[50]

Als der Leutnant einen Blick in die Karte warf, staunte er nicht schlecht: Denn es war gar keine Karte der Schweizer Alpen, sondern eine der Pyrenäen! Wie kann man mit der falschen Karte den richtigen Weg finden? Das ist natürlich eine interessante Frage. Die viel spannendere Frage aber ist: Was wäre wohl passiert, wenn der Soldat nicht die falsche Karte herausgezogen hätte? Hätte man sich gemeinsam voller Zuversicht auf den Weg gemacht? Wohl eher nicht. Wahrscheinlich hätte man die Hoffnung verloren. Man hätte sich vielleicht aufgegeben. Vielleicht hätte sich die Gruppe aufgelöst und die Soldaten wären in unterschiedliche Richtungen aufgebrochen. Vielleicht hätten sich die Soldaten gar nicht mobilisieren können oder hätten sich zerstritten.

Pläne sind wie falsche Karten. Da wir allesamt keine Wahrsager sind, können wir auch keine exakten Pläne entwerfen. Niemand kann die Zukunft vorhersagen, wir können sie aber gestalten. Indem wir planen, treffen wir Entscheidungen. Und durch diese Entscheidungen gestalten wir die Zukunft. Manchmal tut es auch eine falsche Karte. Ein Plan gibt uns Orientierung, mobilisiert uns, gibt uns Hoffnung und Zuversicht. Planen ist ein strukturiertes Auseinandersetzen mit einer möglichen Zukunft. Wir setzen Ziele, überlegen Alternativen und entscheiden. Sollte etwas Unvorhergesehenes passieren, können wir leichter und schneller regieren. Dwight D. Eisenhower brachte es auf den Punkt: „Plans are useless, but planning is indispensable!", und der Management-Guru Peter Drucker schreibt dazu: „Napoleon sagte angeblich, dass keine erfolgreiche Schlacht jemals seinem Plan gefolgt sei. Aber auch Napoleon plante jede seiner Schlachten weitaus sorgfältiger als jeder frühere General. Ohne einen Aktionsplan wird die Führungskraft zum Gefangenen der Ereignisse. Und ohne Soll-Ist-Vergleiche während des Laufs der Dinge hat die Führungskraft keine Möglichkeit zu wissen, welche Ereignisse wirklich wichtig sind und welche nur Lärm sind."[51]

Ein Projekt wie das Race Across America ohne Planung anzugehen, wäre naiv und dumm. An der Startlinie zu stehen, ohne eine Ahnung zu haben, was passieren könnte, ohne überlegt zu haben, wie man das Rennen gestaltet, welche Herausforderungen auf einen warten und das Rennen ohne Wenn-Dann-Szenarien durchgespielt zu haben, ist für mich unvorstellbar. Aufgrund der Umleitung und der Pannen am zweiten Renntag war die erste Karenzzeit in Durango gefährdet. Wäre ich nicht innerhalb von 81 Stunden dort gewesen, hätte mich die Rennleitung aus dem Rennen genommen. In meinen Vorbereitungen setzte ich mich mit allen Eventualitäten auseinander. Ein Szenario war tatsächlich, dass es mit der Karenzzeit knapp werden könnte – hatte ich doch relative lange Schlafpausen eingeplant. Meine dritte Schlafpause war für Cortez geplant – 70 Kilometer vor Durango. Als sich abzeichnete, dass es knapp werden könnte, verlegten wir die Pause von Cortez nach Durango in ein Hotel gleich nach der Time Station! Wir hatten Wenn-Dann-Pläne, daher brachte uns kaum ein Störfall aus der Ruhe!

Der Psychologe Robert Epstein fand in einer Studie mit über 3000 Personen heraus, dass Planung ein effektives Mittel ist, um Stress zu reduzieren: „Stress bekämpfen, bevor er überhaupt beginnt, Dinge zu planen, anstatt sie geschehen zu lassen, das bedeutet, Ihren Tag, Ihr Jahr und Ihr Leben so zu planen, dass Stress minimiert wird.“[52] Wenn wir über Hindernisse vorab nachdenken und uns überlegen, wie wir sie überwinden können, gibt uns das ein Gefühl der Kontrolle. Das Gefühl der Kontrolle motiviert uns zum Handeln. Dinge sind gar nicht so beängstigend, wenn wir das Steuer in der Hand haben. Dabei geht es gar nicht so sehr darum, Dinge wirklich unter Kontrolle zu haben, sondern es reicht, wenn wir das Gefühl der Kontrolle haben. Und Planung gibt uns dieses Gefühl.[53]

Meine detaillierte Planung gab mir Optimismus und Zuversicht. Selbst die Vorkommnisse am zweiten Renntag, die unsere Pläne vollkommen durchkreuzten, brachten uns nicht aus dem Konzept. In Ruhe und Gelassenheit fand meine Crew Lösungen. Wir glichen laufend die Ist-Zeiten mit den Soll-Zeiten des Plans ab. Die detaillierten Berechnungen sagten uns, dass wir die Schlafpause von Cortez auf Durango verlegen mussten, damit die Verzögerungen die Karenzzeit von 81 Stunden nicht gefährdeten. Diese flexiblen Anpassungen änderten aber nichts an unserer Strategie, an der wir festhielten. Ab dem vierten Renntag waren wir wieder im Plan.

Tag 3 – Monument Valley

Im Hotel lief alles ziemlich routiniert ab: Schlaftablette, Duschen, ärztliche Untersuchung und Massagen. Ich schlief sofort ein, von der Massage bekam ich gar nichts mehr mit. Auch nicht, dass Alex und Liane mir meine Kompressionsstrümpfe anzogen! Als ich nach drei Stunden aufwachte, blickte ich auf die Uhr. Die Strecke von Tuba City ins Monument Valley kannte ich. Ich rechnete schnell, und mir wurde klar, dass sich der Sonnenaufgang im Monument Valley ausging. Was für ein Erlebnis! Ich überlegte, was ich für die Fotos anziehen sollte. Sogar die Farbe meiner Socken wählte ich passend zum Trikot. Es war nach Mitternacht, als wir starteten. Tuba City liegt 1500 Meter über dem Meeresspiegel, und die Nacht war angenehm kühl. In den ersten zwei Stunden kämpfte ich andauernd gegen die Müdigkeit. Zoli, Florian und Balázs begleiteten mich und versuchten mich zu unterhalten. Ich war über Funk mit dem Begleitfahrzeug verbunden. Wir spielten Trivial Pursuit, sprachen über alles Mögliche oder ich hörte Musik, die aus einem auf dem Auto montierten Lautsprecher erklang. Es begann zu dämmern, und die Konturen der Felsformationen wurden sichtbar. Am Eingang zum Monument Valley machten wir eine kurze Pause und genossen die unbeschreibliche Schönheit der Landschaft. Zu dieser Uhrzeit waren noch keine Touristen da. Nach ein paar Minuten schloss die Media Crew auf und begleitete uns durch die rotbraune Landschaft. Die leuchtenden Felsen im Sonnenaufgang und die Farbenspiele der Wolken malten ein unbeschreibliches Bild. Allein dieses Erlebnis entschädigte für alles, was wir am Vortag durchleiden mussten.

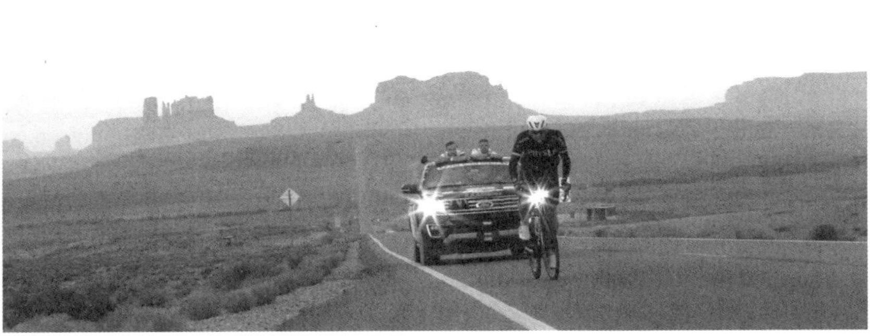

Forrest Gump Point. (Foto: Martin Ebster)

Aus der leichteren Etappe an diesem Renntag wurde leider nichts. Ich ging immer noch davon aus, dass ich eine etwas kürzere Etappe vor mir hatte, war ich doch am Vortag viel weiter als geplant gekommen. Zoli entschied aber anders. Aufgrund der Umleitung und der technischen Probleme – es kamen auch noch Reifenpannen dazu – hatten wir viel Zeit verloren. Die Karenzzeit in Durango stand auf dem Spiel. Wir mussten spätestens um 21 Uhr dort ankommen. Die Schlafpause in Cortez – etwa 70 Kilometer vor Durango – strichen wir. Es wäre zu knapp geworden. Stattdessen buchte die Crew ein Hotel in Durango, direkt nach der Time Station. Erst dort konnte ich wieder schlafen.

Nach dem Monument Valley verabschiedete sich das Media Team von uns und fuhr voraus. Sie brachten die zwei kaputten Räder zur Reparatur nach Durango. Dort befand sich ein weithin bekanntes Radgeschäft mit Werkstatt. Die Jungs erklärten dem Team des Radgeschäfts, dass wir das RAAM bestritten und dringend ihre Hilfe benötigten. Der Verkäufer war wenig beeindruckt, den ersten freien Reparaturtermin gab es erst in zwei Wochen! Mit allen Mitteln versuchten meine Leute, die Angestellten zu bewegen, die Räder zu reparieren. Doch das RAAM konnte sie nicht überzeugen, der Tiroler Charme wirkte dann schon etwas besser. Martin Ebster ist der Tourismusdirektor von St. Anton am Arlberg, Roland Volderauer der Geschäftsführer des Tourismusverbandes Stubai, und Hubert Siller ist Professor für Tourismus- und Freizeitwirtschaft am Management Center Innsbruck. In Colorado wird man doch wohl die Skihochburg St. Anton am Arlberg kennen? St. Anton kannte man nicht, dafür aber das Bike-Eldorado Leogang in Salzburg. Als sie dann noch einen gemeinsamen Bekannten in Leogang ausmachten, war das Eis endgültig gebrochen, und als meine Crew unser Spendenprojekt erwähnte und betonte, wie wichtig es war, das Rennen zu finishen, hatten sie das Team des Radgeschäfts für sich gewonnen. Die Jungs dort reparierten meine Räder, die Arbeiten nahmen fast den ganzen Tag in Anspruch. Die Nachricht, dass ich in den Rocky Mountains wieder mein Venge und mein Tarmac bekommen würde, beflügelte mich. Voller Motivation ging es nun weiter.

Auch an diesem Tag war es noch ziemlich heiß. Vor den ersten Anstiegen Richtung Durango, das auf etwa 2000 Metern liegt, übernahm wieder das RAAMbulance Car mit Ruth, Alex und Liane meine Betreuung. Immer wieder überholte ich andere Radfahrer, und andere überholten mich. Es war ein unterhaltsames Wechselspiel. Vor mir lag nun ein sehr langgezogener, flacher

Anstieg. Die Landschaft war noch wüstenähnlich, und es war brütend heiß. Mein Begleitfahrzeug fuhr voraus und wartete oben auf mich. Alex stieg aus und lief mir mit einer Trinkflasche entgegen. In der Zwischenzeit suchten Ruth und Liane einen geeigneten Platz zum Parken – schließlich sieht eine Regel vor, dass ein Begleitfahrzeug mindestens 1,5 Meter vom Straßenrand entfernt stehen muss. Das war in den Bergen und in der Wüste nicht immer ganz einfach. Nicht selten blieben Begleitfahrzeuge im Sand stecken, wenn man zu weit aufs Bankett geriet. Besonders gefährlich ist es, über trockenem Gras stehen zu bleiben, das durch die Hitze des Autos leicht Feuer fangen kann. Auch das war beim RAAM bereits passiert. Es gibt ein Foto auf Social Media, in dem ein Crewmitglied in die Kamera lächelt, im Hintergrund sein brennendes Fahrzeug. Alex war also ausgestiegen und nun schon einige hundert Meter vom Begleitfahrzeug entfernt, als sie mir eine Flasche Trinknahrung überreichte. Im Scherz fragte ich sie, ob man sie hier vergessen hätte. Sie lachte und sagte: „Ja." Ich fuhr weiter, und auf dem Hügel ganz oben standen Ruth und Liane mit dem Auto. Wir klatschen ab. Es war wohl kurz vor 19 Uhr. Ab 19 Uhr gilt Night Time. Night Time bedeutet, dass sich der Radfahrer beim sogenannten „direct follow" im Scheinwerferlicht des Autos bewegen muss. Keinesfalls darf er allein im Dunkeln anzutreffen sein. Das wäre ein Disqualifikationsgrund. Ruth und Liane realisierten, dass nicht mehr genug Zeit blieb, um zurückzufahren und Alex abzuholen. Sie konnten auch nicht warten, bis sie zu ihnen gerannt wäre. Sie mussten direkt hinter mir sein! Die beiden starteten das Auto, schlossen zu mir auf und ließen Alex stehen – mitten im Nowhere! Sie vertrauten darauf, dass Alex sich irgendwie zu helfen wusste. Es herrschte ja ein wenig Verkehr, auch andere Teams waren unterwegs, und ziemlich sicher würde sie von irgendjemandem mitgenommen werden. Alex hatte Glück, das Begleitfahrzeug von Christian Mauduit war hinter ihr. Sie winkte es heraus, erklärte die Situation, und die Franzosen boten an, sie mitzunehmen. Ganz so komfortabel war es nicht, da das Auto schon voll war. Alex saß am Schoß eines französischen Crewmitglieds, aber sie war gerettet und bald wohlbehalten wieder bei ihrem Team!

Durango erreichte ich in der Dämmerung – bei Regen. Und zu meiner Überraschung erblickte ich mein Medienfahrzeug. Da wir die Zimmer in Cortez storniert hatten, wollten Hubert, Roland und Martin eigentlich weiterfahren und sollten schon weit voraus sein. Kurzfristig hatten sie sich aber entschlossen, doch in Durango zu schlafen – allerdings gab es kein freies Zimmer mehr. Die Crew des Amerikaners Phil Fox hatte im gleichen Hotel in Durango übernachtet und wollte gerade aufbrechen. Als sie die Geschichte mitbekamen, überließen sie uns ohne zu zögern ihr Zimmer. Das ist die Art von Kameradschaft zwischen den Teams, die man beim RAAM immer wieder erlebt. Der erste Cut-off war geschafft. Meine dritte Schlafpause. Danach ging es endlich in die Rocky Mountains.

Tag 4 – Die Rocky Mountains

Es hatte zehn Grad Celsius, und ich spürte meine Finger kaum noch. Meine Füße waren kalt, und ich zitterte, als ich in Durango vom Rad abstieg. Vollkommen durchnässt und erschöpft begleitete mich meine Crew ins Hotelzimmer. Das Wetter machte mir Sorgen. Wir waren auf 2000 Meter Meereshöhe, und der Wolf Creek Pass mit 3300 Metern lag vor mir. Ich wollte mir gar nicht vorstellen, wie es nach zwei Stunden Schlafpause bei Regen Richtung Pass weitergehen sollte. Der Gedanke, den Pass nach Mitternacht bei Schneefall zu erreichen, war nicht unbedingt motivierend. Bedingungen, die mir noch von 2019 in Erinnerung geblieben waren – damals schneite es. Die Abfahrt unter solchen Bedingungen ist nicht nur eisig kalt, sondern auch sehr gefährlich.

Die Anstiege in den Rocky Mountains sind an sich angenehm zu fahren. Bei sieben bis acht Prozent Steigung und Straßenverhältnissen, die mehr an eine Autobahn als eine Bergstraße erinnern. Es gibt kaum Kehren, daher erreicht man bei den Abfahrten leicht 80 km/h oder mehr. Ich bat die Mädels, das Regenradar im Auge zu behalten. Sollte es nach zwei Stunden Schlaf noch regnen, aber Wetterbesserung vorausgesagt sein, sollten sie mich noch zwei oder drei Stunden schlafen lassen. Sie nickten und sagten nicht viel dazu. Die Abläufe im Hotel waren wie gewohnt: Schlaftablette, Zähne putzen, duschen, massieren. Das Aufwachen fiel mir jetzt schon viel schwerer als in den ersten Nächten. Ich wachte nicht mehr von selbst auf, und es dauerte einige Minuten, bis ich zu mir kam. Ich setzte mich im Bett auf und sah die Regenbekleidung, die die Mädels für mich vorbereitet hatten. Wir hatten doch vereinbart, dass wir bei Regen eine längere Schlafpause machten? Das hatte zumindest ich so wahrgenommen, und jetzt schickten sie mich mitten in der Nacht bei Temperaturen unter zehn Grad und Regen auf den Wolf Creek Pass! Die Entscheidung meiner Crew war natürlich richtig. Wir lagen leicht hinter unserem Zeitplan und wollten nicht mehr Zeit verlieren. Wir hatten erst 1500 Kilometer hinter uns, und die großen Schwierigkeiten lagen noch vor uns. Die Zielzeit war elf Tage – darauf war der ganze Plan ausgerichtet. Elf Tage visierte ich auch deshalb an, damit ich – sollte es zu großen Problemen gegen Ende des Rennens kommen – noch einen ganzen Tag Spielraum hatte, um innerhalb der maximal zwölf Tage Karenzzeit ins Ziel zu kommen.

Es ging also los. Das RAAMerica Car mit Bob, Darlene und Bill übernahm die erste Schicht der Begleitung. Es war ca. 21 Uhr, und es regnete in Strömen. Ich hatte einen 1300-Meter-Anstieg vor mir. Das war im Grunde gut, denn während des Anstiegs blieb ich warm, und oben am Wolf Creek Pass wartete ein Begleitfahrzeug, in dem ich mich aufwärmen und für die lange Abfahrt trocken und warm anziehen konnte.

Etwa nach einer halben Stunde in relativ flachem Gelände begann ich mich zu fragen, wann es denn endlich auf den Pass ginge. Ich war mir doch sicher gewesen, dass der Anstieg gleich nach dem Hotel beginnen würde. Hinter jeder Kurve erwartete ich eine steilere Passstraße, aber sie kam nicht. Nach einer weiteren halben Stunde – ich war schon völlig durchnässt – fragte ich ein weiteres Mal. Wieder erhielt ich dieselbe Rückmeldung von Bill aus dem Begleitfahrzeug, der Anstieg würde in „about 60 miles“ beginnen. 60 Meilen?!? Das konnte nicht stimmen. Wo war ich denn? In den Rocky Mountains? In Richtung Wolf Creek Pass? Ich kannte mich nicht mehr aus. Irgendetwas stimmte nicht. Ich fuhr weiter, und nach ein paar Minuten fragte ich noch einmal und bat ihn, doch ins Route Book zu schauen. Er tat so, als würde er nachrechnen, und sagte noch einmal: „60 miles.“ Ich war entsetzt. Völlig durchnässt, durchfroren und kaum wach, war diese Nachricht für mich eine Hiobsbotschaft. Noch mindestens vier Stunden bis zur Passstraße! Das konnte doch nicht wahr sein. Im strömenden Regen fuhr ich weiter, kämpfte gegen die Müdigkeit und schaute alle paar Minuten auf den Radcomputer – ich bewegte mich kaum fort. Meine Radschuhe hatten sich schon mit Wasser vollgesaugt, und bei jedem Tritt spürte ich, wie es zwischen meinen Zehen hervorquoll. Wie schön wäre es gewesen, hätte ich im warmen Bett liegen bleiben können, bis der Regen vorbei war, um dann ausgerastet und erholt die Rocky Mountains in Angriff zu nehmen.

Vier Stunden später erreichten wir Pagosa Springs. Hier wollte ich eine Pause machen, nach ein paar Stunden bei Temperaturen im einstelligen Bereich und dem Regen war ich total am Boden. Es war nach Mitternacht, und ich

zitterte am ganzen Körper. In Pagosa Springs gab es aber sicher Tankstellen oder einen McDonald's. 20 Minuten Pause mit heißem Kaffee im Warmen und Trockenen, diese Vorstellung ließ mich weiterkurbeln. Wir fuhren an den ersten Häusern vorbei, und von Weitem sah ich auf der linken Straßenseite eine Tankstelle. Die einzige weit und breit. Ich bog ab, fuhr hin, stellte das Rad ab und wollte reingehen. Geschlossen! Das durfte doch nicht wahr sein. Es regnete immer noch leicht, und es gab nicht einmal ein Vordach. Bill bereitete meinen Campingsessel vor, ich ließ mich hineinfallen und bekam etwas zu essen. Jetzt saß ich im Regen, mitten in den Rocky Mountains, mitten in der Nacht. Ein Albtraum. Ich war völlig fertig. Nach ein paar Minuten fragte ich, wann denn der nächste Crewwechsel geplant sei.
„In about 20 minutes!", lautete die Antwort.

Es machte jetzt gar keinen Sinn, wieder aufs Rad zu steigen und in 20 Minuten die nächste Pause zu machen. Das alles war wohl ein großes Missverständnis. Hätte ich gewusst, dass es in so kurzer Zeit den nächsten Crewwechsel, den wir immer mit einer kurzen Pause für mich verknüpften, gab, wäre ich doch die paar Minuten weitergefahren. Meine Begleitmannschaft aber sah mir schon Stunden zu, wie ich litt, und so gaben sie meinem Wunsch nach einer Pause einfach nach. Ich muss ihnen wohl unheimlich leidgetan haben. Sie sahen mir an, in welchem Zustand ich war. Ich setzte mich ins Auto, wir schalteten die Heizung auf die höchste Stufe und warteten, bis das RAAMbler Car mit Zoli, Florian und Balázs kam.

Wir standen wohl fast eine Stunde in Pagosa Springs, bevor es weiterging. Es regnete immer noch. Bereits nach einem Kilometer sah ich einige offene Tankstellen und ein paar Fast Food Restaurants. Wir hätten nur fünf Minuten weiterfahren müssen, und ich hätte alles gehabt, was ich mir erträumt hatte.

An die nächsten 30 Kilometer bis zum Anstieg kann ich mich kaum noch erinnern, aber irgendwie hatte ich in meinen Rhythmus zurückgefunden. Es nieselte nur noch leicht, und starker Nebel hüllte uns ein. Die Steigung mit sieben bis acht Prozent war keine große Belastung, ich hatte einen sehr guten Tritt und kletterte langsam, aber stetig die 1200 Höhenmeter hoch. Es war vollkommen still – irgendwie gespenstisch. Irgendwann sah ich im Nebel ein Scheinwerferlicht. Ein Auto konnte es nicht sein. Die Passhöhe auch nicht. Es war etwa 2 Uhr in der Früh, und ich war schon wieder eine Weile unterwegs. Ich näherte mich dem Licht und sah plötzlich eine Gestalt auf mich zukommen. Hubert! Das Media Team war da! Es tauchte zu jeder Tages- oder Nachtzeit irgendwo auf, immer ein Highlight für mich. Mitten in der Einsamkeit plötzlich ein paar bekannte Gesichter. Hubert lief ein paar Meter neben mir her, wir wechselten ein paar Worte, Martin war hinter der Kamera und feuerte mich an, und Roland hatte wie immer mit seinem lustig-trockenen Humor einen guten Spruch auf den Lippen.

Gegen 5 Uhr erreichte ich den Wolf Creek Pass – er ist mit 3309 Metern der höchste Punkt des Rennens, Continental Divide. Ich blieb stehen, wir machten Fotos und führten ein kurzes Interview für K19. Ich wechselte meine Kleidung und zog für die lange Abfahrt so ziemlich alles an, was ich hatte. Sogar meine Daunenskitourenjacke, die ich nur für den äußersten Notfall eingepackt hatte. Seit Stunden fühlte ich mich das erste Mal wieder richtig warm, startete die Abfahrt und war trotzdem nach ein paar Minuten ausgekühlt. Um mich warmzuhalten, versuchte ich, bei einer Geschwindigkeit von 60 bis 70 km/h, mitzutreten. Viel Erfolg hatte das aber nicht. Am Ende der Abfahrt war ich vollkommen durchfroren und brauchte noch einmal eine kurze Aufwärmpause.

Jetzt lag eine lange Hochebene vor mir: Auf über 2300 Meter Meereshöhe ging es nun etwa 100 Kilometer flach bis zum Anstieg auf den La Veta Pass dahin, dem mit 2900 Meter dritthöchsten Punkt des Rennens.

Hier in der Gegend, bei Alamosa, war Rainer Steinberger nach 1800 Kilometern in Führung liegend schwer zu Sturz gekommen. Aufgrund einer Unebenheit auf dem Seitenstreifen hatte sich sein Lenker verschlagen, Rainer stürzte vorne über sein Rad und verletzte sich schwer: Sein linkes Schlüsselbein und zwei Rippen waren gebrochen. Er verbrachte einige Zeit im Krankenhaus, bevor er zurück nach Bayern überführt werden konnte. Die Führung übernahm dann die Schweizerin Nicole Reist. Sie war tagelang an der Spitze, bevor es zu einer dramatischen Wende kam. So hieß es auf der Medienmitteilung auf ihrer Homepage:

> „Seit der Deutsche Rainer Steinberger das Rennen nach drei Tagen wegen einer Verletzung infolge eines Sturzes hatte aufgeben müssen, fuhr die Schweizerin konstant weit vorne weg, meist mit über 100 Kilometern Vorsprung auf den schnellsten Mann. 2800 der 3037 Meilen

> (4888 Kilometer) hatte sie schon geschafft, befand sich mitten in den Appalachen, ihrem Lieblingsgebirge, auf dem Weg zur großen Sensation – dann geschah es: Bei einem Ausweichmanöver stürzte sie und hatte danach extrem starke Schmerzen im Oberschenkel. Rund vier Stunden dauerte es, bis sie von der Teamärztin durchgecheckt und wieder fit genug war, um weiterzufahren. Diese Pause war selbst für ihren großen Vorsprung zu lang. Just am Ende der Standzeit überholte der Australier Allan Jefferson sie. Ein Kopf-an-Kopf-Rennen begann, Nicole Reist konnte ihren Konkurrenten nach kurzer Zeit wieder überholen und ihn während Stunden auf Distanz halten. Ein weiterer Sturz aus dem Stand – Reist konnte wegen ihrem Leiden am Oberschenkel nicht rasch genug aus dem Pedal ausklicken – sowie anhaltende Schmerzen entschieden den Krimi dann nach rund 2950 Meilen: Die Schweizerin konnte ihr Tempo nicht mehr aufrechterhalten und musste den Australier ziehen lassen. Dann der komplette Einbruch, sodass sie gar wenige Meilen vor dem Ziel auch noch vom Tschechen Svata Bozak überholt wurde."

Nicole Reist gewann dann zwar trotz ihrer Adduktorenprobleme und einer gebrochenen Rippe noch die Damenwertung, sie war aber bitter enttäuscht. Auf Facebook schrieb sie mir nach dem Rennen, dass sie gerne im Ziel auf mich gewartet hätte, sie sei aber aufgrund ihrer Verletzungen nicht mehr dazu in der Lage gewesen.

Nun war ich also auf dieser Hochebene in den Rocky Mountains, und erneut bekam ich krampfartige Magenschmerzen. Das Thema Verdauung ist für alle Race Across America-Teilnehmer eine große Herausforderung, braucht es doch bis zu ca. 15.000 Kalorien, um den Tagesenergiebedarf des Körpers während dieser extremen Dauerbelastung zu decken. 15.000 Kalorien entsprechen in etwa 30 Tellern Spaghetti Bolognese, 15 Wiener Schnitzeln mit Pommes oder 30 Big Macs. Allein die Zufuhr dieser Mengen fester Nahrung ist kaum vorstellbar. Wer einmal ein Big Mac-Menü genossen hat und danach in Aeroposition auf dem Rennrad gesessen ist, weiß, dass es unmöglich ist, so vollgestopft Leistung zu erbringen. Weil also solche Mengen schlichtweg kein noch so trainierter Ultraausdauersportler verdauen kann, greifen die meisten Athleten auf eine mehr oder weniger ausschließliche Ernährung durch Flüssignahrung zurück. Somit verliert der Körper keine „unnötige" Energie durch Verdauungsarbeit. Die eingeschränkte Durchblutung während der Ausdauerbelastung und zusätzliche Probleme wie Erschütterungen und Hitzebelastungen sorgen dennoch für eine sehr langsame Magen-Darm-Passage und verursachen daher bei vielen Athleten Beschwerden.

Abgesehen von der reinen Kalorienmenge sollte man, insbesondere als Sportler, auf eine ausgewogene Verteilung der Makronährstoffe (wie Kohlehydrate, Fette und Eiweiß) achten und die Versorgung des Körpers mit Mineralstoffen und Vitaminen sicherstellen. Kurzfristig könnte man den Energiebedarf ja vielleicht noch mit Kalorienbomben, Süßigkeiten und Cola decken, aber selbst wenn man von Verdauungsbeschwerden verschont bleiben würde, ein Leistungseinbruch früher oder später wäre so gut wie sicher.

Die Ernährung ist dementsprechend für viele eines der größten Probleme und kann zu einer gewaltigen mentalen Belastung werden. Funktioniert die Kalorienaufnahme nicht, muss man, wenn man es überhaupt ins Ziel schafft, mit enormem Gewichtsverlust rechnen.

Aus all diesen Gründen entschied ich mich für hochkalorische Flüssignahrung. Mein Sponsor Fresubin stattete mich mit den entsprechenden Produkten aus. Mit Flüssignahrung kann man diese enorme Kalorienmenge einfach und schnell zu sich nehmen und eine adäquate Nährstoffversorgung des Körpers sicherstellen. Pro 200-Milliliter-Flasche nahm ich so ca. 400 Kalorien auf, es gibt Drinks in allen möglichen Geschmacksrichtungen. Mein Ziel war es, ca. 500 Kalorien pro Stunde zu mir zu nehmen. Dafür gab es ein detailliertes Ernährungsprotokoll, das von meiner Crew pedantisch geführt wurde. Mein Gewicht wurde ebenso täglich notiert wie jede einzelne WC-Pause.

Anmerkung: *Einen Ausschnitt meines Ernährungsprotokolls finden Sie im Anhang.*

Aus den Erfahrungen beim Race Around Austria wusste ich, dass sich mein Körper erst auf Flüssignahrung umstellen musste. Ich hatte gelernt, dass ich nach drei bis vier Tagen Verdauungsprobleme bekam, die sich nach weiteren ein bis zwei Tagen aber wieder besserten. Daher stellte ich mich schon vier Tage vor dem Start auf Flüssignahrung um. Inklusive der Rennzeit ernährte ich mich also zwei ganze Wochen lang zu etwa 95 Prozent flüssig. Zwischendurch bekam ich ab und zu eine Banane, ein Sandwich, einen Muffin oder eine ähnliche kleine Belohnung. In Indiana durfte ich sogar ein Stück Pizza essen!

Trotz dieser Gewöhnungsphase hatte ich schon vor den Rocky Mountains leichte Magen-Darm-Probleme. Für „Notfälle“ dieser Art – sollte es keine Tankstelle oder kein Restaurant in der Nähe geben – hatten wir einen Kübel, Müllsäcke und einen Poncho mit. Eine Zeitstrafe für eine WC-Pause im Freien wollten wir nicht erhalten. „Public nudity, urination, defecation, lewd or indecent behavior“ sind ja laut Regelwerk verboten. Meine WC-Taktik funktionierte bis auf wenige Ausnahmen eigentlich recht passabel. In der Wüste allerdings war der Sand so heiß, dass der Plastikkübel weich wurde und die WC-Pause für meine Oberschenkel wohl alles andere als erholsam war.

Auf der Hochebene in den Rocky Mountains machte sich nun also wieder meine Verdauung bemerkbar. Meine Begleitung hatte in der Zwischenzeit das RAAMbulance Car mit den drei Damen übernommen, und wir befanden uns auf einem vielbefahrenen Highway. An den Straßenrändern war kilometerlang nichts als flache Wiese – kein Strauch, kein Busch, kein Baum, hinter dem ich mit meinem Kübel hätte verschwinden können. Also wollte ich von meiner Crew wissen, wie weit ich noch bis zur nächsten Ortschaft durchhalten müsste. Die Antwort war: „16 Meilen!“ Eine ganze Stunde! Irgendwie musste es sich wohl ausgehen. Das Begleitfahrzeug fuhr schon voraus, um meinen Toilettenstopp zu organisieren, das machten wir immer so. Eine Tankstelle oder ein Fast Food Restaurant wurde gesucht, die Crew bat um Erlaubnis, dass ich die Toilette benutzen dürfe, und verband den Aufenthalt mit einem Tankstopp oder einem Einkauf. Meine Mädels hatten in Alamosa direkt an der Straße das Lu's Mainstreet Cafe ausfindig gemacht. Als ich mich dem näherte, sah ich schon von Weitem, wie mir Ruth, Alex und Liane zuwinkten.
„Alles bereit!“, sagte Ruth und begleitete mich in das vollbesetzte Restaurant – es war um die Mittagszeit.

Tosender Applaus brach aus, als ich das Lokal betrat. Ruth hatte in ihrer Euphorie das ganze Lokal wissen lassen, dass jetzt ein Race Across America-Fahrer kommen würde, der hier einen Toilettenstopp einlegt. In diesem kleinen Ort war das eine Sensation. Besonders viel Abwechslung gab es für die Einwohner dort sonst wohl nicht. Einzig ein älterer Mann mit langem, grauem Bart schien nicht so begeistert zu sein. Als ich das Restaurant nach ein paar Minuten verließ, bemerkte ich, dass der Mann regelrecht zur Toilette stürmte. Während der nächsten Pause erzählten mir die Mädels – die sich vor Lachen kaum halten konnten – die Vorgeschichte. Ruth war ins Lokal gerannt und hatte lauthals verkündet, dass in ein paar Minuten ein RAAM-Fahrer kommen würde und die Toilette benötigte. Die Lokalbesitzer und Gäste fanden das sehr amüsant und warteten auf mich. Ruth begab sich noch einmal zum Auto, um etwas zu holen, ging dann aber gleich zurück, um die Toilette zu bewachen. Im Lokal bemerkte sie, dass die Toilettentür verschlossen war. Es war jemand drinnen. Sie riss die unversperrte Tür auf und sah einen älteren Mann mit langem, grauem Bart auf der Toilette sitzen. Sie fragte ihn, was er da mache, die Toilette sei schließlich für mich reserviert. Er meinte, es sei dringend, er hätte Probleme mit der Verdauung. Ruth hatte eine gute Antwort parat: Sie sei Apothekerin und er bekomme alles, war er für seinen Magen brauche, aber er müsse da jetzt sofort raus. Der Mann – sichtlich überrascht – zog seine Hose rauf, verließ wortlos die Toilette und überließ mir das Feld.

Von Alamosa ging es dann in sehr angenehmer Steigung auf den La Veta Pass (2873 m) und danach in einer rasanten Abfahrt in die nächste Schlafpause. Als sich das Tal vor mir öffnete, konnte ich in Richtung Cucharas Pass (3092 m) sehen, dem dritten und letzten Pass der Rocky Mountains. Der Ausblick war allerding nicht sehr aufbauend: eine riesige, schwarze Wolkenwand, die wie ein stählerner Vorhang den Berg verriegelte! Oh nein! Es war Nachmittag, ich hatte einiges an Zeit gutgemacht, ich hatte eine zweistündige Schlafpause vor mir und sollte gegen 19 Uhr den letzten 3000er in Angriff nehmen. Nicht schon wieder bei heftigem Regen und Eiseskälte!!

LEADERSHIP-LEKTION 5: KENNE DEIN WARUM

Als ich mitten in der Nacht in den Rocky Mountains, völlig durchnässt und durchfroren, während einer kurzen Pause an der geschlossenen Tankstelle bei Regen in meinem Campingsessel saß, enttäuscht, dass ich keinen heißen Kaffee bekam und mich nirgends aufwärmen konnte, begann ich mich zu fragen, warum ich mir das alles antat. Ich hatte 1500 Kilometer hinter mir. Die Hitze in der Wüste mit 51 Grad hatte mir viel abverlangt, die Probleme mit der Umleitung am zweiten Tag und die zwei kaputten Räder belasteten mich mental, und jetzt setzten mir der Regen, die Kälte und der Schlafentzug richtig zu. Warum tu ich mir das alles an? Ich habe noch nicht einmal ein Drittel des Rennens geschafft und komme schon an meine physischen und psychischen Grenzen! Ich spürte jetzt die volle Härte des Race Across America und wusste, dass das alles erst der Anfang war. Während mir diese Gedanken durch den Kopf gingen, beobachtete ich Bob, wie er mit Bill diskutierte, und blickte in ihre verzweifelten Gesichter. In diesem Augenblick erinnerte ich mich an etwas, das mir Bob nach unserem RAAM im Viererteam 2017 erzählt hatte und auch in seinen Vorträgen erwähnt. Wir waren damals bereits seit sechs Tagen unterwegs gewesen, Bob war erschöpft, und die letzte Nacht hatte ihm alles abverlangt: „As I was racing in RAAM 2017 on Saturday morning June 24th at 3am in the very cold, hard, driving, miserable rain, I could have easily quit ... and then the thought came to mind that kids who contract Polio do not get to quit ... they are in for LIFE!!" Am liebsten hätte Bob unter diesen harten Bedingungen aufgegeben, aber der Gedanke an Kinder mit Kinderlähmung hielt ihn davon ab. Bob entschied sich, weiterzufahren, er gab nicht auf. Wir kamen ins Ziel, und in diesem Jahr sammelten wir über 500.000 Dollar an Spenden zur Ausrottung der Kinderlähmung.

Wir fuhren das Rennen nicht nur für uns, wir hatten eine Mission! An diese Mission dachte ich nun. Ich musste ins Ziel kommen. Mit jeder Time Station, die ich schaffte, kamen weitere Spenden dazu. Ich hatte Wochen vor dem Start eine RAAM-End-Polio-Challenge ausgeschrieben. Zahlreiche Rotary Clubs übernahmen die Patenschaft für eine Time Station und spendeten für unser Projekt, wenn ich sie passierte. Mir war bewusst, dass das RAAM schwierig werden würde, und ich wusste, dass ich an meine Grenzen kommen würde. Ich tat das aber nicht nur für mich: „We ride so that others can walk!" Das war unser Motto, das war unser Warum. Das, was ich gerade durchmachte, ist nichts im Vergleich zu dem, was Kinder durchmachen, wenn sie an Kinderlähmung erkranken. Diese Gedanken brachten mich wieder auf das Rad.

Viktor Frankl, Begründer der Logotherapie und Existenzanalyse, überlebte vier Konzentrationslager in Nazi-Deutschland: Theresienstadt, Auschwitz, Kaufering und Türkheim, wo er schließlich von der US-Armee befreit wurde. Seine Erfahrungen und Eindrücke in den Konzentrationslagern verarbeitete er ihn zahlreichen Publikationen. Sein Buch „Man's Search for Meaning"[54] verkaufte sich über zehn Millionen mal. In diesem Buch geht er der Frage nach, was den Willen zum Überleben bestimmt. Viktor Frankl war davon überzeugt, dass wir immer – unter allen Umständen – die Freiheit haben, zu entscheiden:

> „Auch wenn Umstände wie Schlafmangel, unzureichende Ernährung und verschiedene psychische Belastungen darauf hindeuten, dass die Insassen auf bestimmte Weise reagieren mussten, wird letztendlich deutlich, dass die Art von Person, zu der der Gefangene wurde, das Ergebnis einer inneren Entscheidung war und nicht allein das Ergebnis von Lagereinflüssen. Grundsätzlich kann also jeder Mensch unter solchen Umständen entscheiden, was aus ihm werden soll – seelisch und geistig."[55]

Viktor Frankl beobachtete, dass jene Insassen der Konzentrationslager, die ein Warum hatten, eine deutlich höhere Wahrscheinlichkeit hatten, das Lager lebend zu verlassen, als die, die jegliche Hoffnung verloren hatten. Frankl beobachtet weiters, dass jene Gefangenen, die überlebten, die einen Weg gefunden hatten, durchzuhalten, immer ein größeres Ziel gehabt hatten, das sie durch die schwierigsten Bedingungen trug. Für manche war es ein Kind, das in einem fernen Land Zuflucht gefunden hatte und nach der Befreiung auf sie warten würde. Für andere war es ein Ehepartner oder ein Familienmitglied. Für wieder andere war es eine unvollendete Aufgabe oder eine kreative Arbeit, die ihren einzigartigen Beitrag erforderte.[56] In seinem Buch schreibt Frankl: „Der Gefangene, der den Glauben an die Zukunft – seine Zukunft – verloren hatte, war dem Untergang geweiht. Mit dem Verlust des Zukunftsglaubens verlor er auch seinen geistigen Halt; er ließ sich gehen und unterlag einem geistigen und körperlichen Verfall."[57] Als er 1944 im Krankenhaus des Lagers arbeitete, stellte er fest, dass die Todesrate zwischen Weihnachten und Neujahr besonders dramatisch angestiegen war. Viele Lagerinsassen hatten die naive Hoffnung gehabt, noch vor Weihnachten befreit zu werden. Als sich das Jahresende näherte, wurde ihnen klar, dass sich an ihrer Lage nichts geändert hatte, sie verloren Mut und Hoffnung. Das wirkte sich auf ihre Widerstandskraft und ihre Überlebensfähigkeit aus. Viktor Frankl hielt mit den Worten von Nietzsche fest: „Wer ein Warum hat zu leben, erträgt fast jedes Wie!"

Ich hielt mir immer wieder unser Warum vor Augen: „We ride so that others can walk!" Dieses Warum, dieses größere Ziel, war für mich eine wichtige Motivation. Immer wenn es schwierig wurde, machte ich mir bewusst, was der höhere Zweck war. Dieses Warum gab mir immer wieder die Kraft, die Schmerzen zu ertragen und durchzuhalten.

Der Trainingswissenschaftler Tim Noakes führte in den 1990er-Jahren ein faszinierendes Experiment im Krafttraining durch.[58] Er ließ Athleten Gewichte bis zum Muskelversagen stemmen. Als sie die Gewichte fallen ließen und nicht mehr konnten, weil die Muskeln nicht mehr kontrahierten, setzte er Elektrosensoren an, stimulierte die Muskeln und konnte zeigen, dass diese weiterhin kontraktionsfähig waren. Obwohl die Athleten ihre Muskeln nicht mehr willentlich anspannen konnten, verfügten sie noch über Reserven. Körperliche Erschöpfung – so Noakes' Schlussfolgerung – tritt zunächst nicht physisch, sondern psychisch ein. Obwohl es noch physische Reserven gibt, spielt unser Gehirn die Rolle eines Regulators und zieht den Stecker, um uns vor Verletzung und Organversagen zu schützen. In ihrem fesselnden Buch „Das perfekte Mindset"[59] zitieren Brad Stulberg und Steve Magness zahlreiche Sportler, die in der Lage waren, die letzten paar Prozent ihrer Reserven zu mobilisieren und Spitzenleistungen zu erbringen, weil sie von einem höheren Zweck angetrieben waren. Sie schreiben:

> „Wenn man sich auf einen selbst-transzendierenden Zweck konzentriert, der über die eigene Person und das eigene Leben hinausgeht, ist man zu weit mehr in der Lage, als man für möglich gehalten hätte. Strechers [Victor Strecher, Professor für öffentliche Gesundheit, Anm. d. Verfassers] Auffassung zufolge liegt das daran, dass unser Ego minimiert ist, wenn wir uns intensiv auf etwas konzentrieren, das größer ist als wir selbst. Unser Ego erfüllt größtenteils die Rolle, uns bzw. unser Selbst zu schützen. Es ist unser Ego, das uns zur Abschottung und Flucht rät, wenn wir bedroht werden. Wenn wir unser Selbst transzendieren und aufhören, unser Ego zu beachten, können wir die Ängste, Sorgen und physiologischen Schutzmechanismen überwinden, die uns oft davor zurückhalten, einen großen Durchbruch zu erreichen. Auf diese Weise eröffnet sich ein großes Spektrum an Möglichkeiten."[60]

Sportler, die ein Rennen nicht für sich selbst, sondern für andere bestreiten, zum Beispiel für ihre Kinder, für die Familie oder für das Team, können mehr Reserven mobilisieren als solche, die nur für sich selbst antreten.

John Coleman, Autor des Buchs „Crafting Your Purpose",[61] spricht von einer Sinnkrise, in der sich viele Menschen befinden. Eine Gallup-Studie unter mehr als 2000 Hochschulabsolventen stellte fest, dass mehr als 50 Prozent keinen sinnerfüllten Job finden. Das Wohlbefinden jener Absolventen, die eine sinnerfüllte Arbeit haben, ist aber fast zehnmal höher.[62] Weniger als 20

Prozent der Führungskräfte geben an, einen starken, tieferen inneren Sinn zu verspüren.[63] Gleichzeitig zeigen viele Studien, wie wichtig ein „Sense of Purpose“ ist. Wer für sein Leben einen tieferen Sinn sieht, leidet seltener an Depressionen, Angstzuständen, Langeweile und Einsamkeit. Er hat eine niedrigere Wahrscheinlichkeit, an Alzheimer zu erkranken, hat bessere Chancen, eine Krebserkrankung zu überleben, hat eine höhere Lebenszufriedenheit und ein um 15 Prozent niedrigeres Risiko, einen frühen Tod zu sterben.[64] Es lohnt sich also, über den tieferen Sinn des eigenen Lebens oder der Arbeit nachzudenken. Jeder Job und jede Tätigkeit haben Elemente von Zweck und Spaß in sich, und in allem, was wir tun, sollten wir Zweck und Spaß in Balance bringen.[65]

Machen Sie dazu eine kurze Übung, wie sie John Coleman in seinem Buch vorschlägt.[66] Wir können alle Tätigkeiten in unserem Beruf oder in unserem Leben einordnen, je nachdem, wie sinnvoll wir sie erachten (sinnerfüllt und ohne Sinn) und wie viel Freude und Spaß wir dabei empfinden (mit Spaß und Freude, ohne Spaß und Freude). Verteilen Sie nun alles, was Sie an einem typischen Tag oder in einer typischen Woche tun, auf vier Quadranten einer 2x2-Matrix:

	OHNE SPASS UND FREUDE	**MIT SPASS UND FREUDE**
SINNERFÜLLT	PLACKEREI: Tätigkeiten, die wichtig sind und erledigt werden müssen. Sie machen aber keinen Spaß und sind reine Pflichterfüllung.	ERFÜLLUNG: Tätigkeiten, die uns mit Spaß und Freude erfüllen und sinnvoll sind.
OHNE SINN	MISERE: Arbeiten, die weder Spaß machen noch einen tieferen Sinn oder eine größere Bedeutung haben.	OBERFLÄCHLICHKEITEN: Aufgaben, die zwar Spaß machen, aber keine besondere Bedeutung haben.

Wie sinnerfüllt ist Ihr Leben?[67]

- Plackerei (sinnvoll und wichtig, aber ohne Spaß und Freude): Das sind all jene Tätigkeiten, die wichtig sind und erledigt werden müssen. Sie machen aber keinen Spaß und sind reine Pflichterfüllung.
- Oberflächlichkeiten: Aufgaben, die zwar Spaß machen, aber keine besondere Bedeutung haben.
- Misere: Arbeiten, die weder Spaß machen noch einen tieferen Sinn haben.
- Erfüllung: Tätigkeiten, die uns mit Spaß und Freude erfüllen und die wichtig und sinnvoll sind.

Wie verteilt sich Ihre Zeit auf die einzelnen Quadranten? Wohin fallen die meisten Ihrer Aufgaben und Tätigkeiten? Was können Sie daran ändern? Wie können Sie neue Prioritäten setzen? Wie können Sie in Ihren Aufgaben mehr Sinn erkennen? Es lohnt sich, über diese Fragen nachzudenken.

Wenn ein großer Teil Ihrer Zeit unter die Kategorien „Plackerei" oder „Misere" fällt, sollten Sie darüber nachdenken, was der tiefere Sinn sein könnte und wie Sie aus diesen Aufgaben mehr Freude schöpfen können. Es liegt oft nur an uns, den Sinn zu erkennen oder an solchen Jobs Spaß zu haben. Curtis Jenkins zum Beispiel ist Schulbusfahrer. Das ist ein harter und oft langweiliger Job. In einem CBS-Bericht wurde darüber berichtet, wie Jenkins aus seinem zweifellos verantwortungsvollen, aber langweiligen Job einen Riesenspaß für sich und für die Kinder machte. Er schuf eine „Yellow Bus Utopia": Alle Kinder im Bus bekamen irgendwelche Rollen übertragen, zum Beispiel Polizist, Sekretärin, CEO, Verwaltungsassistent usw. Damit wollte er eine Community schaffen, in der Kinder Verantwortung übernehmen. Die Busfahrt wurde für die Kinder ein wichtiges Gemeinschaftserlebnis und für Curtis Jenkins eine bedeutungsvolle Erziehungsaufgabe, die ihm Spaß machte und ihn erfüllte.[68]

Viele unserer täglichen Aufgaben haben Auswirkungen auf andere Menschen, und wenn wir uns bewusst machen, was wir positiv bewirken können, können wir oft erst den Sinn erkennen. Adam Grant, Professor an der Wharton School, beschreibt in einer Studie, wie Fundraiser in einem Call Center die Bedeutung ihrer Arbeit erkannten, als ihnen die Studenten vorgestellt wurden, denen das Geld zur Verfügung gestellt wurde, das sie durch ihre Tätigkeit einwarben. Fundraiser, die die Nutznießer ihrer Arbeit persönlich kannten, verbrachten mit den möglichen Geldgebern 142 Prozent mehr Zeit am Telefon und warben 171 Prozent mehr Geldmittel ein als Fundraiser, die die Empfänger der Unterstützungsgelder nicht kannten.[69] Überlegen Sie sich also, welche Bedeutung Ihre Arbeit für andere hat, daraus kann man oft leicht einen tieferen Sinn der eigenen Tätigkeit ableiten.

Eine andere Technik, um Sinn in der eigenen Arbeit zu erkennen, ist die „Aufgabenhierarchie" (Action Identification Theory).[70] Auf der untersten Stufe betrachtet, tippe ich im Moment nur Buchstaben. Auf einer höheren Ebene betrachtet, schreibe ich ein Buch. Und auf der höchsten Ebene helfe ich vielleicht Menschen, produktiver, erfolgreicher und zufriedener zu werden. Sie kennen vielleicht die Anekdote der drei Steinmetze, die Michelangelo zugeschrieben wird:[71]

> Ein Mann kommt an eine Baustelle, auf der drei Steinmetze fleißig arbeiten. Äußerlich ist kein Unterschied zu erkennen. Er geht zum ersten und fragt: Was tun Sie da? Dieser schaut ihn ganz verdutzt an und sagt: Ich verdiene mir hier meinen Lebensunterhalt. Der Mann geht weiter und kommt zum zweiten Steinmetz. Er fragt ihn dasselbe. Dieser schaut ihn mit glänzenden Augen sichtbar stolz an und sagt: Ich bin der beste Steinmetz im ganzen Land. Wieder geht der Mann weiter und kommt zum dritten. Auch diesem stellt er dieselbe Frage. Dieser denkt einen kurzen Moment nach und sagt dann: Ich helfe hier mit, eine Kathedrale zu bauen.

Wenden Sie diese Idee der Aufgabenhierarchie einmal auf Ihre Arbeit an! Was ist der übergeordnete Sinn?

Überlegen Sie sich schließlich auch einmal, wie viel Zeit Sie sinnlos verbringen, zum Beispiel mit Ihrem Smartphone! Sie können Ihre Bildschirmzeit per App täglich kontrollieren und nachverfolgen, wie viel Zeit Sie mit einzelnen Apps verbringen. Das sind oft Stunden, wobei ein großer Teil dieser Zeit unter „Oberflächlichkeiten" fällt. Reduzieren Sie diese Zeiten ganz bewusst, führen Sie, wie beispielsweise die US-Schauspielerin Jennifer Aniston, eine „Screen-free Time" ein. Nutzen Sie diese Zeiten für Tätigkeiten, die Sie erfüllen. Stellen Sie sich bei der Suche nach solchen Aufgaben folgende Fragen: Was kann ich ganz besonders gut? Welche Tätigkeiten erfüllen mich so, dass ich die Zeit vergesse und alles um mich herum zur Nebensache wird? Auf welche Leistungen bin ich besonders stolz? Was gibt mir Erfolgserlebnisse und das Gefühl, dass ich mich weiterentwickle? Welchen Beitrag leiste ich für andere und aus welchen Beziehungen schöpfe ich Energie?[72]

Kommen wir zurück zu Viktor Frankl. Jene Insassen der Konzentrationslager, die noch einen Sinn sahen oder noch eine Aufgabe hatten, hatten eine höhere Überlebenswahrscheinlichkeit. Diejenigen, die ein Warum hatten, stellten sich das Ergebnis vor, während sie durch all die Leiden und Nöte gingen. Sie dachten daran, wie es sein würde, wenn sie ihre Familie oder Kinder wiedersahen. Diese Vorstellung hielt sie am Leben. Das führt uns zur nächsten Lektion: Visualisieren Sie das Ziel!

LEADERSHIP-LEKTION 6: VISUALISIERE DEIN ZIEL

Es gibt eine mentale Technik, die von den weltbesten Athleten praktisch ausnahmslos angewandt wird: Visualisierung.[73] Sie gehört zu den wichtigsten Instrumenten zur Leistungssteigerung und Motivation.[74] Die lebendige Visualisierung des Ergebnisses aller Anstrengungen ist eine wichtige Motivationsstütze während des Trainings und während des Rennens, ganz besonders, wenn es schwierig wird. Christoph Strasser, der sechsfache Race Across America-Sieger und 24-Stunden-Weltrekordhalter, meinte dazu in einem Interview:

> „Eine gute Übung ist – egal ob am Heimtrainer oder auf der Couch –, zehn Minuten die Augen zu schließen und den Moment zu visualisieren, wenn man über die Ziellinie fährt – wie es sich anfühlen wird, was die Betreuer sagen werden, wie es dort riechen wird, was man sich dort gönnen wird, wie der Moment dieser Ankunft ausschauen wird. Wenn diese Momente im inneren Kopfkino immer wieder erlebt werden und man quasi abspeichert, wie schön dieser Moment sein wird, dann kann man darauf zurückgreifen, wenn es dann mal nicht so rund läuft. Dann wird das Unterbewusstsein sagen, wie toll das im Ziel sein wird, genau so, wie man sich das vorgestellt hat, und die Motivation weiterzumachen wird da sein. Eine ganz einfache Übung, mit der man sich sehr viel helfen und Gutes tun kann. Am besten einfach mal auf

> dem Heimtrainer zehn Minuten die Augen zumachen und sich das Ganze vorstellen – und zehn Minuten mit geschlossenen Augen sind eine lange Zeit!“[75]

Ich wandte diese Technik für mich an. Ich malte in meinem Kopf Bilder und versuchte mir vorzustellen, wie es sein wird, wenn ich mein großes Ziel erreicht habe. Wie es sein wird, nach 5000 Kilometern unendlicher Strapazen in Annapolis über die Ziellinie zu fahren und symbolisch den Spendenscheck zu überreichen. Ich visualisierte alle großen Herausforderungen: Wie ich die Hitze in der Wüste überstand, den Augenblick, in dem ich den Wolf Creek Pass passierte, wie ich die Mississippi-Brücke überquerte und die letzten Hügel in den Appalachen in Angriff nahm. Ich stellte mir vor, wie meine Crew bei mir war, wie wir diese Momente genossen und uns diese Gefühle nach Annapolis trugen. Bei jeder Trainingsfahrt dachte ich daran. Diese Bilder brannten sich in mein Gehirn. Immer dann, wenn es schwierig wurde, während des Trainings oder während des Rennens, wenn meine Motivation nachließ oder ich Schmerzen hatte, rief ich diese Bilder ab, und sie verdrängten meine negativen Gefühle. Bei meinen Visualisierungsübungen hielt ich mich an die Empfehlungen des Mentalcoaches Patrick Cohn:

1. „Visualisieren Sie das gewünschte Ergebnis – Wenn Sie Ihren Wettbewerb in Ihrem Kopf mental durchspielen, achten Sie darauf, dass Sie das Ereignis so sehen, wie Sie es sich wünschen. Wenn Ihre mentalen Bilder negativ werden, stoppen Sie das mentale Band, spulen Sie zurück und starten Sie es erneut, und visualisieren Sie dann erneut die Leistung, die Sie sehen möchten.
2. Nutzen Sie alle Ihre Sinne aus der Ich-Perspektive – Visualisieren Sie Ihre sportliche Leistung im Detail. Was würden Sie sehen, hören, fühlen, riechen und schmecken. Spüren Sie, wie sich Ihr Körper anfühlt ... Spüren Sie die Aufregung, wenn Sie Ihr Ziel erreichen.
3. Üben Sie häufig – Visualisieren ist eine Fähigkeit, die durch Wiederholung besser wird.“[76]

Bei meinen zwei Teilnahmen am Race Around Austria, dem 2200-Kilometer-Nonstop-Rennen rund um Österreich, machte ich aber noch eine weitere, wichtige Erfahrung. Das Visualisieren des großen Ziels und des erfolgreichen

Finishens ist eine wichtige Übung, sie reicht aber nicht aus. Ich stellte fest, wie wichtig kleine Zwischenziele – Small Wins – sind. Wer nicht immer wieder kleine Erfolgserlebnisse und das Gefühl hat, Fortschritte zu erzielen, wird früher oder später seine Motivation verlieren. Wie schon zuvor erwähnt, aber es erscheint mir einfach als sehr wichtig: Als ich beim Race Around Austria nach etwa 1500 Kilometern mit heftigen Knieschmerzen und akutem Schlafentzug, mitten in der Nacht und bei Regen, aufgeben wollte, verhalf mir mein Crew Chief Zoli zu einer wichtigen Erkenntnis. Er versuchte mich zu überreden, weiterzumachen: „Nur noch 30 Kilometer bis Innsbruck zur nächsten Schlafpause, das musst du schaffen!"
Ich zweifelte: „Vielleicht schaffe ich das. Aber danach kommen das Kühtai, die Bielerhöhe und die Berge in Vorarlberg. Das schaffe ich mit diesen Schmerzen niemals!"
Zoli fand die richtige Antwort: „Vergiss alles, was nachher kommt. Jetzt gibt es ein Ziel, und das ist Innsbruck. Dort hast du zwei Stunden Schlafpause. Danach schauen wir weiter."

Zoli überzeugte mich, irgendwie schaffte ich es noch nach Innsbruck. Von meiner Schlafpause wachte ich nach zwei Stunden von selbst auf. Das Kühtai und die restlichen Berge schafften wir souverän. Die Lektion: Denke niemals daran, wie weit es noch ist, sondern setze dir kleine Zwischenziele.
Meine Lehre daraus:

1. Visualisiere dein großes Ziel. Denke immer daran, wie es sein wird, wenn du es erreicht hast – daraus schöpfst du deine Motivation!
2. Denke aber niemals daran, wie weit es noch ist – das führt zu Frustration!
3. Definiere kleine Zwischenziele – Small Wins: Die nächste Time Station, die nächste Stadt, die nächste Schlafpause – diese Erfolgserlebnisse geben dir die Kraft weiterzumachen!

Die 5000 Kilometer des Race Across America unterteilte ich in elf Tagesetappen. Ich verdrängte Gedanken wie „Noch 3458 Kilometer" oder „Noch 1864 Kilometer". Ich konzentrierte mich stattdessen auf die Tagesziele und die kleinen Zwischenetappen. Am Ende jeder Tagesetappe belohnte ich mich mit einer zwei- bis dreistündigen Schlafpause. Jede Tagesetappe unterteilte ich in Acht- bis Neun-Stunden-Einheiten – die Schichtwechsel meiner Crew, was für mich eine 15 Minuten lange Pause bedeutete. Jede Neun-Stunden-Einheit unterteilte ich in Drei-Stunden-Einheiten, nach denen ich jeweils fünf Minuten Pause bekam. Und jede Drei-Stunden-Einheit unterteilte ich weiter: Alle 45 Minuten bekam ich eine Flasche Flüssignahrung. So schaffte ich meine kleinen und größeren Zwischenziele. Jedes dieser Zwischenziele bedeutete für mich Fortschritt und brachte mich meinem großen Ziel näher. Je härter es im Laufe des Rennens wurde, umso wichtiger wurden sie für mich. Meine Crew erkannte das, und ab dem siebten oder achten Tag bekam ich meine Flasche Flüssignahrung immer mit dem Kommentar: „Fresubin Time!“ Ein symbolischer Akt, der mit sagte: Wieder 45 Minuten geschafft auf dem Weg zum großen Ziel in Annapolis!

Oft stellen wir das große Ziel zu stark in den Vordergrund und vernachlässigen die Bedeutung kleiner Fortschritte. Ein großes Ziel ohne Small Wins verliert schnell seine Attraktivität. Wir brauchen permanent das Gefühl, dass wir Fortschritte machen. Teresa Amabile, Professorin an der Harvard Business School, veröffentlichte eine hochinteressante Studie zur Bedeutung von Small Wins. Amabile ließ Mitarbeiter täglich Aufzeichnungen darüber führen, was sie erlebten – vier Monate lang. Sie wertete 12.000 Tagebucheinträge aus und stellte so fest, was am meisten dazu beitrug, dass Mitarbeiter einen Tag als gut erlebten. Von allen Dingen, die Emotionen, Motivation und Wahrnehmungen während eines Arbeitstages positiv beeinflussen, sind Fortschritte bei einer sinnvollen Arbeit das Wichtigste.[77] Selbst die kleinsten Erfolgserlebnisse können dabei einen Unterschied ausmachen. Die Forscherin erkannte: Der Schlüssel zur Leistungsmotivation ist es, für Erfolgserlebnisse zu sorgen! Führen Sie deshalb ein – zumindest mentales – Tagebuch über Ihre Fortschritte. Das wird der Schlüssel für Ihre Motivation und Ihr Durchhaltevermögen.

Während meiner Vorbereitungen für das Race Across America bediente ich mich noch einer zweiten Mentaltechnik: Reframing! Ich versuchte, die großen Schwierigkeiten in positive Herausforderungen umzuformen. Ich setzte mich gedanklich intensiv mit allen großen Gefahren auseinander und bereitete mich mental auf sie vor: auf die Hitze, auf die Kälte, auf Wind und Regen, auf Schlafentzug und Schmerzen. Durch die gedankliche Vorstellung wurden diese Schwierigkeiten zwar nicht kleiner, aber sie verloren an Schrecken. Da ich auf sie vorbereitet war, waren sie leichter zu ertragen. In keinem Augenblick des Rennens wurde es so hart, wie ich es mir vorgestellt hatte! Spricht man Ängste aus oder schreibt sie nieder, ist dieser Effekt besonders groß.

So schreibt Sebastian Purps-Pardigol in seinem Buch „Leben mit Hirn“:

> „Fact Labeling jedoch ... ist eine Möglichkeit, Unangenehmes zu akzeptieren. Man beschreibt, was ist, ohne den Versuch zu unternehmen, es verändern zu wollen, und auf wundersame Weise führt das bereits zu einer Erleichterung und diese ist sogar neuronal messbar. Gerardo Ramirez ist Professor für Entwicklungspsychologie an der Ball State University, Muncie, Indiana. Er erforschte das Fact Labeling in Schriftform. Das ist eine Methode, um Angst zu reduzieren und die geistige Leistungsfähigkeit zu erhöhen. Für seine Forschung rekrutierte er Studierende, die vor jeder Mathematikklausur nahezu panische Angst hatten. Deren Aufregung war so groß, dass sie überdurchschnittlich viele Fehler in diesen Tests machten. Ramirez ließ einen Teil dieser bemitleidenswerten jungen Menschen unmittelbar vor der nächsten Klausur sieben Minuten lang ihre Sorgen und Ängste aufschreiben, die sie in Bezug auf die bevorstehende Prüfung hatten. Sie fassten also all ihre Gefühle schriftlich in Worte. Das Ergebnis: Die Fehlerquote der Teilnehmenden, die diese Form des Fact Labeling durchgeführt hatten, reduzierte sich in der dann folgenden Mathematikarbeit deutlich. Die Probanden machten ganze 45 Prozent weniger Fehler als die weiterhin aufgeregte Kontrollgruppe.“[78]

Mit einem kleinen Trick machte ich meine Ängste noch erträglicher: Ich versuchte, die größten Schwierigkeiten in positive Herausforderungen zu verwandeln. Der Versuch, Probleme als etwas Nützliches neu zu definieren, kann sehr hilfreich sein. Auch dazu gibt es interessante Forschungen. So stellte man zum Beispiel fest, dass Studenten, die Prüfungsangst als etwas Positives sehen, bei Tests besser abschneiden![79] Dieses Umformen der großen Schwierigkeiten in positive Herausforderungen gelang mir so gut, dass ich mich auf die Wüste, auf die Rocky Mountains, auf den Wind in Kansas sogar freute. Ich betrachtete diese Herausforderungen als große Prüfungen, die ich bestehen musste und die Teil des Rennens waren. Ich freute mich auf die 50 Grad in der Wüste, weil ich wusste, wenn das hinter mir liegt, habe ich eine große Schwierigkeit gemeistert und bin meinem Ziel näher gekommen.

Tag 5 – Die Great P(l)ains

Ich schaffte es gerade noch vor den ersten Regentropfen ins Hotel in La Veta, Colorado, und schlief innerhalb von Minuten. Als ich nach etwa drei Stunden aufgeweckt wurde, sah ich die Sonne am Himmel strahlen. Das Gewitter war heftig und kurz gewesen. Zoli ließ mich wissen, dass mittlerweile die Welt fast untergegangen wäre. Das RAAMerica Car mit Bob, Darlene und Bill begleitete mich jetzt auf den letzten Pass der Rocky Mountains. Der Anstieg begann ein paar Hundert Meter hinter dem Hotel. Eine wunderschöne Landschaft mit bizarren Felsformationen prägte den Weg. Irgendwie aber konnte ich nicht richtig wahrnehmen, was um mich herum passierte. Wie in Trance kletterte ich Meter um Meter den Anstieg hinauf. Den Pass erreichte ich noch vor Einbruch der Dunkelheit. Es war kühl, und ich zog mich um. Zeitgleich mit mir war noch ein anderer RAAM-Teilnehmer oben angekommen. Er blieb gar nicht stehen und setzte zur Abfahrt an, ohne sich warm anzuziehen – unverständlich für mich.

Nach dem Cucharas Pass ging es ein Stück abwärts, dann kamen kurze Gegenanstiege, bevor eine lange Abfahrt Richtung Kansas auf mich wartete. Endlich! Montezuma bei Dodge City war mein nächstes Ziel: 529 Kilometer, 1960 Höhenmeter. Mit einem Schnitt von 24 km/h wollte ich um 17 Uhr im Hotel sein – zwei Stunden hinter meinem ursprünglichen Zeitplan. Bald wurde es dunkel, die Abfahrt erforderte viel Konzentration. Die Fahrbahn war in einem erbärmlichen Zustand, es waren immer wieder zentimeterbreite Längsritzen im Asphalt, fünf, sechs Zentimeter tief. Sorgen machten mir auch die Cattle Guards – die Weideroste, deren Querstreben viel größere Abstände haben als in Österreich. Am besten war es, mit hoher Geschwindigkeit drüberzufahren, so spürte man am wenigsten von der Erschütterung. Manche dieser Cattle Guards waren gar nicht richtig im Boden versenkt und ragten gefährlich hoch heraus. Die größte Gefahr aber kam von den nicht durchgehenden Querstreben, in der Mitte war ein zentimeterbreiter Längsspalt! Sticht man hier mit dem Vorderrad ein, ist ein Sturz nicht zu vermeiden.

Nach einer unfallfreien Abfahrt freute ich mich auf den letzten Gegenanstieg, hatte ich doch von den letzten Jahren die sehr lange und sehr flache Abfahrt im Anschluss daran in Erinnerung. Zig Kilometer konnte man hier leicht mit einer Geschwindigkeit von 50 km/h fahren. Ich war mir sicher, erneut einiges an Zeit wiedergutzumachen. Es kam – wie fast immer – ganz anders.

In der Zwischenzeit hatte das RAAMbler Car mit Zoli, Florian und Balázs die Betreuung übernommen. Sie fuhren hinter mir her und leuchteten die Straße für mich aus. Vom Race Headquarter kam nun eine Tornado-Warnung für Colorado, genau für den Streckenabschnitt, auf dem ich mich gerade befand. Bald setzte ein heftiger Seitenwind ein, der mich immer wieder von der rechten Straßenseite auf die linke fegte. Gott sei Dank war in der Nacht kein Gegenverkehr in dieser gottverlassenen Gegend. Mein Crew Chief deutete auf den Nachthimmel. Zu meiner Linken sternenklare Nacht, zu meiner Rechten war kein einziger Stern zu sehen – der Tornado! Zoli feuerte mich an, wenn ich schnell genug wäre, könnte ich vielleicht dem Wirbelsturm und dem heftigen Regen gerade noch entgehen. Er hatte recht, wir bekamen nur die Ausläufer des Tornados zu spüren. Statt den erwarteten 50 km/h schaffte ich aber nur eine Geschwindigkeit von 15 und 20 km/h. Trotzdem musste ich andauernd gegen den Seitenwind ankämpfen. Allein das Rad stabil zu halten, war schon schwierig genug.

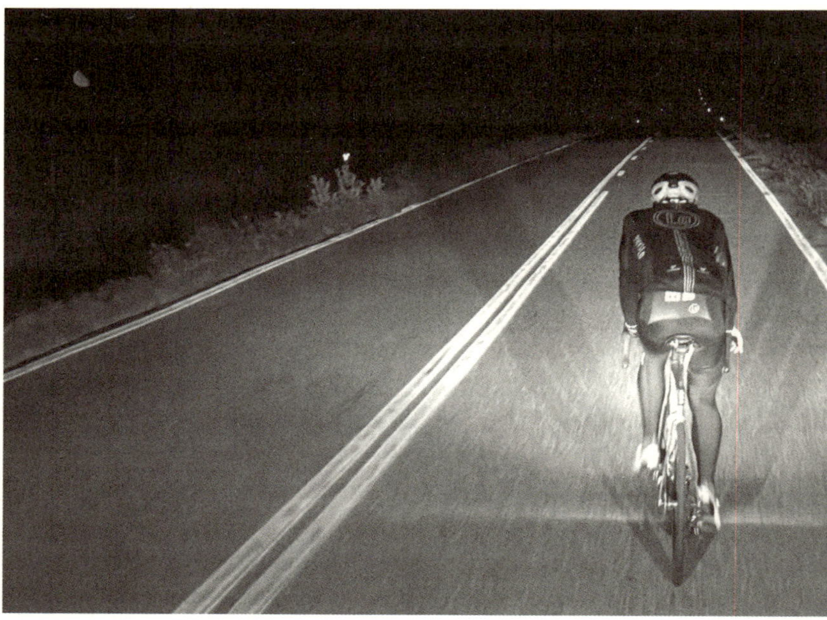

 Kurz vor dem Tornado in Colorado. (Foto: Florian Phleps)

Der Wind schwächte sich zwar mit der Zeit ab, blies aber weiter ununterbrochen von der rechten Seite. Schlechte Straßenbedingungen mit Dehnungsfugen im Asphalt machten ein Fahren auf dem Aufleger beinahe unmöglich. Alle zehn oder 20 Meter bekam ich einen heftigen Schlag ab, und das über Dutzende Kilometer hinweg.

Irgendwann – die Sonne war schon lang aufgegangen – musste ich stehen bleiben. Ich war extrem müde und hatte Angst, am Rad einzuschlafen. Ich legte mich für 15 Minuten auf den Beifahrersitz des Begleitfahrzeugs, Florian bedeckte die Windschutzscheibe mit einem Sweatshirt, damit mir die Sonne nicht ins Gesicht schien. Ein Powernap von 15 Minuten bewirkt in so einer Phase Wunder. Zwar erholt sich der Körper nicht, Wachsamkeit, Reaktionsvermögen und kognitive Leistungsfähigkeit können durch die kurze Regenerationszeit aber deutlich gesteigert werden. Eine NASA-Studie unter Piloten stellte beispielsweise fest, dass sie nach einem Powernap um 54 Prozent wachsamer waren und 34 Prozent mehr Leistung erbrachten.[80] Der Schlafentzug wurde also langsam, aber sicher zu einem größeren Problem. Ich war jetzt schon knapp 2000 Kilometer und etwa vier Tage lang unterwegs, insgesamt hatte ich davon etwa neun Stunden geschlafen.

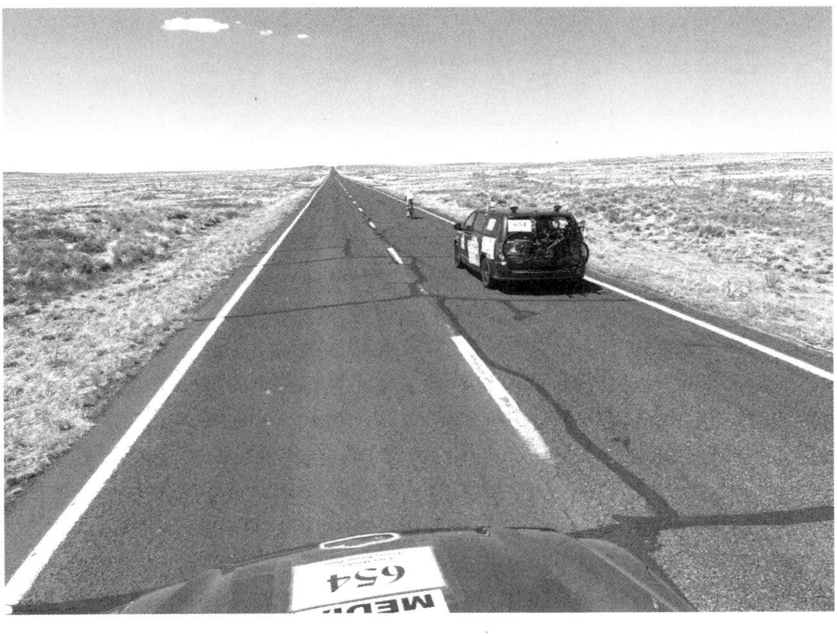

Colorado – die Rocky Mountains sind hinter uns. (Foto: Hubert Siller)

Wir kamen durch Kim, eine winzige Stadt in Colorado. Nach etwa 100 Kilometern der erste Ort. Viel zu sehen gab es nicht. Gerade einmal 74 Menschen leben dort. 2019 erreichte eines unserer Begleitfahrzeuge die Ortschaft mit fast leerem Tank und war froh, eine kleine Self-Service-Tankstelle zu finden. Alle Versuche, mit der Kreditkarte zu bezahlen, scheiterten aber. Eine LKW-Fahrerin, die gerade ihren Truck betankte, beobachtete das und fragte freundlich, ob sie helfen könne. Andi bat sie um ihre Kreditkarte, wir könnten ihr Bares für eine Tankfüllung geben. Wie ganz selbstverständlich half sie aus. Als sie erfuhr, dass wir am RAAM teilnahmen und Spenden für die Ausrottung der Kinderlähmung sammelten, weigerte sie sich, unser Geld anzunehmen. Sie lud uns auf die Tankfüllung ein, bedankte sich dafür, dass wir uns für ein Charity-Projekt engagierten und fuhr weiter.

Die Wüste lag erfolgreich bezwungen hinter uns, die Rocky Mountains ebenso. Jetzt begann ein Streckenabschnitt, vor dem sich die meisten fürchten: Kansas und Missouri, etwa 1000 Kilometer ebene Geraden bei ungünstigen Windverhältnissen. Jetzt begann der Kampf im Kopf endgültig, und es zeigte sich immer mehr, wer die mentale Stärke besaß, um dieses Rennen zu finishen.

Bei dieser Etappe musste ich großteils ohne mein Media Team auskommen. Roland musste aus beruflichen Gründen zurück nach Österreich, weshalb ihn Hubert und Martin nach Wichita in Kansas brachten. Von dort aus flog er nach München. Schade, sein Humor und seine gute Laune würden mir fehlen! Über Kansas habe ich nicht viel zu berichten: Es war heiß, langweilig, und es stank unermesslich nach verwesenden Tieren am Straßenrand. Roadkill, wie die Amerikaner sagen. Unerträglich! Der Geruch der Rinderfarmen, vor allem bei Dodge City, in denen Zehntausende von Tieren in der Hitze und auf staubtrockenem Boden auf ihre Erlösung im Schlachthof warten, war entsetzlich. In diesem Jahr war es besonders heiß, und in der Nacht kühlte es kaum ab. Aus den Nachrichten erfuhren wir, dass in dieser brütenden Hitze an die 2000 Tiere verendeten. Die Straßen führen stundenlang ohne Kurven geradeaus. Fast ein Highlight, wenn der Straßenverlauf nach 200 Kilometern im 90-Grad-Winkel die Richtung ändert! Man tritt und tritt und hat das Gefühl, man kommt nicht voran, die Landschaft ändert sich einfach nicht.
2016, als wir hier im Viererteam unterwegs waren, machte ich in mein Renntagebuch zwei Einträge über Kansas:

> „Für die nächsten tausend Kilometer gibt es nicht viel zu berichten. Flach und eintönig. Nur die Getreidespeicher sind die einzige Abwechslung in der Landschaft. Alle 10 bis 20 Kilometer steht einer. Manchmal links und manchmal rechts. Einige sind weiß, andere eher grau. Gelbe habe ich auch schon gesehen. Manchmal stehen drei beieinander, oder vier. Oft aber auch fünf. Wer Getreidespeicher liebt, dem gefällt es hier. Es gibt auch Mähdrescher. Die meisten sind sehr groß und von John Deere. Die verkaufen wohl sehr viele hier. Kleine Mähdrescher sieht man selten ... Nach 140 Kilometern geradeaus plötzlich eine Abwechslung: ein Stoppschild. Jetzt ja keinen Fehler machen. Stehen bleiben, Fuß auf den Boden und dann erst weiterfahren. Es könnte ein Race Official irgendwo stehen und beobachten. Wir wollen keine Zeitstrafe. Aber wahrscheinlich gefällt es den Officials in Kansas eh nicht ...
>
> Kansas ist ein flaches Land. Alles ist hier flach. Die Straßen, die Wiesen und die Felder. Sogar die Tiere sind flach. Die Gürteltiere zum Beispiel. Oder die Waschbären und die Hasen und die Schlangen. Sogar Schildkröten sind hier flach. Und tot sind sie auch. Das liegt wohl an den vielen Trucks. Die sind hier nicht so flach. Irgendwo anders, wo es nicht so flach ist, gefällt es mir besser. In Tirol zum Beispiel."

Wie erwartet, hatte ich mit ständigem Seitenwind zu kämpfen. Florian und Martin hielten im Radsportnews-Renntagebuch fest:

> „Der Wind aus Süden hielt während der gesamten Etappe an und war so stark, dass die Begleitfahrzeuge die Beifahrertür kaum aufbrachten. Für Kurt kam der Wind immer von rechts und hat ihn (und alle anderen in diesem Gebiet) beim kontinuierlichen Fahren gestört. Einige kurze Verbindungsstraßen in Richtung Norden brachten Rückenwind. Ein Crewshift genau an der Grenze zu Kansas verlief perfekt und auch das Material hielt den Anforderungen stand. Gegen 18:00 Uhr erreichte Kurt den Punkt, an dem er die Etappe beenden und in Dodge City seine Ruhepause antreten konnte. Müde, vom ständigen Wind genervt, aber mental und körperlich noch immer stark, präsentierte er sich bei der Ankunft. Weiter geht's ab 22:00 Uhr, und zwar noch einen Tag lang geradeaus mit Seiten- oder Gegenwind durch Kansas. Ca. 60 Kilometer nach dem Start wartet die Halfway-Linie auf ihn."

Tag 6 – Die großen Schmerzen

Endlich der Halfway Point! Die Hälfte war geschafft, das war die gute Nachricht! Daran denken, dass es bis ins Ziel in Annapolis noch einmal so lange dauerte, durfte ich aber nicht. Die erste Hälfte war trotz aller Schwierigkeiten noch relativ problemlos gewesen. Die Wüste überstanden wir gut, die Rocky Mountains und selbst der starke Wind in Kansas konnten uns nicht viel anhaben. Doch allmählich war ich erschöpft und ausgelaugt, Schmerzen, Schlafentzug und mangelnde Motivation begannen immer mehr zum Problem zu werden. In Oceanside, beim Start, war ich frisch und voll motiviert gewesen. Aber der Halfway Point war ein großer Meilenstein, noch nie bin ich so weit mit dem Rad gefahren. Und die gleiche Strecke sollte nun noch einmal auf mich zukommen!

> „Gestartet kurz hinter Montezuma um 22 Uhr (OZ) macht sich Kurt auf den zweiten Teil der Reise durch Kansas. Der Seitenwind ist mittlerweile zu starkem Gegenwind geworden. Kurts lapidarer Kommentar: ‚Gegenwind ist der beste Trainingspartner.' Er kommt in der Nacht sehr gut voran und erreicht gegen zwei Uhr früh den ‚Halfway Point', 7,8 Meilen hinter der Time Station in Greensburg. Drei der vier Support-Teams sind bei diesem großen Augenblick dabei und beglückwünschen Kurt zu 2500 absolvierten Rad-Kilometern. Solche Aktionen und Gruß-Videos von Sportler-Kolleg/innen geben ihm große Motivation. Die wenigen Minuten mit seiner Crew, die sich immer besser einspielt, genießt Kurt sehr."

Seit ein oder zwei Tagen schon plagten mich entsetzliche Knieschmerzen, die immer in den Pausen einsetzten. Ich kannte das vom Race Around Austria. Die Schmerzen waren so heftig, dass ich mich im Campingsessel krümmte. Ich wusste nun, dass sie mein ständiger Begleiter für die restlichen 2500 Kilometer sein würden. Alle drei Stunden, während meiner kurzen Pausen, erwartete mich diese Tortur. Ich wusste, dass Knieschmerzen normal sind und dass die Ursache der Schmerzen keine langfristigen Schäden zur Folge hatte. Es waren lediglich Schmerzen. Und so konnte ich sie ertragen. In den Schlafpausen versuchte ich, diesen Qualen durch Schlaf- und Schmerzmittel möglichst zu entgehen. Trotzdem wachte ich immer wieder auf und stöhnte vor Schmerz. Keine schönen Aussichten für den Rest des Rennens. Mir wurde klar, dass ich nun bis ins Ziel nicht nur mit kumuliertem Schlafmangel und der Erschöpfung zurechtkommen musste, sondern ab jetzt auch mit diesen

Schmerzen. Das Einzige, was mir einigermaßen guttat, waren Massagen. Zoli, Ruth, Alex und Liane wussten genau, wo sie mit ganzer Kraft zudrücken mussten, um die Muskulatur zu entspannen. Das Positive war, dass ich wusste, dass sich die Schmerzen nach ein paar Minuten auf dem Rad wieder bessern würden. Eigentlich Motivation genug, um meine Pausen sehr kurz zu halten. In der Schlafpause blieb Alex, meine Teamärztin, immer bei mir. Sie massierte mich in den Schlaf und meinte einmal: „Jedes Mal, wenn ich aufhöre, dich zu massieren, wachst du auf!"

Alex schlief ungefähr genauso wenig wie ich und begann ebenfalls, unter Schlafentzug zu leiden. Einmal passierte es sogar, dass sie während der Schlafpause und noch während sie mich massierte auf mir einschlief – ich hatte nichts mitbekommen.

An einem Tag hatte ich so starke Schmerzen, dass Alex mir schon tagsüber eine Schmerztablette verabreicht hatte, für die Schlafpause bekam ich dann noch eine. Als ich nach etwa einer Stunde aber aufgrund der Schmerzen wieder aufwachte, verlangte ich nach einer weiteren. Sie willigte ein, und ich schlief augenblicklich wieder ein. Nach dem Rennen erfuhr ich, dass es sich bei der dritten Tablette um ein Placebo gehandelt hatte! Alex hatte mir keine mehr geben können, die Dosis war schon hoch genug, und sie wusste, welche Rolle der Kopf in punkto Schmerzen spielt.

Seit ein oder zwei Tagen machte sich auch mein Nacken bemerkbar. Ich hatte Angst, dass sich Shermer's Neck entwickelte. Shermer's Neck beschreibt ein typisches Race Across America-Phänomen, das einer der häufigsten Gründe für ein DNF ist. Aufgrund einer Überbelastung der Nackenmuskulatur kann es dazu kommen, dass Radfahrer den Kopf nicht mehr aufrecht halten können. Das ist nicht nur gefährlich, weil der Blick nach vorne eingeschränkt ist, sondern Shermer's Neck kann möglicherweise auch zu Folgeschäden bis hin zu Lähmungen und Querschnittssymptomatik führen. In einer wissenschaftlichen Publikation aus dem Jahr 2015 beschreiben die zwei Wissenschaftler Berglund und Berglund von der Universität Stockholm Shermer's Neck wie folgt:

> „Shermer's Neck wurde erstmals 1983 bei einem Ultra-Distanz-Radfahrer beschrieben und ist oft mit Nackenschmerzen (bei unserem Patienten Diplopie als erstes Symptom) und Erschöpfung und beeinträchtigter motorischer Nackenfunktion mit der Unfähigkeit, den Nacken gegen die

> Schwerkraft zu strecken, verbunden. Die erstmals im Zusammenhang mit Shermer's Neck beschriebene Diplopie wurde beim Anheben der Augen und beim Blick in die Ferne verstärkt, was höchstwahrscheinlich auf Erschöpfung in den Hebemuskeln des Auges zurückzuführen ist. Shermer's Neck erscheint normalerweise nach 800 km Nonstop-Radrennen. Zu den Risikofaktoren gehören frühere Nackenverletzungen, langes Verweilen im Aerolenker und das Tragen von Helmlampen/Kameras. Zur Vorbeugung gehören Nackenkrafttraining, Muskeldehnung, Lenkererhöhung und verschiedene Arten der Kinnstütze. Die wichtigste Behandlung ist Ruhe und kein Fahrradfahren. Bei unserem Patienten normalisierte sich die Diplopie nach 4 Stunden Schlaf. Es kann 2–14 Tage dauern, bis die volle Nackenmotorik wiedererlangt ist. Wenn viele untrainierte Personen an beliebten kürzeren Rennen über etwa 300 km teilnehmen, muss die Möglichkeit der Entwicklung von Shermer's Neck und Diplopie (Berglundsche Diplopie) berücksichtigt werden.“[81]

Michael Shermer war einer der ersten Race Across America-Teilnehmer im Jahr 1982. Bei seinem zweiten Versuch musste er wegen der eben beschriebenen Nackenbeschwerden aufgeben, das Phänomen wurde nach ihm benannt. Der Tiroler Patric Grüner musste aufgrund von Shermer's Neck im Jahr 2017 das Rennen auf Position zwei etwa 1200 Kilometer vor dem Ziel beenden. In einem Interview auf MeinBezirk.at meinte er auf die Frage, ob er selbst schon geahnt hatte, dass das Rennen für ihn bald vorbei sein würde:

> „Geahnt habe ich es in der letzten Nacht, wo ich 100 Kilometer bis zum Wohnmobil mit dem Kopf in der Hand abgestützt und einhändig gefahren bin. Da habe ich gemerkt, dass die Kacke am Dampfen ist. Ich habe zwei Stunden im Motel geschlafen, mit der Hoffnung, dass es besser wird. Die Betreuer haben mir dann das Rad umgebaut: eine Eigenkonstruktion, dass ich den Kopf auflegen kann. Brachte aber nichts, genauso wenig wie die Halskrause oder ein Polster, auf dem ich den Kopf auflegen konnte. Da schlug ich mir sogar dreimal die Lippen auf. Auch das Gegengewicht hinten runterzuhängen, hatte keinen Sinn mehr. Ich hab das Rad schnell wieder gewechselt und gemerkt, dass es richtig kritisch wird. Ganz schlimm war es, als ich auf eine Stopptafel bei einer Kreuzung zugefahren bin und beim Rechtsabbiegen nicht mehr links geschaut habe. Zudem konnte ich nur noch 10 bis 15 Meter sehen. Da habe ich gewusst, jetzt geht es nicht mehr

weiter … ich konnte den Kopf nicht mehr hochhalten. Keiner wusste, was mit den Nervenbahnen im Genick gewesen wäre, wenn ich weitergefahren wäre. Später wurde mir gesagt, ich hätte dieses Problem ziemlich ausgereizt."

Auch 2022 tauchte Shermer's Neck bei RAAM-Teilnehmern auf. Ohne mit ihnen ein Wort zu wechseln, kann man es an den kreativen Konstruktionen, die sie tragen, um den Kopf zu stabilisieren, erkennen. 2019 zum Beispiel hatte ich einen Teilnehmer gesehen, der irgendwo eine Zaunlatte abgerissen hatte, die er sich auf dem Rücken befestigte und mit einer Schlaufe zum Kinn band. Diese Konstruktion sollte sein Kinn halten. Andere montierten Pringles-Dosen auf den Lenker, auf die sie ihr Kinn stützten.

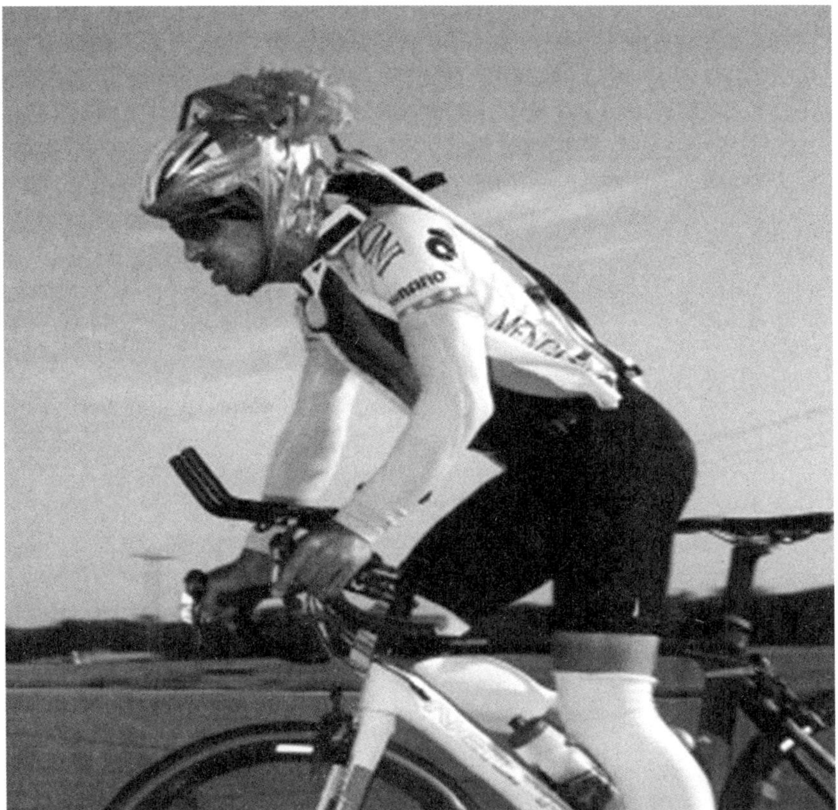

Alberto Blanco mit Shermer's Neck beim RAAM 2011 – er schaffte es damit auf den vierten Platz. (Foto: Vic Armijo)

In der Vorbereitung hatte ich daher alles getan, um Shermer's Neck während des Rennens zu vermeiden. Mit EMS-Training stärkte ich meine Nackenmuskulatur. Der Südtiroler RAAM-Finisher Martin Bergmeister gab mir den wertvollen Tipp, mit Bleigewichten im Radhelm zu trainieren. Ein weiteres spezielles Nackentraining schaute ich mir von den Bobfahrern ab, die im Eiskanal enormen Fliehkräften ausgesetzt sind. Ein Selbstversuch im Eiskanal in Innsbruck-Igls bestätigte die Notwendigkeit, in den Kurven konnte ich im Bob den Kopf kaum gerade halten. Eine gute Übung war es für mich, in Liegestützposition ein Theraband unter beiden Händen durch und um meinen Kopf zu schlingen, um dann den Kopf mehrmals anzuheben und meine Nackenmuskulatur zu stärken. Das war sehr effektiv. Jetzt, während des Rennens, konnten wir nur noch versuchen, das Problem durch Massagen in Griff zu bekommen. Vor allem Zoli, Alex, Ruth und Liane taten ihr Möglichstes.

Es zeigte sich einmal mehr, wie gut wir vorbereitet und wie effizient in unseren Abläufen wir waren. Jede kurze Pause lief streng nach Protokoll und Checklisten ab. Bei jedem Stopp wurde ich massiert. Es gibt viele Fotos, auf denen ich im Campingsessel sitze, gerade was esse oder trinke und von drei Crewmitgliedern an meinen Muskeln bearbeitet werde. Mit dem Zeitfahrrad zu fahren war aber vorerst vorbei, die extreme Aeroposition war für den Nacken einfach zu belastend. Bei den extremen Windverhältnissen in Kansas wäre an das Zeitfahrrad ohnehin nicht zu denken gewesen.

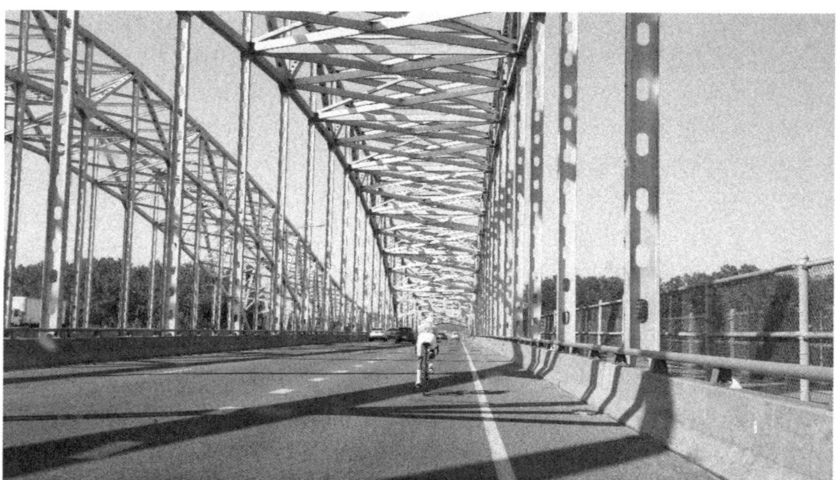

 Eine der unzähligen Brücken. (Foto: Ruth Brandstätter)

Wir waren endgültig im Alltag des RAAM angekommen, und es lief trotz meiner Schmerzen recht gut – wäre nur nicht dieser furchtbare Seitenwind gewesen. Die 500-Kilometer-Etappe von Montezuma/Dodge City nach Fort Scott sollte ich nach meinem Plan mit knapp 27 km/h fahren. Diese Durchschnittsgeschwindigkeit war aber bei den gegebenen Verhältnissen unmöglich erreichbar. Immer öfter traf ich jetzt auch auf andere RAAM-Fahrer. Wir überholten uns immer wieder gegenseitig. Für mich war es erschreckend wie beruhigend zugleich, zu sehen, in welch furchtbarem Zustand sie teilweise waren! Sonnenverbrannt, spröde Lippen, heisere Stimme. Sprach ich sie bei einem Überholmanöver kurz an, zeigten sich gleich ihre größten Probleme. Manche mussten, wollten sie mich ansehen, den ganzen Oberkörper zu mir drehen. Ihre Nackenmuskulatur spielte nicht mehr mit. Andere sahen mich mit geschwollenem Gesicht und geschwollenen Augen an – oder besser, sie blickten durch mich hindurch. Andere hatten gar keine Lust oder vielleicht auch keine Energie mehr für eine Unterhaltung. Erschreckend, dass sie gerade einmal die Hälfte des Rennens hinter sich gebracht hatten und bereits jetzt schon am Ende ihrer Kräfte schienen. Im Vergleich zu ihnen fühlte ich mich relativ frisch. Meine Schlafstrategie zeigte also langsam Wirkung.

Doch auch ich kämpfte immer wieder gegen Sekundenschlaf, vor allem zu Beginn und zu Ende jeder Etappe. In Iola, etwa 70 Kilometer vor meinem nächsten Etappenziel, war noch einmal eine Pause geplant. Bob informierte mich, dass dort der Rotary Club auf mich wartete. Natürlich blieben wir kurz stehen, da ja viele Rotary Clubs auf der Strecke für unser Projekt zur Ausrottung der Kinderlähmung spendeten. Es waren einige Rotarier da, die mich herzlich empfingen und gleichzeitig nicht so recht wussten, wie sie mit mir umgehen sollten. Ich war mittlerweile weit über 2500 Kilometer auf dem Rad, war sichtlich müde und musste mich sehr bemühen, ein paar freundliche Worte zu wechseln. Ich saß in meinem Campingsessel, bekam eisgekühlte Cola, und wir machten ein paar Fotos. Die Pause dauerte etwas länger als geplant, und ein Blick auf die Uhr sagte mir, dass wir an diesem Tag einiges an Zeit verloren hatten. Der Wind war einfach zu stark, und die Temperatur lag immer bei etwa 40 Grad Celsius. Am liebsten hätte ich hier für meine Pause in ein Hotel eingecheckt, um erst danach weiterzufahren. Ich bat Bob darum, mit unserem Crew Chief über diese Option zu verhandeln. Zoli hatte mit mir jedoch kein Erbarmen. Wir mussten weiter.

Ruth hielt im Facebook-Tagebuch fest:

> „Nach jedem Hoch kommt auch ein Tief ... und da muss er grad durch. Kurt lieferte eine sensationelle Leistung am Rad, hatte heute richtig Spaß, aber jetzt kam der sprichwörtliche Hammer und er ist mental grad in einer sehr schwierigen Phase. Wollte Etappe nicht mal bis zur Schlafpause durchziehen ☹.
> Natürlich erhielt er von seiner Crew, allen voran seinem Crew Chief Zoltán Bogdán und seiner Ärztin Alexandra Podpeskar, obwohl er's mit allen Mitteln versuchte, dafür keine Erlaubnis. Er hat die Diskussion verloren und radelt 😉💪, weil morgen wartet RAAMbazamba #stage7 und es wird nicht leichter😏."

Auf den letzten Kilometern nach Fort Scott kämpfte ich so hart wie noch nie zuvor in diesem Rennen gegen die Müdigkeit an. Ich war nun schon seit 23 Stunden und knapp 500 Kilometer unterwegs und konnte mich nur noch wie in Trance fortbewegen. Von hinten hörte ich plötzlich ein heftiges Hupen. Ich erschrak, blickte zurück, dann nach vor und sah, dass ich auf der falschen Straßenseite unterwegs war. Auf der Gegenspur ein Auto, Gott sei Dank noch in sicherem Abstand auf mich zukommend! Für meine Crew und mich war diese Schrecksekunde eine weitere wichtige Lektion. Wir mussten ab jetzt noch viel vorsichtiger sein. Sekundenschlaf auf dem Rad durfte uns einfach nicht passieren! Der Vorfall zeigte mir aber auch, dass meine Leute sehr wachsam waren und gut auf mich aufpassten.

Als ich endlich im Hotel ankam, stand Hubert an der Einfahrt: „Super Kurt, vierter Platz!", sagte er.
Ich kann mich nicht mehr erinnern, ob es an meiner eingeschränkten Wahrnehmungsfähigkeit lag, aber schlussendlich dachte ich, das sei ein Scherz. Bis dahin hatte ich keine Ahnung gehabt, an welcher Stelle ich lag. Ich wollte es auch nicht wissen, da ich das Rennen für mich und unser Spendenprojekt fuhr, bei meiner Strategie bleiben und mich durch andere Rennteilnehmer keinesfalls beeinflussen lassen wollte. Irgendwie beschäftigte mich diese Aussage aber dann doch. Konnte das vielleicht stimmen? Ich hatte ja tatsächlich immer wieder Radfahrer überholt!

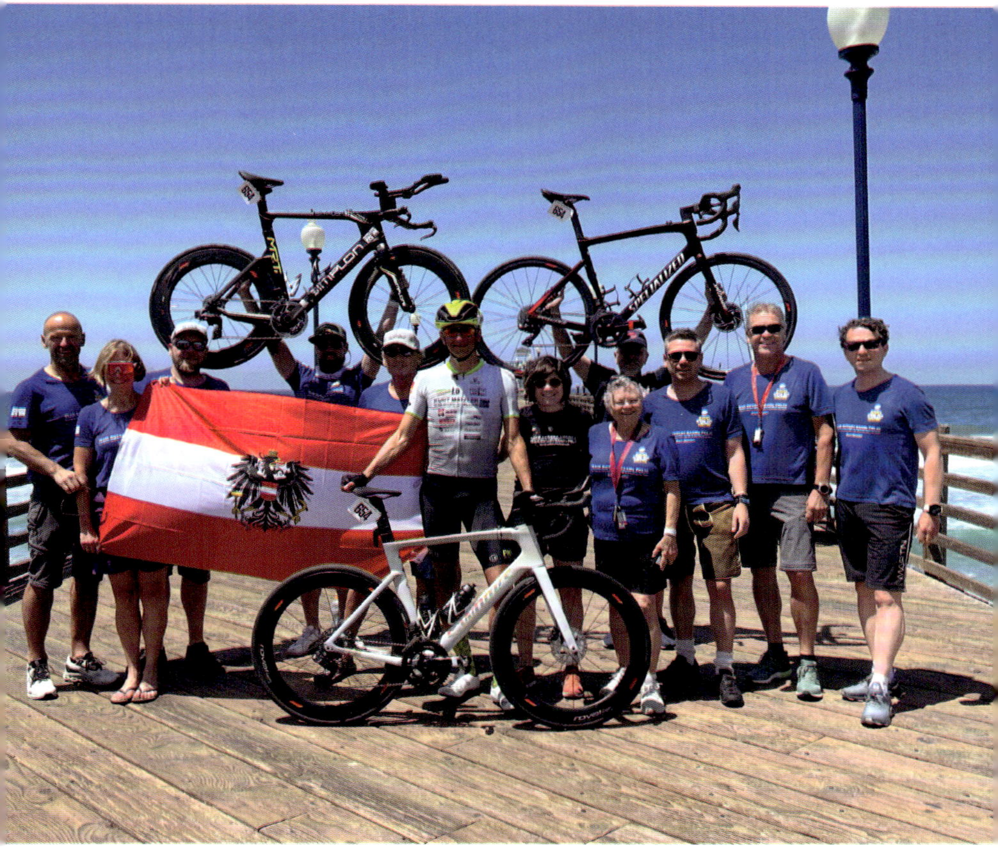

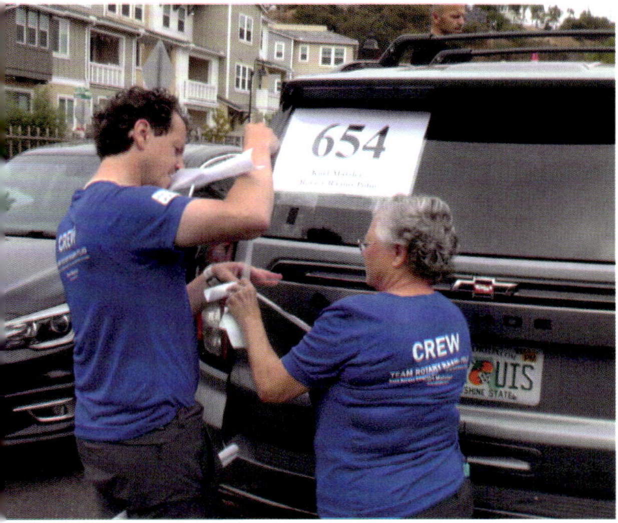

▲ Oceanside vor dem Start: Das Team ist fast komplett – es fehlt nur noch Liane.
(Foto: Hubert Siller)

◀ Die Begleitfahrzeuge werden vorbereitet.
(Foto: Martin Ebster)

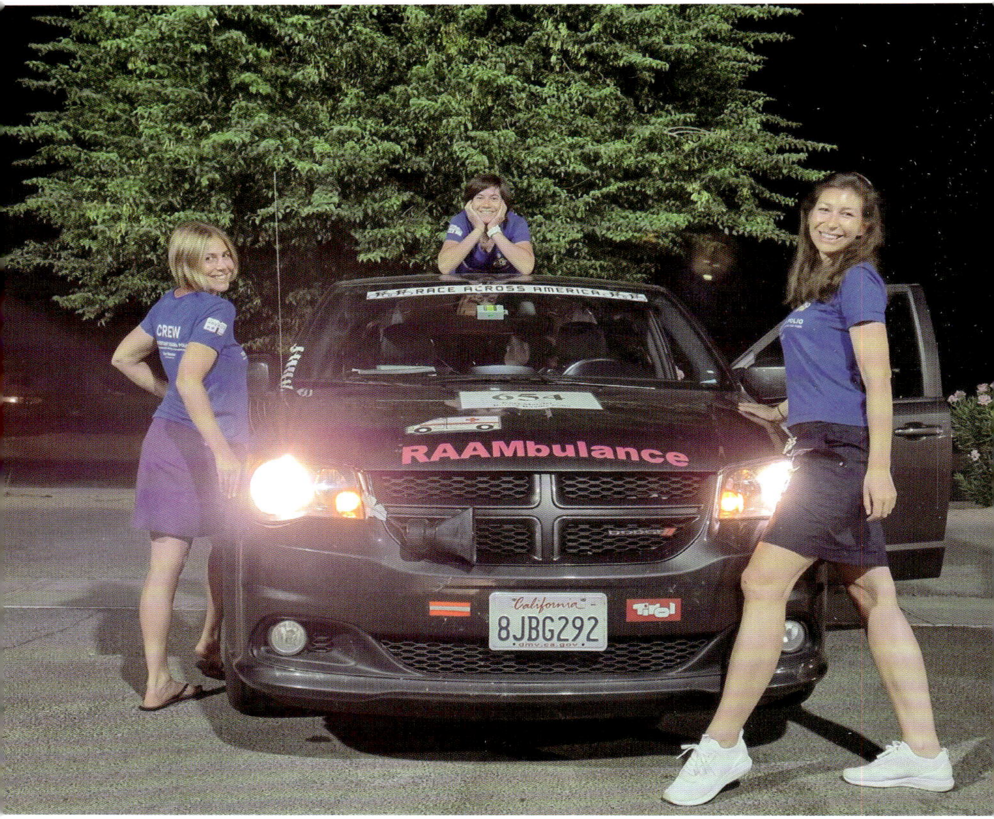
RACE ACROSS AMERICA
654
RAAMbulance
California
8JBG292
dmv.ca.gov
Tirol
CREW

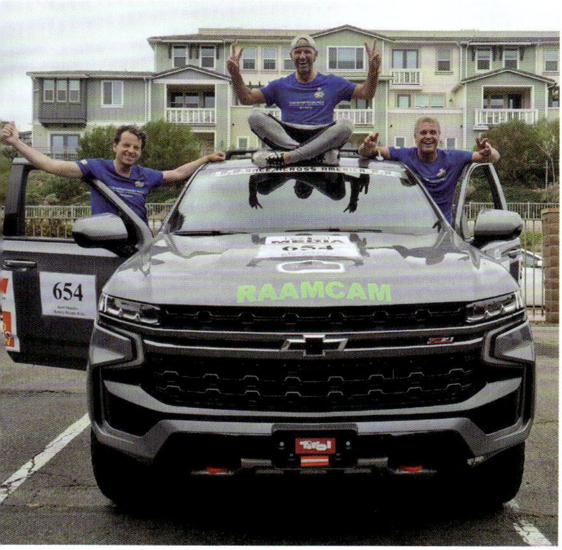
RACE ACROSS AMERICA
MEDIA
654
RAAMCAM
Tirol

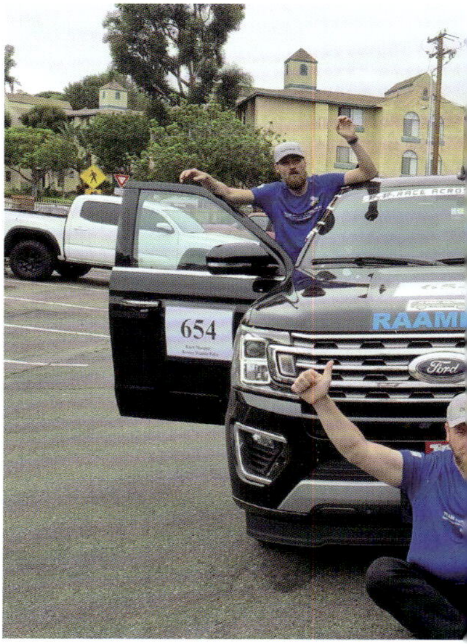
654
RAAM

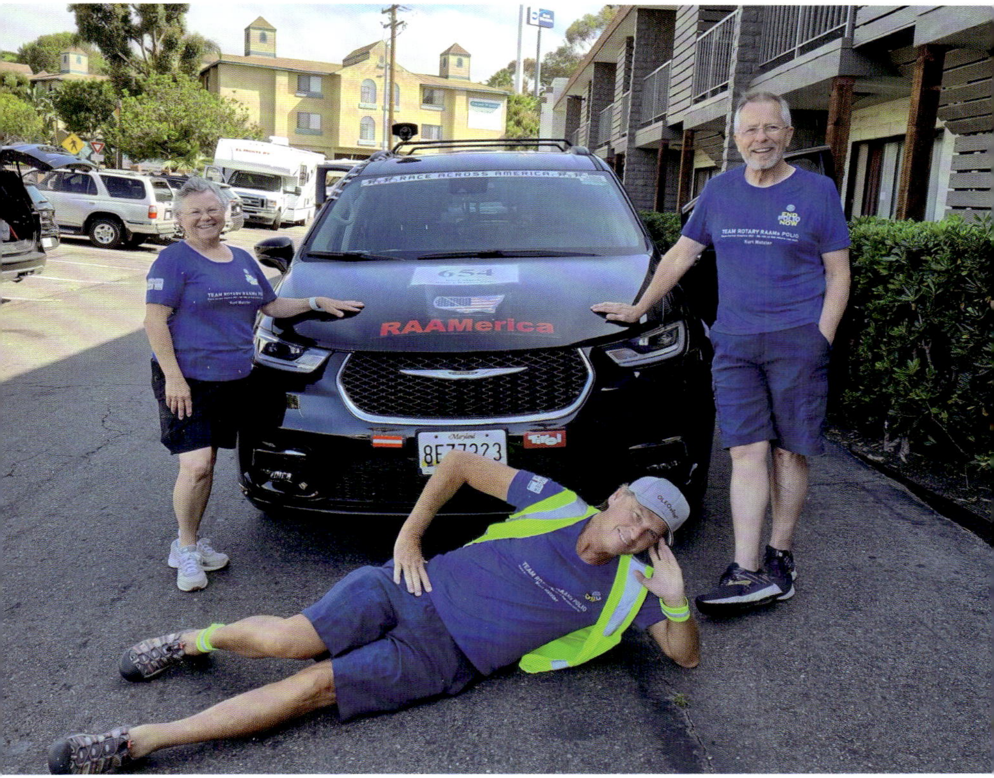

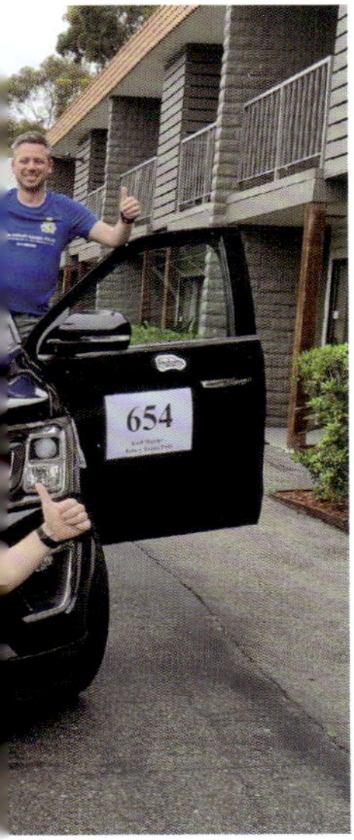

◤ RAAMbulance Car: Ruth Brandstätter, Alexandra Podpeskar, Liane Fendt (von links).
(Foto: Martin Ebster)

▲ RAAMerica Car: Darlene McKenzie, Bill Clark, Bob McKenzie (von links).
(Foto: Ruth Brandstätter)

◀◀ RAAMCAM (RAAMedia Car): Roland Volderauer, Hubert Siller, Martin Ebster (von links).
(Foto: Ruth Brandstätter)

◀ RAAMbler Car: Zoltàn Bogdàn, Balàsz Vargas, Florian Phleps (von links).
(Foto: Ruth Brandstätter)

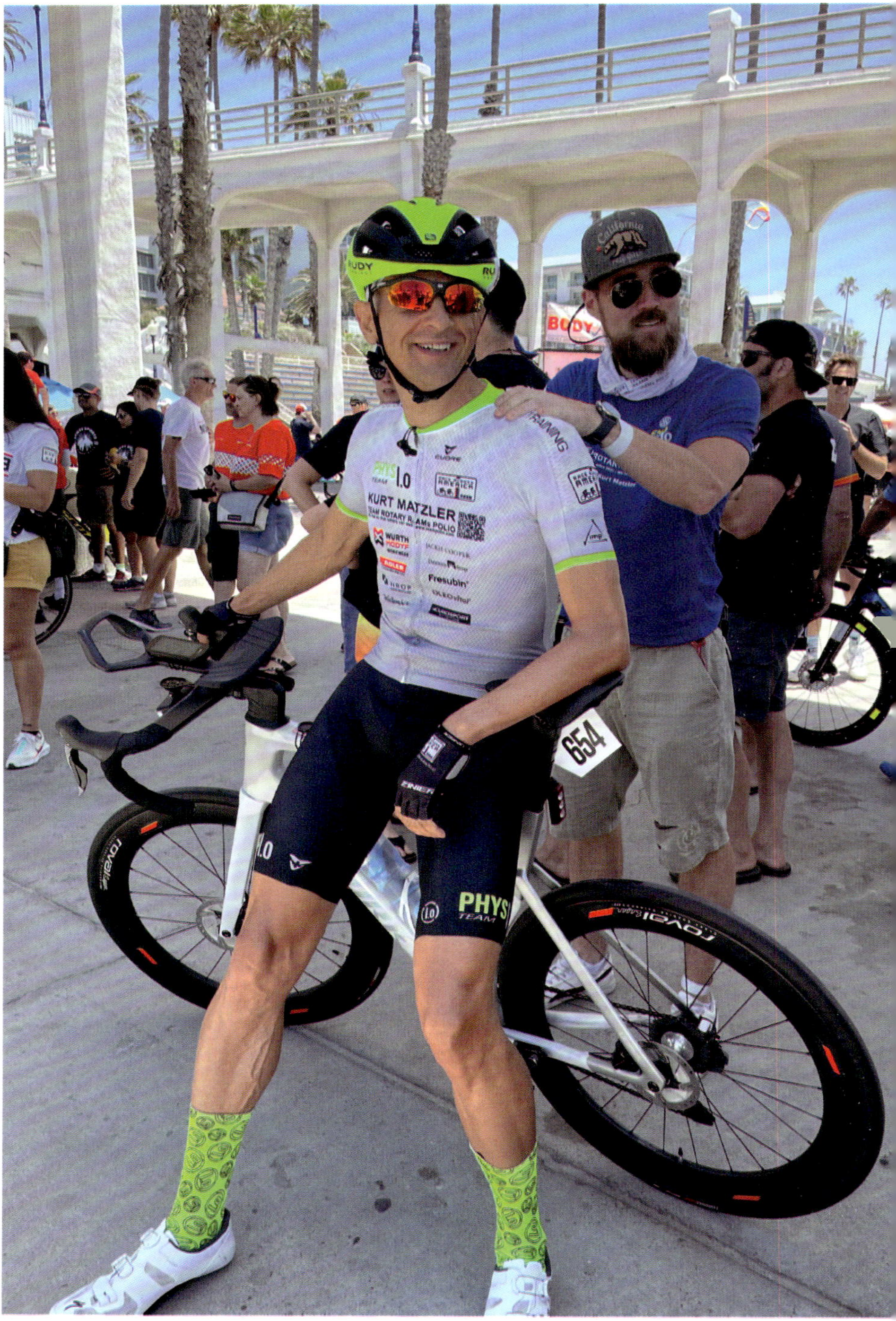
KURT MATZLER
TEAM ROTARY RAAMs POLIO
PHYS
Fresubin
654
PHYS
TEAM

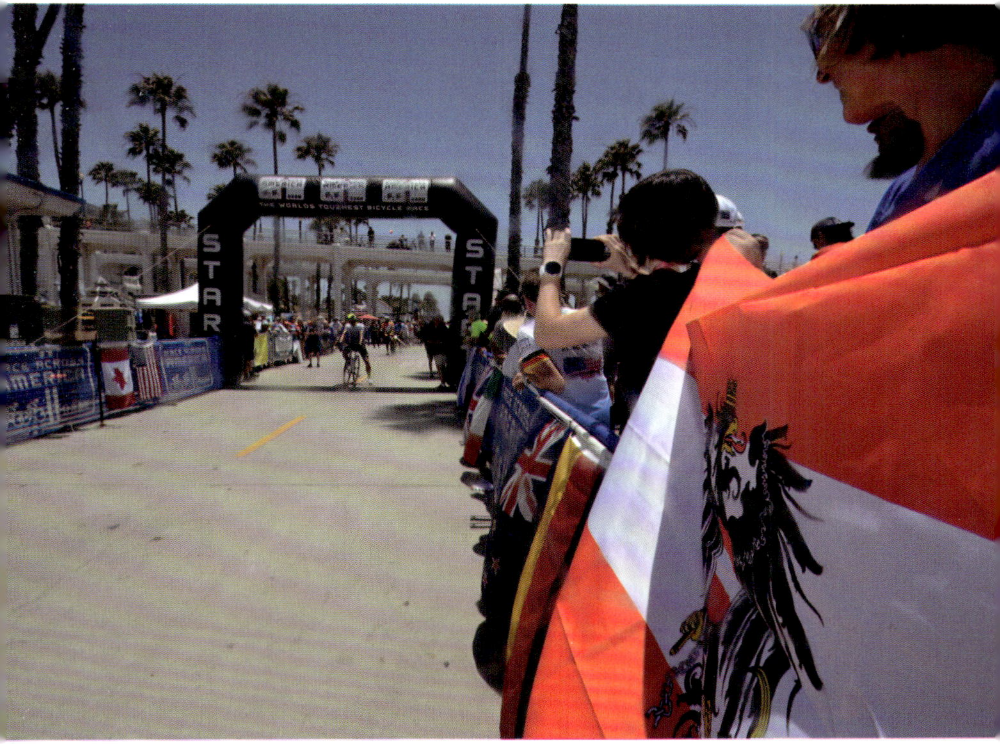

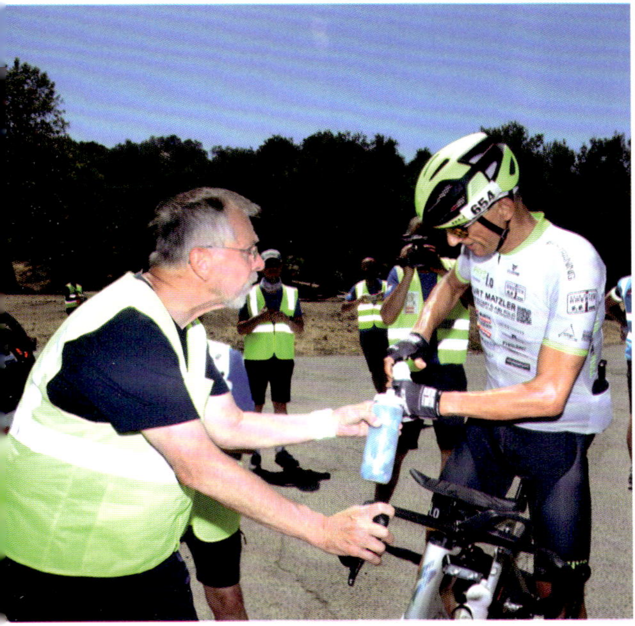

◀◀ Entspannung kurz vor dem Start.
(Foto: Florian Phleps)

▲ Start in Oceanside, 14. Juni 2022, 13:05 Uhr.
(Foto: Vic Armijo)

◀ Versorgung am Straßenrand.
(Foto: Vic Armijo)

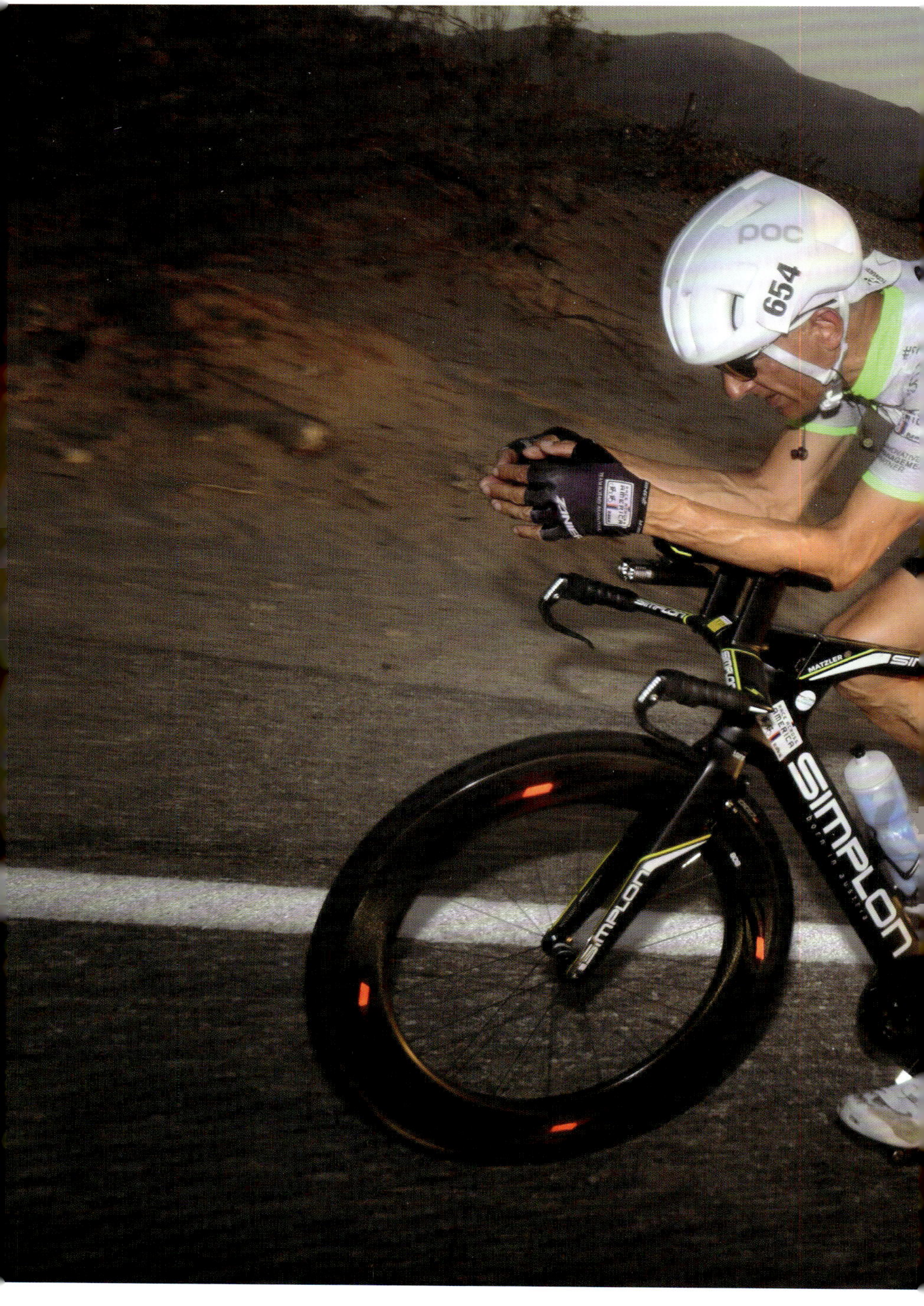
poc
654
MATZLER
SIMPLON

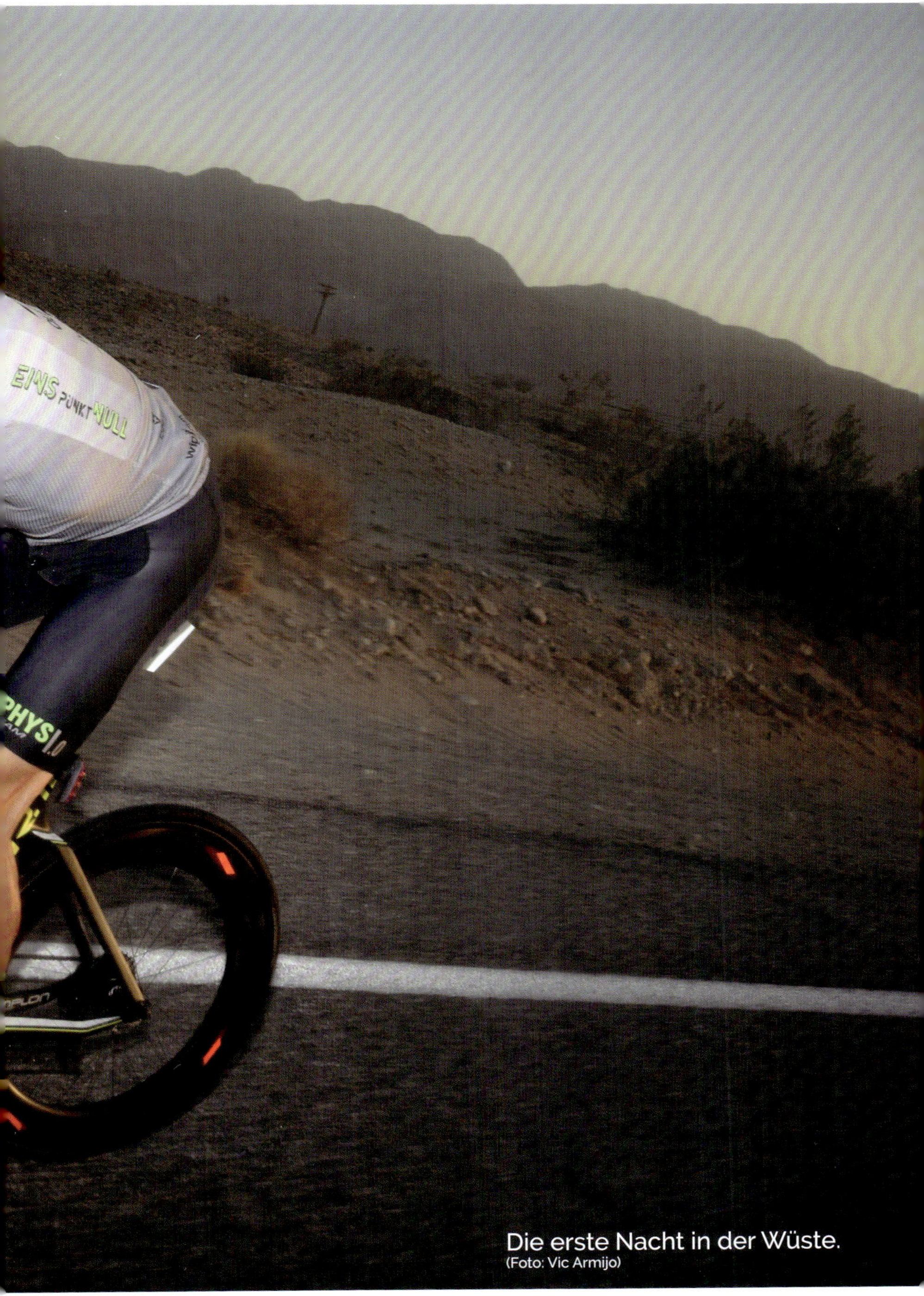

Die erste Nacht in der Wüste.
(Foto: Vic Armijo)

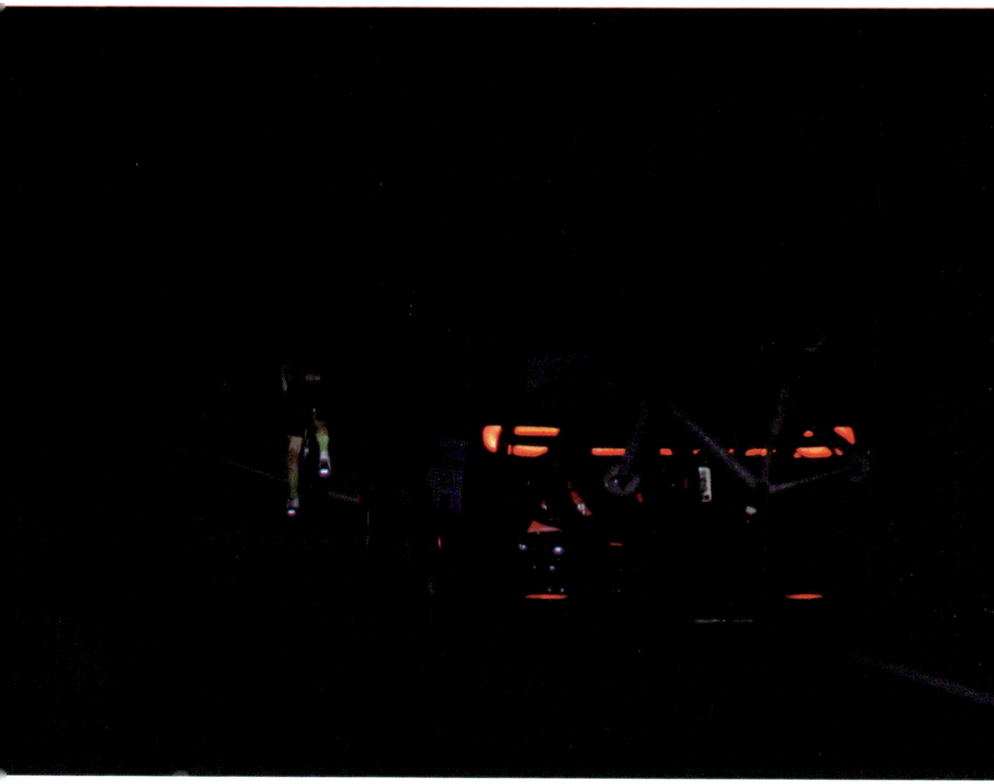

▲ Vollmond in der Wüste.
(Foto: Martin Ebster)

◥ Erste Schlafpause in Salome, die Crew hat Spaß.
(Foto: Ruth Brandstätter)

▶▶ Die Media Crew am Yarnell Grade in der Wüste von Arizona.
(Foto: Hubert Si.ler)

▶ Frühmorgens in der Wüste.
(Foto: Kurt Matzler)

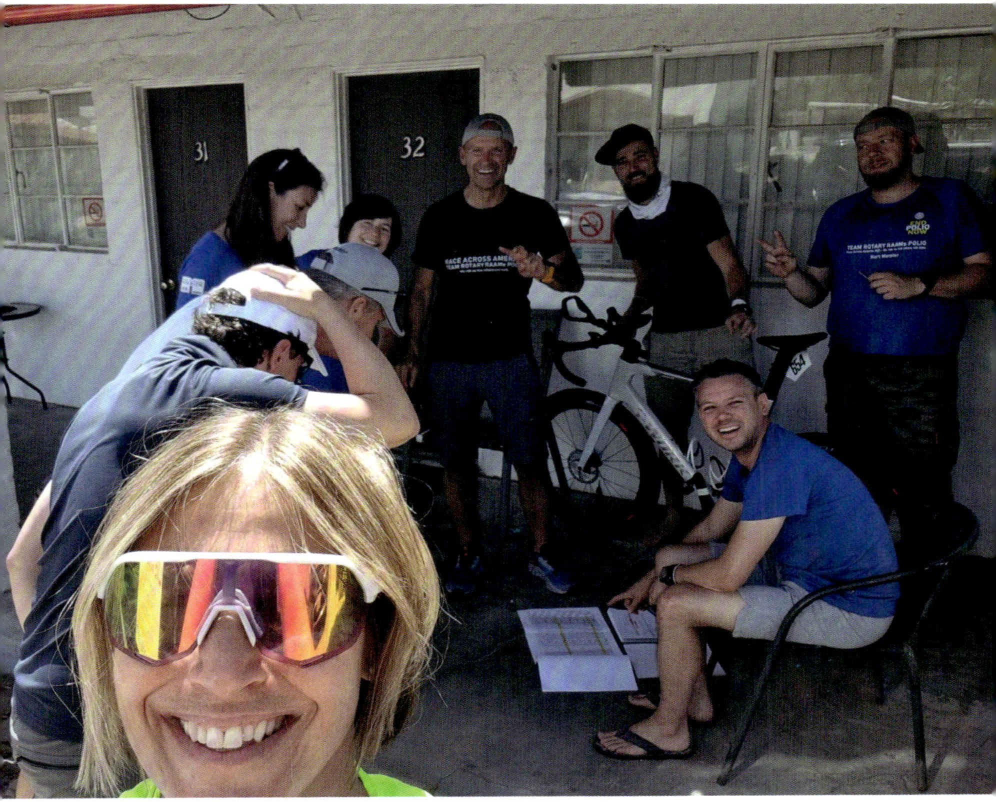
31
32
TEAM ROTARY RAAMs POLIO

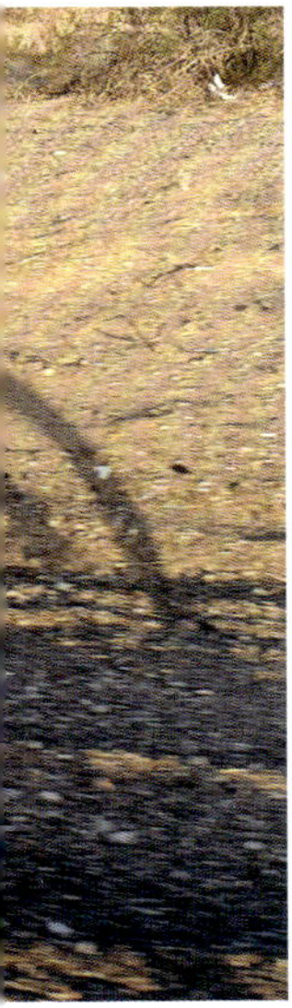

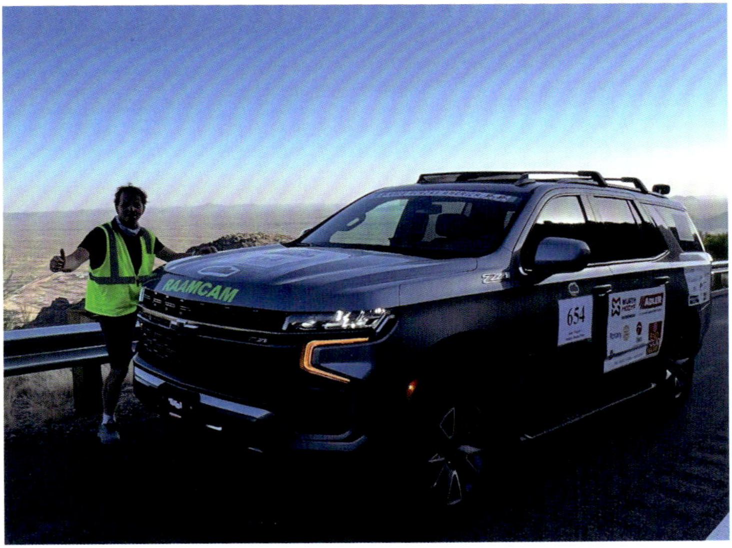
RAAMCAM
654

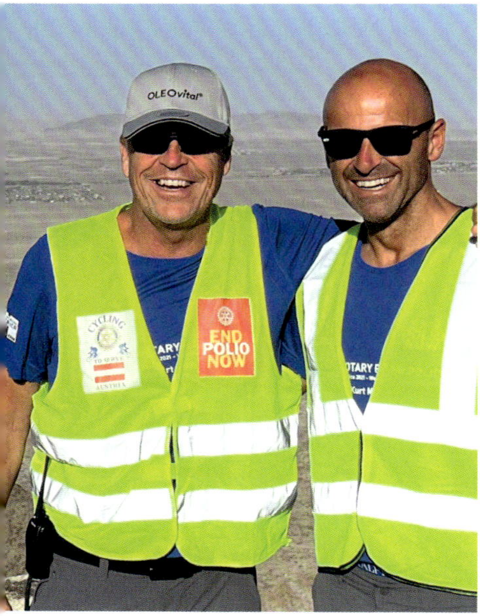
OLEOvital
END POLIO NOW

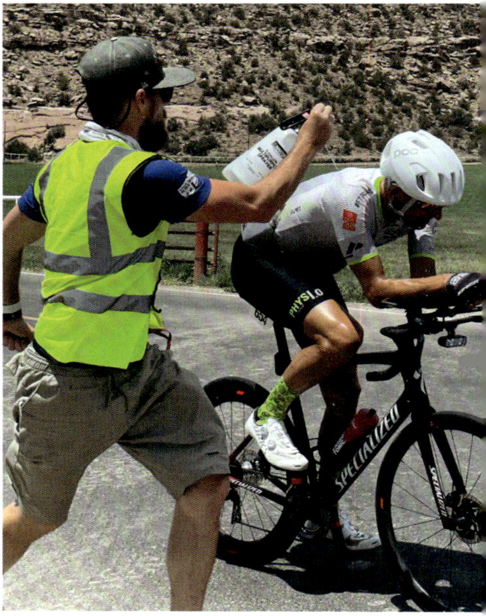
SPECIALIZED

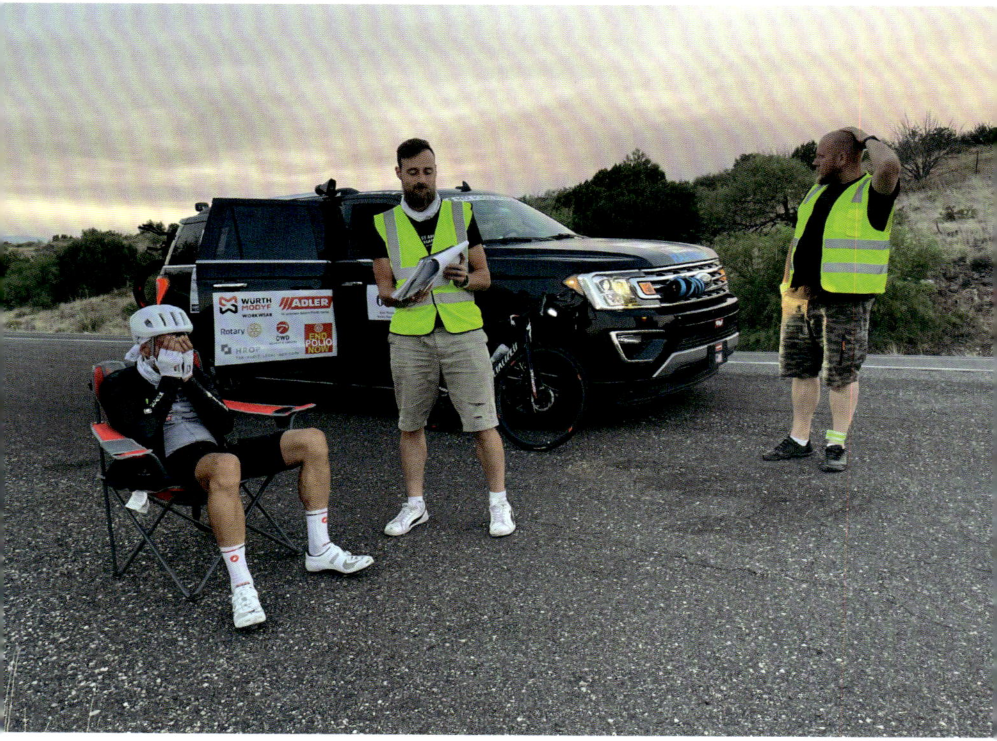
WÜRTH MODYF
WORKWEAR
ADLER
Rotary
END POLIO NOW

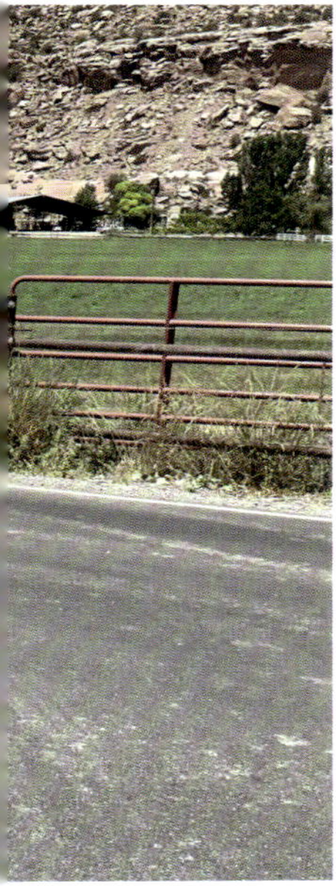

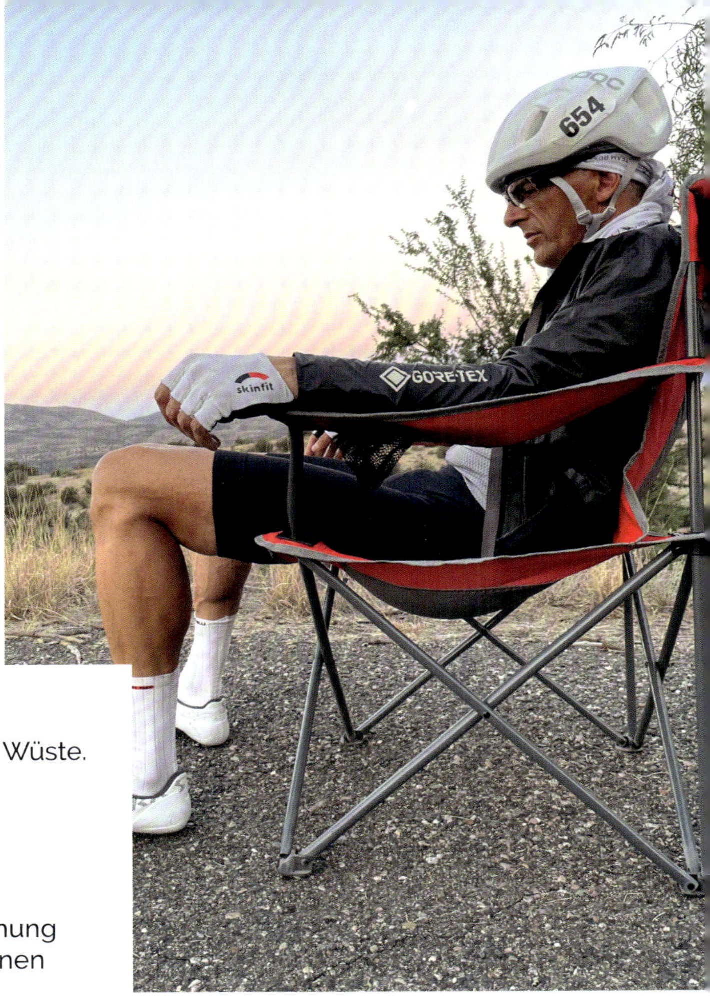

Das Media Team in der Wüste.
:o: Roland Volderauer)

Etwas Abkühlung.
:o: Florian Phleps)

Fünf Minuten Entspannung
ıch einer durchgefahrenen
acht.
to: Florian Phleps)

Verzweiflung am zweiten
enntag: Große Umleitung
n Flagstaff und zwei defekte
äder.
to: Florian Phleps)

Schlafpause in Tuba City.
ır die Crew gab es kein Zim-
er – Alex, meine Ärztin, schläft
n Gang.
to: Ruth Brandstätter)

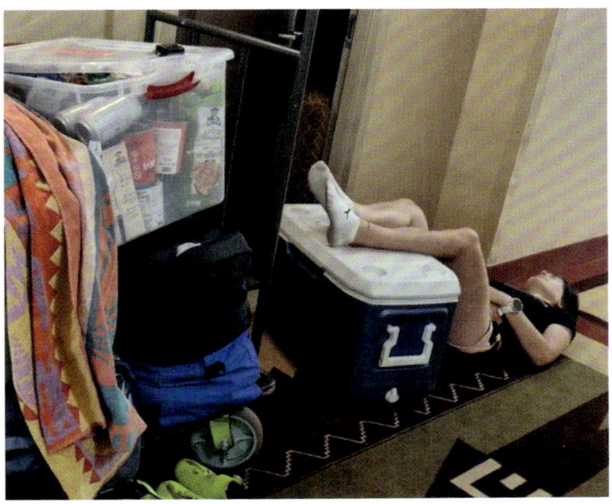

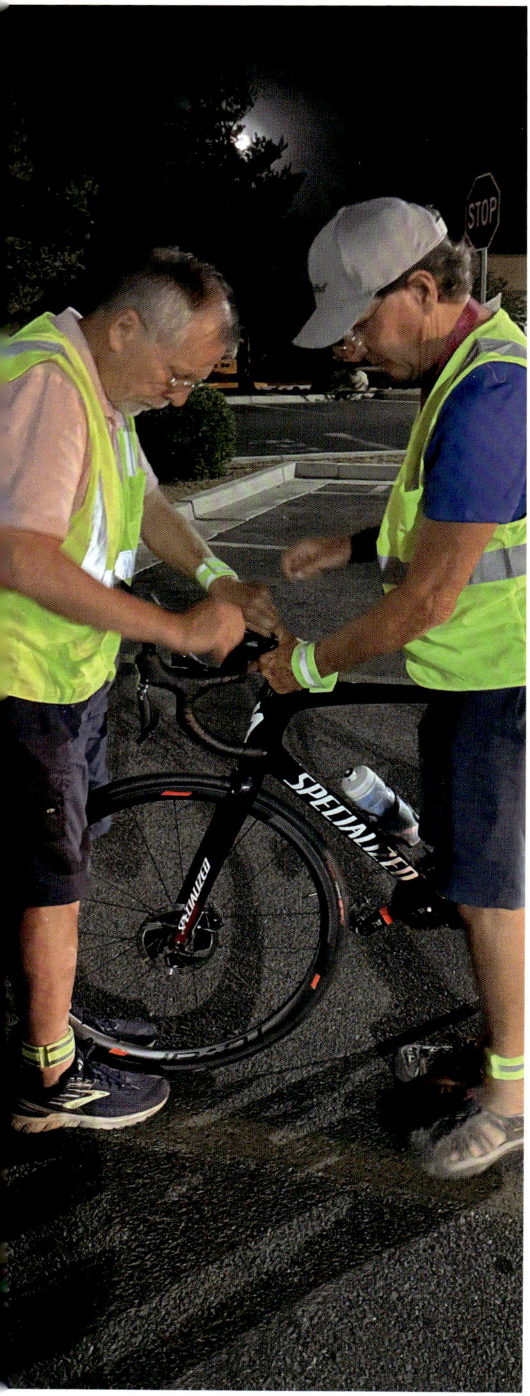
STOP
SPECIALIZED

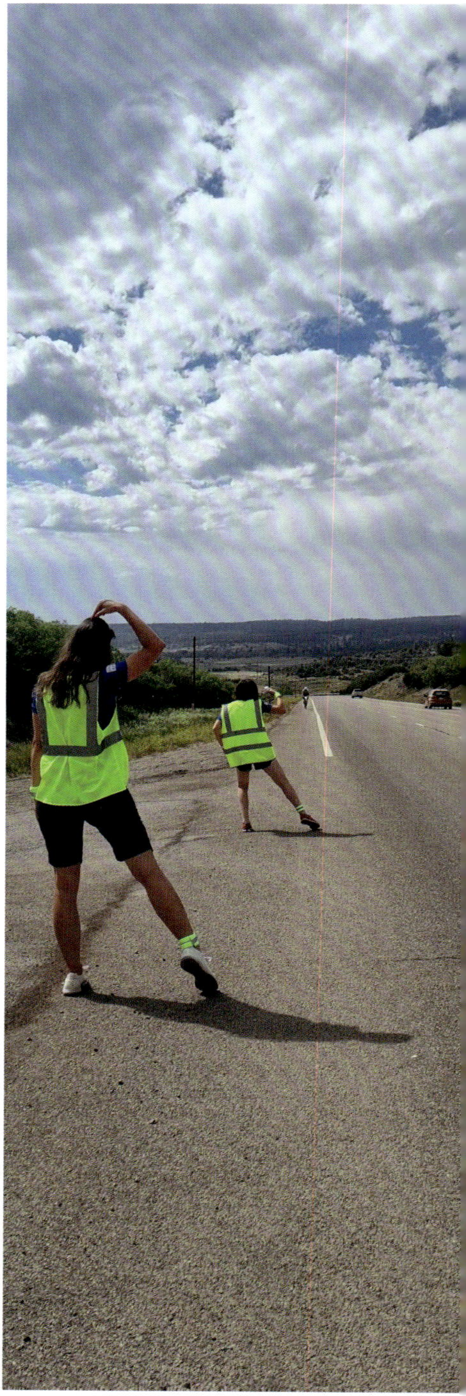

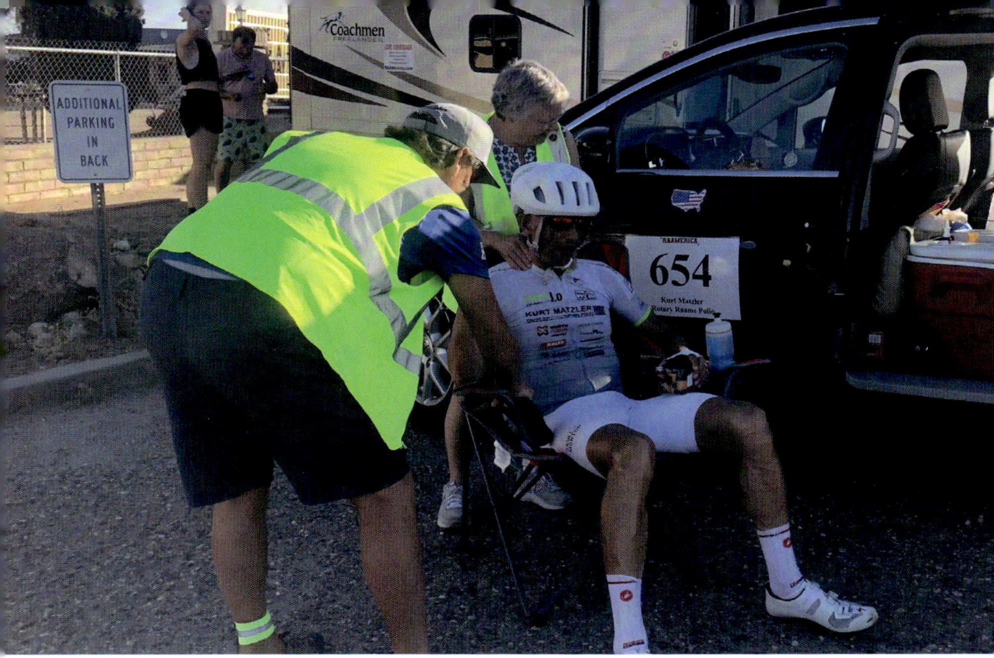

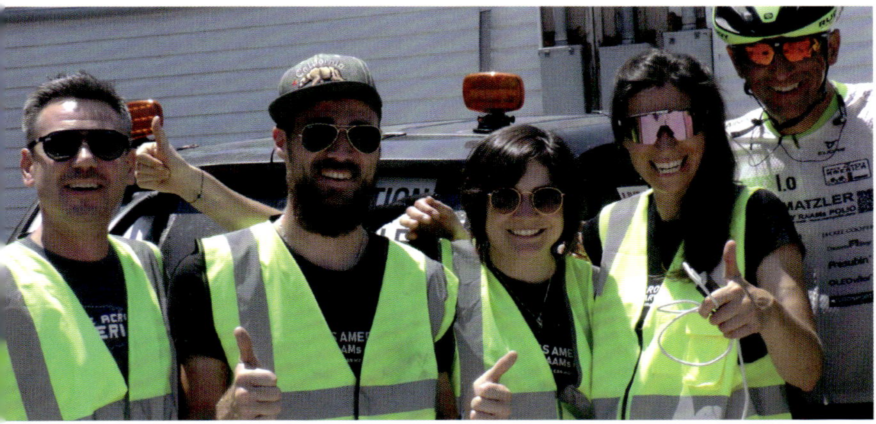

▲▲ Massage während der Pause: Darlene und Bill.
(Foto: Martin Ebster)

▲ Die gute Stimmung in meiner Crew steckt mich an.
(Foto: Martin Ebster)

◀◀ Kurze Pause in Prescott, Arizona: Bob und Bill montieren den Aufleger vom defekten Venge auf das Tarmac um.
(Foto: Florian Phleps)

◀ Cheerleaders in Action. (Foto: Ruth Brandstätter)

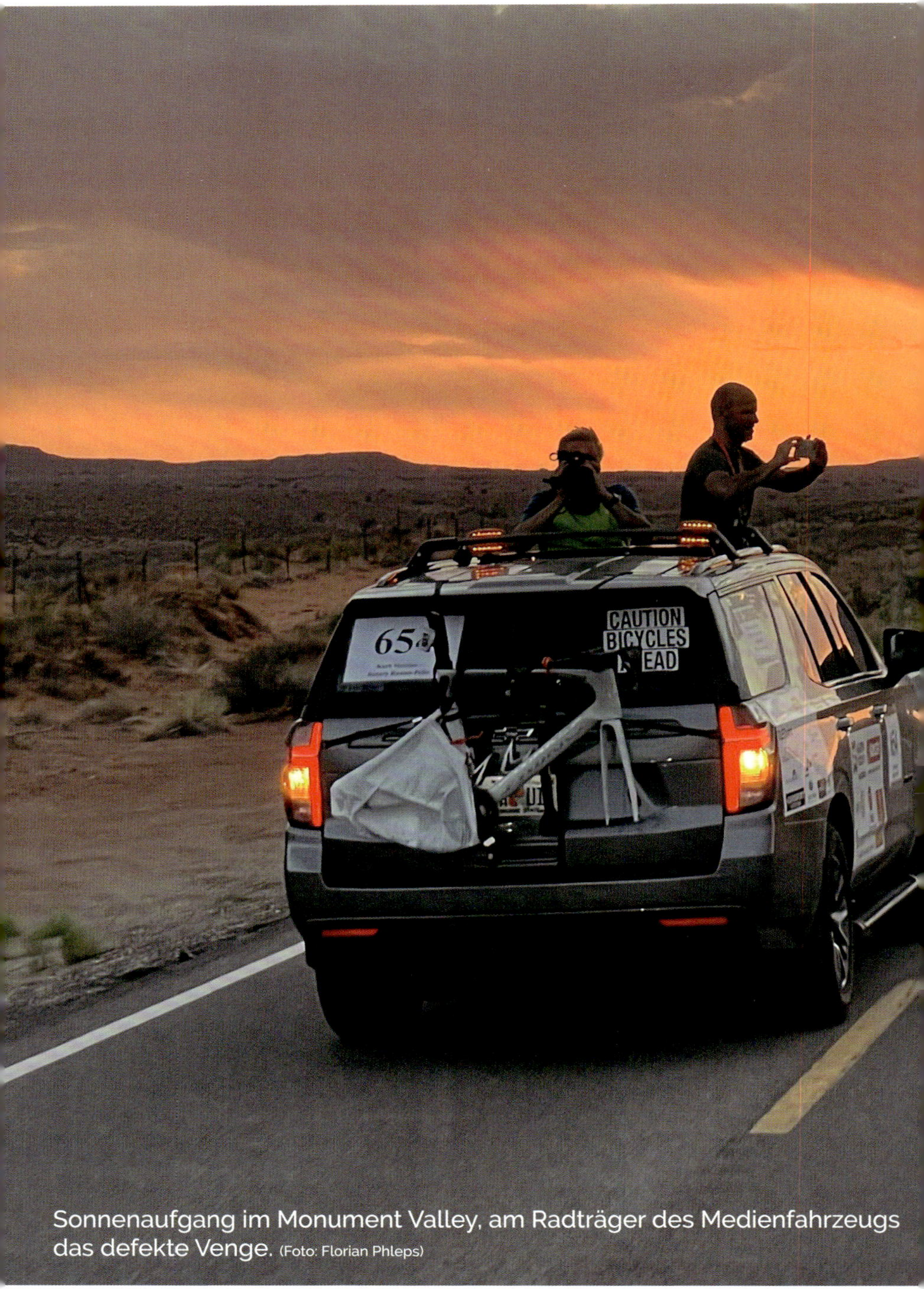

Sonnenaufgang im Monument Valley, am Radträger des Medienfahrzeugs das defekte Venge. (Foto: Florian Phleps)

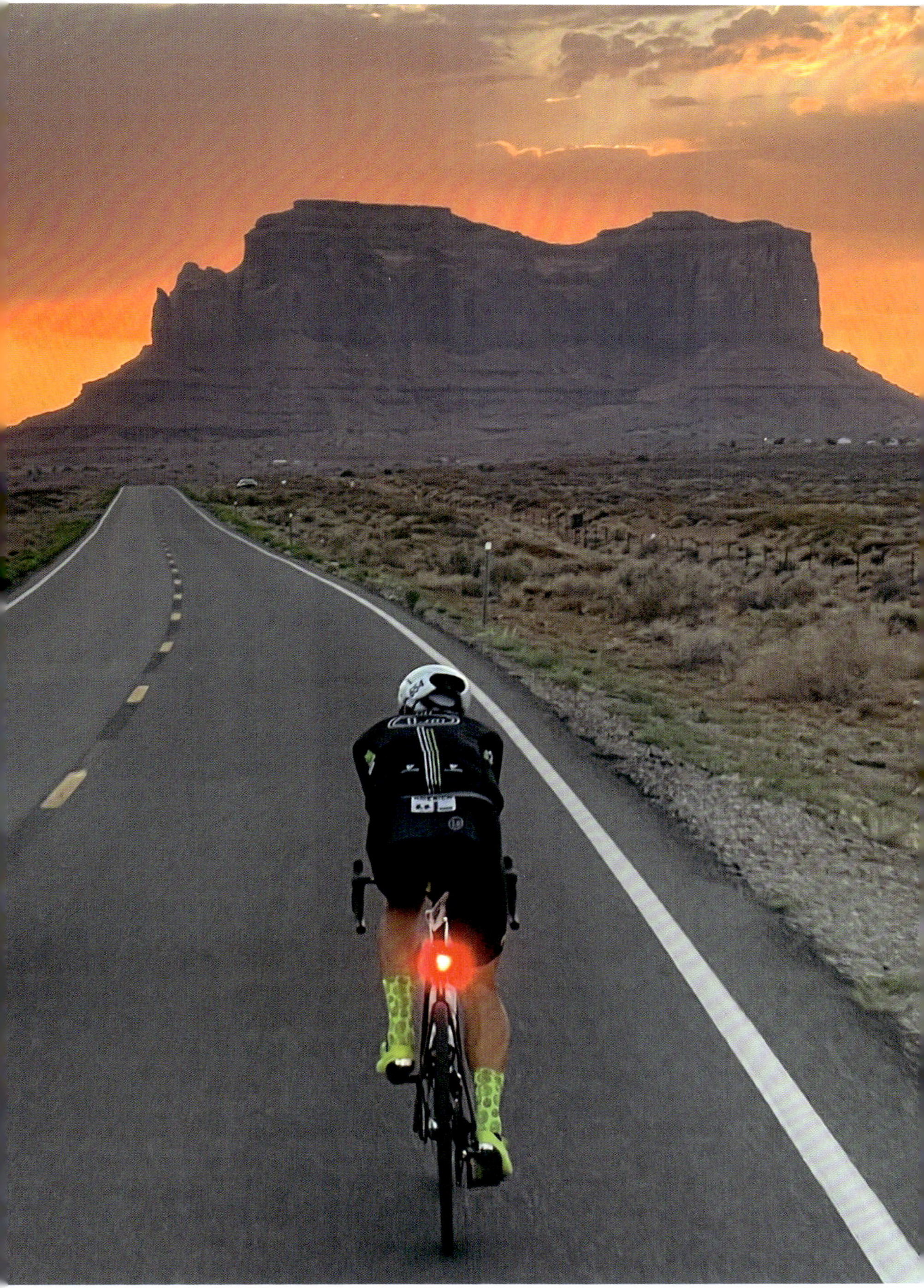

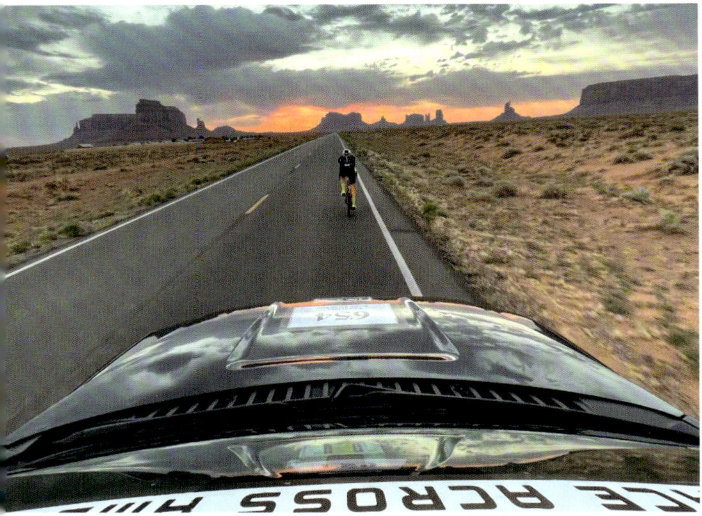

◀ Monument Valley.
(Foto: Florian Phleps)

▼ Unendliche Weiten
(Foto: Florian Phleps)

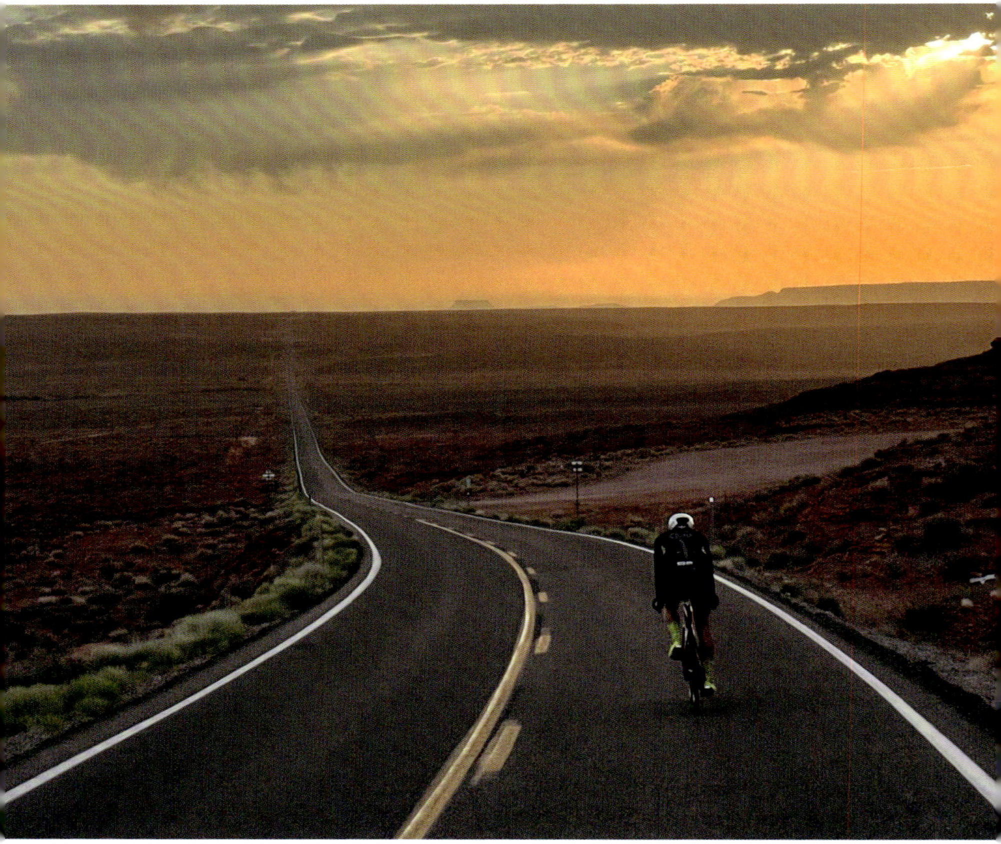

Tag 7 – Schlafentzug

Heute sollten wir Kansas hinter uns lassen. Die Etappe war mit 400 Kilometern und 2600 Höhenmetern verhältnismäßig kurz bemessen und eher zur Regeneration gedacht. Zum Erholen gab es aber nicht viel, selbst diese kurze Etappe verlangte mir alles ab. Mit jedem Tag wurde es für mich schwieriger, nach der Schlafpause wach und aufmerksam zu werden, und die ersten zwei Stunden empfand ich als die reinste Qual. Mit allen Mitteln kämpfte ich gegen die Müdigkeit an. Am wirksamsten war es, Kabarett zu hören. Josef Hader und Michael Niavarani trugen nicht nur dazu bei, dass ich in den ersten zwei, drei Stunden nach der Schlafpause nicht einschlief, sondern sie verbesserten meine Stimmung merklich. Entweder wurden mir ihre Stücke über den am Begleitfahrzeug montierten Lautsprecher vorgespielt oder ich hörte sie über den Kopfhörer im rechten Ohr (laut Regelwerk darf man nur im rechten Ohr einen Kopfhörer tragen).

Schlafentzug kann man nicht trainieren – ihn im Training einzubauen, ist zwecklos. Das würde eher das Gegenteil bewirken, man reduziert die Regeneration, und das hätte negative Konsequenzen für die folgenden Trainingseinheiten.[82] In der Vorbereitung konnte man daher nicht viel mehr tun, als sich die richtige Schlafstrategie und ein paar Taktiken, wie man sich wachhalten kann, zu überlegen.

Schon Monate vor dem Start begann ich daher, gänzlich auf Koffein zu verzichten. Koffein ist im Radsport nicht nur ein Mittel zur Leistungssteigerung, auf der Langstrecke ist es als Wachmacher unverzichtbar.[83] Wissenschaftlich getestet wurde der Effekt von Koffein bei Schlafentzug bei der Hell Week der U.S. Navy Seals: „Die Hell Week besteht aus 5 1/2 Tagen kaltem, nassem, brutal schwierigem Einsatztraining mit weniger als vier Stunden Schlaf. Die Hell Week testet körperliche Ausdauer, mentale Stärke, Schmerz- und Kältetoleranz, Teamfähigkeit, Einstellung und Ihre Fähigkeit, Arbeiten unter hoher körperlicher und geistiger Belastung und Schlafentzug auszuführen. Vor allem testet sie Entschlossenheit und Verlangen. Im Durchschnitt bestehen nur 25 % der SEAL-Kandidaten die Hell Week, das härteste Training im US-Militär."[84] In dieser Studie bekamen die Soldaten entweder ein Placebo oder 100/200/300 mg Koffein, nachdem sie 72 Stunden ohne Schlaf trainieren mussten. Der Schlafentzug minderte die Leistungsfähigkeit und die Stimmung, Koffein wirkte dem aber entgegen.

Dosierungen von 200 und 300 mg erhöhten deutlich die visuelle Wachsamkeit, die Reaktionsgeschwindigkeit und die körperliche Alarmbereitschaft.[85] Die Wirkung von Koffein lässt aber bei regelmäßigem Konsum nach, daher entschied ich mich für Koffeinentzug.

Wenn ich das Gefühl hatte, mein Bedürfnis nach Schlaf nicht mehr kontrollieren zu können, gönnte ich mir einen kurzen Powernap von nicht mehr als 15 Minuten. Dafür wurde mein Begleitfahrzeug innerhalb von zwei Minuten adaptiert. In jedem Auto waren eine weiche Matte und ein Polster, und ich konnte mich – auch in der größten Hitze – im klimatisierten Van gut erholen.

Ein weiteres Mittel gegen Sekundenschlaf hatten wir uns von den Bodybuildern abgeschaut – Riechsalz: „Das Einatmen von konzentriertem Ammoniak durch die Nase reizt die Nervenenden in der Nasenschleimhaut. Dies führt zu einer reflexartigen Bewegung – weg vom Geruch und vielleicht zur Bildung von Tränen. Weiterhin kann es das sympathische Nervensystem aktivieren und so zur sogenannten ‚Kampf-oder-Flucht-Reaktion' führen, die uns in Alarmzustand versetzt."[86] Der Körper reagiert mit einer leichten Panikreaktion, Atmung und Herzfrequenz können sich beschleunigen, der Sauerstofftransport zum Gehirn zunehmen und so die Leistungsfähigkeit steigen. Das klang für mich alles überzeugend. Auch wenn die wenigen wissenschaftlichen Studien dazu eher von einem Placebo-Effekt ausgehen, war für mich Riechsalz überaus wirksam. Einmal kurz daran riechen und ich war wieder hellwach!

Nicht nur aufgrund der Geisterfahreraktion am Vortag nahm ich das Problem des Schlafentzugs nun sehr ernst. In der Geschichte des RAAM kam es bisher zu zwei Todesfällen. Beim ersten wurde Brett Malin bei einem Zusammenstoß mit einem LKW getötet. Der zweite Todesfall ereignete sich 2005. Damals starb Bob Breedlove bei einer Kollision mit einem entgegenkommenden Fahrzeug. Das geschah bei Trinidad, nach den Rocky Mountains. Zu diesem Zeitpunkt war er allein unterwegs, sein Begleitfahrzeug weit hinter ihm. Gänzlich geklärt ist die Unfallursache nicht, Sekundenschlaf gilt aber als sehr wahrscheinlich. Der österreichische RAAM-Teilnehmer Alex Gepp kam unmittelbar danach an die Unfallstelle. Nach den Rocky Mountains befand er sich gerade auf der langen Abfahrt Richtung Kansas:

> „Am Ende der Abfahrt werden wir jedoch abrupt gebremst. Was auf den ersten Blick wie eine Baustelle aussieht, stellt sich nach wenigen Metern als Verkehrsunfall heraus. Ich werde von einem Polizisten langsam an der Unfallstelle vorbeigeleitet. Es ist nur ein Fahrzeug zu sehen, welches wohl in den Unfall verwickelt war. Es sieht nicht einmal schwer beschädigt aus ... Erst nach dem RAAM werde ich die traurige Nachricht erfahren ... Dr. Bob Breedlove gerät auf einer Abfahrt in der Nähe von Westen, etwa 40 Kilometer vor der Time Station in Trinidad, wohl ausgelöst durch einen Sekundenschlaf auf die Gegenfahrbahn. Bob ist zu diesem Zeitpunkt allein auf der leicht abschüssigen Straße unterwegs, da ihn seine Crew gerade per Leapfrog unterstützt. Ein herankommender Lenker eines Kleinlastwagens kann nicht mehr rechtzeitig reagieren und es kommt zur folgenschweren Kollision. Der 53-jährige Arzt aus Iowa ist auf der Stelle tot."[87]

Solange der Körper in Bewegung und aktiv ist, ist die Gefahr des Sekundenschlafs relativ gering. Die Eintönigkeit auf den langen Geraden und vor allem das Liegen auf dem Aufleger erhöhen jedoch das Risiko signifikant. Vor allem aber sind es die Abfahrten, bei denen man höllisch aufpassen muss, um nicht von der Müdigkeit übermannt zu werden.

Die Konzentrationsfähigkeit ließ mit zunehmender Dauer des Rennens kontinuierlich nach. Ich hatte ab und zu bereits Schwierigkeiten, auszurechnen, wie lange ich für eine bestimmte Strecke bei einer gegebenen Durchschnittsgeschwindigkeit brauchen würde. Wenn mich jemand aus dem Begleitfahrzeug ansprach, brauchte ich oft eine gefühlte Ewigkeit, bis ich die richtige Antwort fand. Ich hatte schon vorher gewusst, dass das so kommen würde. Daher hatten wir vor dem Rennen vereinbart, dass ich alle Entscheidungen an der Startlinie an die Crew abgab. In so einem Zustand konnte man nicht mehr vernünftig denken. Die einzige Entscheidung, die ich noch selbst traf, war, wann ich eine Toilettenpause brauchte.

An den genauen Zeitpunkt kann ich mich nicht erinnern, aber irgendwann im letzten Drittel des Rennens hatte ich meine erste Halluzination. Es war Nacht, und ich war auf einer Straße unterwegs, die mit Asphaltrissen übersät war, die man mit Vergussmasse ausgebessert hatte. Daraus entstanden in meinem Kopf die reinsten Kunstwerke auf der Straße. Die Ritzen verwandelten sich in Bilder. Die Straßenbauarbeiter hinterließen Botschaften, sie malten Herzen auf die Straße, schrieben etwas in arabischer Schrift, und einmal konnte ich eindeutig Max und Moritz und die Witwe Bolte erkennen. Ein oder zwei Tage später – das war schon gegen Ende des Rennens – starrten mich vom Straßenrand große, gefährliche Augen an. Mindestens alle 100 Meter fühlte ich mich von ihren Blicken durchbohrt. In einem hellen Moment stellte ich dann fest, dass es Postkästen gewesen waren. Halluzinationen sind eine bekannte Folge von Schlafmangel. Paranoia, Angstzustände, depressive Stimmung und erhöhte Risikobereitschaft kommen dazu.

Diese Etappe von Fort Scott in Kansas nach Washington in Missouri wurde deutlich schwieriger als ich erwartet hatte. Mein Lieblingsrad, das weiße Venge, hatte erneut einen Defekt. Ein kaputter Steuersatz musste repariert werden! Vermutlich waren es die harten Schläge auf der Straße mit den Querfugen in Colorado gewesen, die das Kugellager strapaziert hatten. Wieder musste ich auf mein altes Ersatzrad umsteigen, für das ich für den Notfall einen Aufleger mitgenommen hatte. Meine Sitzposition auf diesem Rad war allerdings nicht für ein Fahren mit Aufleger eingestellt und daher alles andere als ideal. Aber was half's? Ich musste weiter.

An diesem Tag begegnete ich öfter dem Franzosen Christian Maudit. Wir waren gleichzeitig an einer Time Station angekommen. Er saß da, ohne Schuhe, und machte einen ziemlich mitgenommenen Eindruck. Seine Füße waren in einem entsetzlichen Zustand. Geschwollen, die Zehen blauschwarz gefärbt – er musste wohl unter furchtbaren Schmerzen fahren.

Im Rennen lag mittlerweile eine Gruppe von ein paar Fahrern eng beieinander: die Dänen Peter Skovbak und Søren Peter Rosenkilde, der Inder Kabir Rachure, Phil Fox, Les Crooks und Jim Trout aus den USA sowie Jeff Spencer aus Großbritannien. Dadurch gab es deutlich mehr Abwechslung als in den Tagen zuvor. Immer wieder stand auch ein fremdes Crewfahrzeug am Straßenrand und feuerte mich an. Vor allem in der Nacht war das unheimlich motivierend. Die Stimmung unter den Rennteilnehmern und innerhalb der Crews war gut, man half sich gegenseitig, wenn jemand etwas brauchte, und motivierte sich.

Beim nächsten Crewwechsel nach Sonnenaufgang hatte mein Team eine besondere Überraschung für mich. Jemand drückte mir ein Smartphone in die Hand und spielte ein Video ab. Der sechsfache Race Across America-Sieger und Rekordhalter Christoph Strasser hatte mir eine Videonachricht geschickt! Ich konnte es kaum glauben, und seine Botschaft war ein wahrer Motivationskick für mich:

> „Hallo, lieber Kurt und liebe Crew!
> Ich bin zwar selbst gerade fleißig beim Trainieren, aber ich verfolge natürlich das Race Across America, so gut es geht, und ich möchte einmal ein großes Kompliment und meinen größten Respekt aussprechen. Wie ihr unterwegs seid! Vor allem was mich sehr begeistert, ist die clevere Planung, den Mut zu haben, mehr Pausen zu machen – auch schon zu Beginn –, vielleicht etwas Rückstand einzukassieren, aber auch tagsüber zu schlafen in der großen Hitze. Ich denke, das war wirklich eine gute Entscheidung, und es macht sich jetzt scheinbar bezahlt in der zweiten Hälfte des Rennens. Du holst auf, du hast noch mehr Kraft als die anderen, und ich hoffe, dass es so gut weitergeht. Ich drücke dir die Daumen. Du kennst die Strecke. Das ist dein großer Vorteil. Du weißt, du hast die Hitze geschafft in der Wüste, die dünne Luft in der Höhe der Rocky Mountains, das windige Kansas. Aber jetzt im letzten Drittel über den Mississippi River wird es auch noch einmal schwierig werden. Sehr schwierig sogar. Viele Höhenmeter in den Rolling Hills, die steilen Appalachen, aber ihr werdet es schaffen. Bleibt stark.
> Alles Gute und liebe Grüße aus Rumänien."

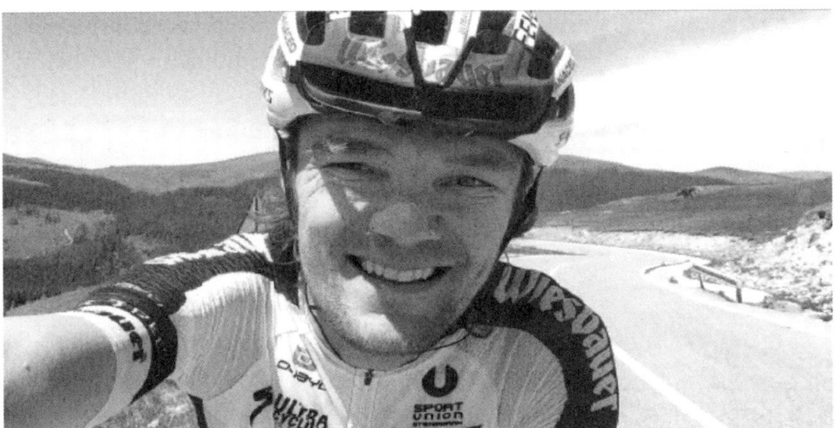

Motivationskick von Christoph Strasser. (Foto: Christoph Strasser)

Meine Crew erlebte mit, wie sehr mich die motivierenden Botschaften beflügelten, und wusste nun, wie sie mich vor allem in den schwierigen Phasen wieder auf das Rad brachten! Von nun an sollte ich regelmäßig solche Videobotschaften präsentiert bekommen!

In Jefferson City, einer kleinen Stadt in Missouri, benannt nach Thomas Jefferson, dem dritten amerikanischen Präsidenten, machten wir einen 15-Minuten-Stopp direkt vor dem Kapitol. Es dauerte keine Minute, bis zwei Rotarier auf uns zukamen. Sie hatten das Rennen verfolgt und warteten schon auf mich! Wir wechselten ein paar Worte, machten ein Foto, und weiter ging es. Der Charakter des Rennens veränderte sich nun, es führte zunehmend durch bewohnte Gebiete, was mehr Abwechslung bedeutete. Ab und zu, aber viel zu selten standen Zuschauer am Straßenrand, riefen mir zu und applaudierten. Sogar Autofahrer grüßten gelegentlich.

Bis zur nächsten Schlafpause in Washington, Missouri, waren es noch etwa 125 Kilometer. Auch diese Strecke barg wieder eine neue Herausforderung. Es machten sich ernste Sitzprobleme bemerkbar. Ich war immer noch auf dem Ersatzrad unterwegs und wechselte ab und zu auf mein Tarmac, auf dem allerdings kein Aufleger montiert war. Es war ja schließlich für die Berge vorgesehen. Mit Müh und Not und unter großen Schmerzen im Sitzbereich erreichte ich das Hotel. Dort wartete mein Venge auf mich, das RAAMbler Car hatte es in Washington, Missouri, reparieren lassen können. Gott sei Dank.

LEADERSHIP-LEKTION 7: FINDE DEINE INDIVIDUELLE STRATEGIE

Die Finisher-Quote beim Race Across America liegt unter 50 Prozent. Weniger als 30 Prozent der Rookies, also jener, die das erste Mal teilnehmen, kommen ins Ziel. 2021 war aufgrund der Wetterbedingungen ein besonders hartes Jahr: Von den zwölf Solo-Startern kamen nur drei in Annapolis an. Auch 2022 war ein schwieriges Jahr: Von den 33 Solo-Startern schafften es nur 14. Das entspricht einer Finisher-Quote von 42,5 Prozent.

Für mein RAAM setzte ich mir ein klares Ziel. Ich wollte sicher finishen – nicht als Zombie, sondern als Mensch, und ich wollte mit meiner Crew eine „Once-in-a-Lifetime-Experience“ erleben, Spaß haben und – soweit es eben möglich ist – das Rennen genießen. Die klassische Strategie der meisten RAAM-Teilnehmer kam daher für mich nicht infrage. Meine Strategie unterschied sich grundsätzlich von der sonst typischen Herangehensweise.

Meine Strategie	Die „klassische“ Strategie
• 4–5 Stunden Pause pro Tag (5 Minuten Pause alle drei Stunden, 15 Minuten Pause alle neun Stunden)	• So kurze „Stehzeiten“ wie möglich; jede Minute, die man nicht fährt, ist verlorene Zeit, die nicht mehr eingeholt werden kann
• 2–3 Stunden Schlaf pro Tag	• So wenig Schlaf wie möglich, kurze Powernaps
• Schlafpausen für mich und meine Crew im Hotel, kein Wohnmobil	• Ein Wohnmobil als ständiger Begleiter und für die Schlafpausen
• Schlafpause über Mittag, wenn es am heißesten ist	• Schlafpausen meistens in der Nacht
• Erste Schlafpause bereits nach 24 Stunden	• Erste Schlafpause so spät wie möglich, meist erst nach 36 Stunden
• Ernährung fast ausschließlich durch hochkalorische Flüssignahrung	• Unterschiedlich: von reiner Flüssignahrung (z. B. Strasser) bis hin zu „Essen, was man verträgt und was schmeckt“

Mir war klar, dass das Rennen mit meiner Strategie nicht zu gewinnen sein würde – das war ja aber auch nicht mein Ziel. Die Schlafpausen wären dafür viel zu lange, ich würde zu viel Zeit verlieren. Meine Überlegung aber war, dass ich mit meinen langen Ruhezeiten viele der großen Probleme (Schlafentzug, Shermer's Neck, Sitzprobleme, totale Erschöpfung, mentale Schwächen) vermeiden konnte. Meine Hoffnung war auch, dass ich durch die langen Schlafpausen in den Hotels besser regenerieren konnte. In den ersten Tagen würde ich zwar weit zurückfallen – vielleicht sogar mit Abstand auf den letzten Platz. Ich war mir aber sicher, dass ich im zweiten Teil des Rennens über mehr Kraft und Energie und vor allem über mehr mentale Fitness verfügen würde und dadurch wieder etwas Zeit gutmachen könnte. Meine Strategie ging auf. Am Ende meiner ersten Etappe (Time Station 5 in Salome) lag ich an vierter Stelle. Vor mir waren der Favorit Rainer Steinberger, die mehrfache Weltmeisterin im Ultracycling, Nicole Reist, und der Australier Alan

Jefferson (der das Rennen schließlich gewann). Durch meine frühe und lange Schlafpause zu Beginn war ich weit zurückgefallen. Nach meinem Start in Salome lag ich an 25. Stelle. In Tuba City, Time Station 10, lag ich an 13. Stelle. In Trinidad (Time Station 20) war ich dann Zehnter. Im Laufe des Rennens holte ich langsam, aber kontinuierlich auf. Meine Strategie war erfolgreich. Ich erreichte in meiner Kategorie den dritten Platz und stand am Podium des Race Across America, neben dem Australier Allan Jefferson und dem US-Amerikaner Jim Trout! Ich wurde Gesamtsechster! Als Underdog mischte ich in der Weltklasse des Ultracycling mit.

Time Station	Platzierung
TS 5: Salome	25.
TS 10: Tuba City	13.
TS 20: Trinidad	10.
TS 30: Fort Scott	9.
TS 45: West Union	9.
TS 55: Ziel in Annapolis	6. (3. in der Master Class)

Wie konnte mir diese Spitzenplatzierung mit meiner unkonventionellen Strategie gelingen? Michael Porter, Strategieprofessor an der Harvard University, bietet eine einfache Definition von Strategie: In der Strategie geht es darum, anders zu sein. Strategie bedeutet, bewusst ein anderes System von Aktivitäten zu wählen, um einzigartige Wertangebote zu erstellen![88] Das ist überzeugend, klingt aber einfacher, als es ist. In der Praxis beobachten wir das Gegenteil. Anstatt sich von anderen zu differenzieren, ähneln sich die Strategien von Unternehmen zunehmend. Schuld daran ist ein Phänomen, das man aus der Soziologie kennt: Isomorphismus.[89] Dieses Phänomen beschreiben wir in unserem Buch „Open Strategy“[90] ausführlich:

> „‚Isomorph‘ klingt fancy, meint aber lediglich ‚von gleicher Gestalt oder Struktur‘. Und wie es scheint, ähneln wir Menschen uns in mehrfacher und überraschender Hinsicht. Nehmen wir zum Beispiel unser Verhalten: Wie Studien zum menschlichen Essverhalten zeigen, ist Fettleibigkeit ansteckend.[91] Wenn Ihre Freunde fettleibig sind, sind Sie es mit hoher Wahrscheinlichkeit auch.[92] Wenn Menschen, die eher wenig essen, häufig mit Vielessern zusammenkom-

> men, neigen sie dazu, ebenfalls mehr zu essen. Umgekehrt verhält es sich genauso. Wenn Sie also abnehmen möchten, geben Sie Ihr Geld nicht für Weight Watchers (WW) aus, sondern laden Sie lieber Freunde zum Essen ein, die sich aus Lebensmitteln nicht viel machen. Auch andere Verhaltensweisen sind ansteckend. Weibliche Teenager werden zum Beispiel mit größerer Wahrscheinlichkeit schwanger, wenn sie erleben, wie ihre Freundinnen Kinder bekommen. Schülerinnen und Schüler erhalten bessere Noten, wenn sie von Leistungsstarken umgeben sind. Und das ist jetzt wirklich interessant: Menschen, die zusammenleben, sehen sich mit der Zeit immer ähnlicher! Das kann natürlich zu einem gewissen Grad an den ähnlichen Essgewohnheiten liegen, die sie und ihre Mitbewohner teilen; es liegt aber teilweise auch daran, dass diese Menschen die Neigung haben, die Gesichtsausdrücke des anderen zu imitieren.[93] ‚Menschen als Lemminge zu bezeichnen, würde zu weit gehen', schreiben Richard Thaler und Cass Sunstein in ihrem Buch Nudge, ‚sie lassen sich aber von den Aussagen und Handlungen ihrer Mitmenschen leicht beeinflussen (...) Wenn Sie im Kino eine Szene sehen, in der die Protagonisten lächeln, lächeln Sie auch eher (unabhängig davon, ob der Film lustig ist oder nicht). Gähnen ist ebenfalls ansteckend.'[94] Was hat das jetzt mit Strategie zu tun? Alles. Denn wie sich herausgestellt hat, legen auch Unternehmen nachahmendes Verhalten an den Tag. Mit der Zeit gleichen sich Unternehmen im selben Umfeld immer mehr an. Sie werden sich immer ähnlicher."[95]

Das hat mehrere Gründe: Erstens überleben nur die besten Geschäftsmodelle (Survival of the Fittest), zweitens neigen wir dazu, Erfolgsmodelle zu kopieren, und drittens haben Menschen innerhalb einer Branche oft ähnliche Hintergründe (z. B. Ausbildung, Erfahrung usw.), die uns ähnlich denken lassen.[96] Oft braucht es daher Außenseiter, die ungeblendet und ohne Scheuklappen Dinge anders betrachten und den Mut haben, es ganz anders zu machen.

Lesen Sie dazu die Geschichte von Vivek Ranadivé, dem Basketballtrainer, der das Basketballteam seiner Tochter zum Erfolg führte – mit einer sehr unkonventionellen Strategie. Malcolm Gladwell beschreibt sie in seinem Buch „David and Goliath: Underdogs, Misfits and the Art of Battling Giants,[97] und in unserem Buch „Open Strategy"[98] verwenden wir das Beispiel, um darzustellen, wie Außenseiter mit ganz unkonventionellen Strategien mit Traditionen brechen und mit neuen Spielregeln gewinnen können.

Als der in Mumbai geborene und mit Cricket und Fußball aufgewachsene Vivek Ranadivé zum ersten Mal ein Basketballspiel sah, fand er das ziemlich sinnlos. Wenn ein Team einen Korb warf, zog es sich sofort ans eigene Ende des Spielfelds zurück und wartete dort geduldig, bis das gegnerische Team den Ball einspielte, auf die andere Seite dribbelte und dann – wahrscheinlich – punktete. Dieser Vorgang wiederholte sich während des gesamten Spiels. Dieses Muster lässt sich in fast jedem Spiel beobachten – Isomorphismus at its best. Basketball hat klare Regeln. Es wird auf einem Platz gespielt, der etwa 90 Fuß lang und 50 Fuß breit ist, die Oberseite des 18-Zoll-Korbs befindet sich genau zehn Fuß über dem Boden. Es gibt fünf Spieler in jedem Team, das Spiel wird in vier Vierteln zu zwölf Minuten (NBA) gespielt. Unter Einhaltung mehrerer Regeln gewinnt die Mannschaft, die den Ball öfter durch den Korb des Gegners wirft. Diese Spielregeln und Bedingungen führen zu typischen Strategien und Taktiken. Im Allgemeinen hatte ein gutes Team große Spieler, gute Dribbler, gute Schützen und eine gute Taktik. Als Ranadivé beschloss, das Basketballteam der Mittelschule seiner Tochter in Redwood City zu trainieren, erkannte er, dass diese Gruppe von zwölfjährigen Mädchen „kein herkömmliches Gewinnerteam war. Die Mädchen kamen nicht aus sportlichen Familien. Sie waren weder groß noch gut koordiniert. Sie konnten nicht gut werfen. Sie waren Außenseiter, aber das haben wir zu unserem Vorteil genutzt.“[99] Wie könnte man also ein erfolgreiches Team bilden? Rückblickend auf seine erfolgreichen Jahre als Trainer dieses Teams sagt Ranadivé:

> „Underdogs müssen über den Tellerrand schauen. Sie können sich nicht auf Größe und Stärke verlassen. Wir mussten strategischer denken und unorthodoxe Spielansätze finden. Wir haben die Schwächen unserer Gegner analysiert und festgestellt, dass sich die meisten Mannschaften unmittelbar nach dem Tor zurückziehen, um ihren Korb zu verteidigen, und ihrem Gegner die Möglichkeit geben, den Ball ohne Druck zum Mitspieler zu bringen und ein eingespieltes Spiel mit Präzision auszuführen ... Es fehlte an viel Geschick, aber wir mussten diesen Fluss unterbrechen. Wir mussten in Echtzeit spielen. Wir mussten das ganze Spiel über eine Full-Court-Presse spielen. Durch die unkonventionelle Herangehens-

> weise konnten wir unsere Gegner unvorbereitet erwischen, was uns einen Vorteil verschaffte. Und wir haben viel gewonnen."[100]

Es gibt zwei wichtige Regeln, die Vivek Ranadivé zu dieser Strategie geführt haben. Erstens, wenn ein Team einen Korb erzielt, hat das andere Team fünf Sekunden Zeit, um den Ball einzuwerfen. Zweitens hat das Team zehn Sekunden Zeit, um den Ball über das Mittelfeld zu befördern. Das Team von Ranadivè aus Redwood City zog sich nach einem Treffer nicht zurück. Die Mädchen deckten ihre Gegenspielerinnen und verhinderten meist erfolgreich, dass die gegnerische Mannschaft den Ball innerhalb von fünf Sekunden einspielen konnte. Entweder geriet eine Spielerin in Panik und warf den Ball weg, oder die Mädchen aus Redwood City fingen ihn ab. Und als die gegnerische Mannschaft den Inbounds-Pass erfolgreich spielte, wurde das Mädchen, das den Ball fing, sofort attackiert, sodass es ihn nicht innerhalb von zehn Sekunden über die Mitte des Spielfelds bringen konnte. Mit dieser Strategie erwischte das Team von Redwood City die Gegnerinnen kalt. Die Strategie war so erfolgreich, dass das Team es bis zu den US-Meisterschaften schaffte. Eine grandiose Leistung. Ab und zu versuchten andere Teams, diese Strategie zu kopieren, sie setzte sich aber nie durch. Warum? Unter Unsicherheit neigen wir dazu, erfolgreiche Wettbewerber zu kopieren. Es ist uns oft viel zu riskant, unkonventionelle Wege zu gehen.

Aus dieser Geschichte können wir zwei Dinge lernen. Erstens: Als Underdog kann man in der Weltklasse kaum mitspielen, wenn man eins zu eins versucht, die Strategie der Champions zu kopieren. Ich hatte den Eindruck, dass viele RAAM-Teilnehmer versuchen, die Erfolgsstrategie von Christoph Strasser und anderen Rekordsiegern zu kopieren. Was aber für Strasser funktioniert, muss nicht unbedingt auch für jeden anderen klappen. Als Underdog macht es wenig Sinn, die Strategie der Champions zu kopieren, denn die haben sie für sich perfektioniert und an ihre individuellen Voraussetzungen und Bedürfnisse angepasst. Es lohnt sich, darüber nachzudenken, wie man Dinge ganz anders machen kann. Und zweitens: Es braucht oft einen Außenseiter, der die Dinge ganz anders sieht und dann auch den Mut hat, eine andere Strategie zu wählen.

Tag 8 – Sitzprobleme

Während der Schlafpause begutachtete Alex meine Sitzfläche genauer. Die oberste Hautschicht hatte sich abgelöst, was noch kein großes Problem darstellte. Es waren aber einzelne oberflächliche Entzündungen des Haarbalgs erkennbar, die sich – bakteriell begründet – zu Abszessen entwickeln können. Wir hatten zwar schon das ganze Rennen über auf Hygiene und Pflege geachtet und versucht, eine solche Entwicklung unbedingt zu verhindern. Nun wurde es aber ernst. Offene Stellen im Sitzbereich sind nicht nur sehr schmerzhaft, sondern bergen auch die Gefahr einer Blutvergiftung. Nicht selten mussten Teilnehmer aus diesem Grund ihr Rennen beenden, so auch in diesem Jahr ein RAAM-Fahrer aus der Schweiz. Er war zeitlich sehr gut unterwegs, bekam zunächst Nackenprobleme (Shermer's Neck), die er aber wieder gut in den Griff bekam. Allerdings waren seine Sitzprobleme derart massiv, dass er aufgeben musste. Er war in Annapolis zufällig im gleichen Hotel wie wir. Als er davon erzählte, schlug meine Teamärztin vor, ihn zu untersuchen und zu behandeln. Er muss furchtbar gelitten haben, sagte sie nur.

Nach der Schlafpause stieg ich, wie immer, auf ein sauber geputztes und perfekt serviciertes Rad. Balázs' Einsatz war großartig. Er war nicht nur ein zuverlässiger Autofahrer und Mechaniker, er kümmerte sich um meine Räder, und in seiner ruhigen Art trug er vor allem in schwierigen Situationen wesentlich zur Entspannung bei. Mit stoischer Gelassenheit ertrug er meine Launen, wenn die Sattelhöhe verändert, die Neigung des Auflegers angepasst, die Pedale neu eingestellt und der klebrige Flaschenhalter gereinigt werden mussten. Immer wieder fand ich etwas, was mir nicht passte. Balázs ertrug meine Marotten mit Eselsgeduld.

Bald nach dem Start in Washington, Missouri, wartete eines der ganz großen Highlights auf uns: der Mississippi. Wer über den Mississippi kommt, erreicht das Ziel, so heißt es. Nach der Mississippi-Brücke bei Saint Louis waren es nur noch 1500 Kilometer! Dafür hatte ich noch über vier Tage Zeit. Das Ziel rückte näher. Wenn nichts mehr Schlimmes passierte, wenn keine unerwarteten gesundheitlichen Probleme auftauchten, würde ich tatsächlich Annapolis erreichen!

Die Sitzprobleme verschlechterten sich allerdings, die Schmerzen waren teilweise unerträglich. Ich fuhr deshalb viel im Stehen und wechselte pausenlos meine Sitzposition, um eine Stelle auf dem Sattel zu finden, die nicht wehtat. Immer wieder zog ich meine Radhose zurecht. Im Vorfeld hatte ich bereits alles getan, um dieses Problem zu vermeiden: Ich hatte die Räder perfekt auf mich eingestellt, und ich hatte so viele unterschiedliche Sättel getestet, bis ich den richtigen für mich gefunden hatte. Am Ende lagen in meiner Garage acht Stück davon. Zudem hatte ich Radhosen von neun verschiedenen Herstellern verglichen. Um Druckstellen zu vermeiden, hatte ich unterschiedliche Hosen mit unterschiedlichen Einsätzen zum Wechseln dabei. Ich hatte auch Radhosen in kleineren Größen mit. Valerio Zamboni, eine RAAM-Legende aus Italien, verlor während des Rennens einmal so viel Gewicht, dass seine Radhosen zu groß wurden, scheuerten und seine Haut aufrieben. Ich hatte sogar gepolsterte Radunterhosen und einen großen, weichen Damensattel dabei. Wenn sonst nichts mehr erträglich gewesen wäre – darauf hätte ich immer noch irgendwie sitzen können. Vorbereitet war ich also gut, und auch während des Rennens taten wir alles, um Sitzproblemen vorzubeugen. Alle acht bis neun Stunden wechselte ich meine Radhose. Vor allem in der Hitze konnten sich durch den Schweiß Salzkristalle im Polster ablagern, die die Haut aufscheuerten. Eine gute Hygiene war entscheidend. Auch dafür hatten wir ein detailliertes Protokoll, an das sich insbesondere Florian erbarmungslos hielt. Bei jeder Pinkelpause stand er bewaffnet mit Desinfektionsspray und Sitzcreme hinter mir und beharrte darauf, dass ich seinen Anweisungen Folge leistete. Meine Crew hatte die Aufgabe, mich alle 15 Minuten zu erinnern, für eine Minute aufzustehen, wenn ich es nicht von selbst tat. Dadurch sollte mein Sitzbereich entlastet werden. Bei jeder Kreuzung

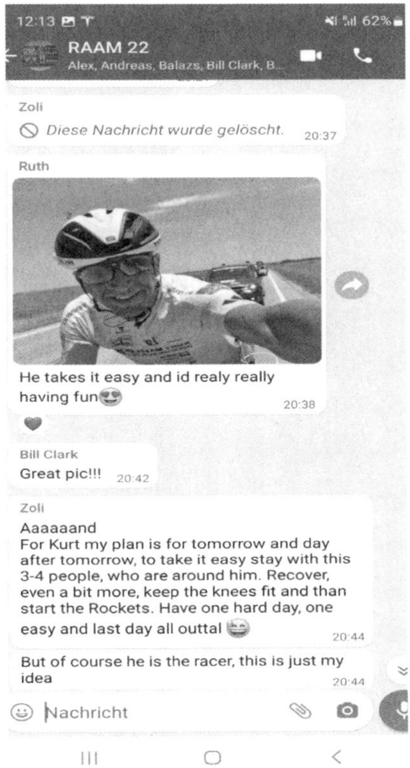

Trotz aller Schwierigkeiten: Die Stimmung ist gut!

und bei jedem Stoppschild wurde ich daran erinnert, meinen Nacken zu dehnen, und meine Crew ermahnte mich mindestens einmal pro Stunde, meine Hände zu dehnen, um dem Karpaltunnelsyndrom vorzubeugen. Auch an Probleme mit den Füßen hatten wir gedacht. Permanenter Druck auf der gleichen Stelle kann auch an den Füßen zu Taubheitsgefühlen führen. Ich hatte eigens angefertigte Einlagesohlen und mehrere Paar unterschiedlicher Radschuhe mit, die ich alle acht bis neun Stunden wechselte.

Alex widmete sich nun meinem Sitzproblem. Schmerzstillende und betäubende Creme brachte, wenn auch nur bedingt, etwas Erleichterung. Antibiotische Salbe sollte Entzündungen vermeiden. Ab Jefferson City vertrug ich trotz allem nur noch eine ganz bestimmte Radhose, die Hose meines Cycling-Teams Physio 1.0. Gott sei Dank hatte ich sieben Stück davon mit! Irgendwie bekamen wir auch die Sitzschmerzen wieder hin. Nichts eskalierte. War uns doch die Gefahr einer Kettenreaktion bewusst – weil man als Radfahrer bei unkontrollierten Sattelproblemen dazu neigt, vermehrt im Stehen zu fahren, verlagert man die Druckstellen auf Hände und Füße und belastet die Knie wesentlich mehr. Ein Sitzproblem kann also sehr schnell zu zahlreichen anderen Beschwerden führen.

Als wir den Mississippi überquerten, verbesserte sich die Stimmung schlagartig! Ich spürte, wie sehr sich das gesamte Team freute und bei jedem das Gefühl der Gewissheit aufkam, ans Ziel zu kommen. Das ließ die Strapazen des Rennens vorübergehend vergessen.
Der Rest dieser Tagesetappe war eher unspektakulär. Relativ flach ging es durch Illinois und Indiana, allerdings immer noch bei sehr hohen Temperaturen nahe 40 Grad. Florian und Martin schrieben im Renntagebuch:

> „Das Girls-Team hat ab 9:45 Uhr übernommen und führte Kurt durch Illinois, wo er zeitweise wirklich geflogen ist. Da die Etappe jedoch bis weit in die Nacht dauern würde, ist das Einteilen der Kräfte umso wichtiger. Das American-Team übernimmt ab 17:30 Uhr und führt Kurt in die Nacht, wo es die Verantwortung an den Crew Chief Zoli und sein Team abgibt, der Kurt um 3:30 Uhr in Bloomington, Indiana, im Hotel zur Schlafpause führt. Ein brasilianisches Vierer-Team hat Kurt in der Nacht überholt – und ihn wie beim ‚Carneval in Rio' gefeiert, was ihm unheimlichen Auftrieb gibt."

LEADERSHIP-LEKTION 8:

LÖSE PROBLEME, SOLANGE SIE NOCH KLEIN SIND

Der Psychologe Philip Zimbardo von der Stanford University berichtete im Jahr 1969 über eine Reihe von Experimenten, die er in New York und in Kalifornien durchführte.[101] Er positionierte ein Auto ohne Nummernschilder mit geöffneter Motorhaube auf einer Straße in der Bronx in New York und ein vergleichbares Auto auf einer Straße in Palo Alto, Kalifornien. Das verlassene Auto in der Bronx wurde innerhalb von zehn Minuten von „Vandalen" angegriffen. Die Ersten, die eintrafen, waren eine Familie – Vater, Mutter und kleiner Sohn –, die den Kühler und die Batterie mitnahmen. Innerhalb von 24 Stunden war praktisch alles Wertvolle entfernt. Dann begann die willkürliche Zerstörung – Fenster wurden eingeschlagen, Teile abgerissen, Polster zerrissen. Kinder begannen, das Auto als Spielplatz zu benutzen. Die meisten der erwachsenen „Vandalen" waren gut gekleidete, anscheinend gepflegte Weiße. Das Auto in Palo Alto stand mehr als eine Woche lang unberührt da. Dann zertrümmerte Zimbardo selbst einen Teil davon mit einem Vorschlaghammer. Bald schlossen sich Passanten an. Innerhalb weniger Stunden war das Auto auf den Kopf gestellt und völlig zerstört. Auch hier schienen die „Vandalen" in erster Linie angesehene Weiße zu sein. Mit diesen Experimenten testete Zimbardo ein Phänomen, das als „Broken Windows Theory" bekannt wurde. Diese Theorie beschreibt, warum ein einzelnes zerschlagenes Fenster eines verlassenen Gebäudes zu Vandalismus und Verfall eines ganzen Wohnviertels führen kann. Wird eine kaputte Fensterscheibe nicht sofort repariert, dauert es nicht lange, bis eine weitere Scheibe eingeschlagen wird. Dies hat dann eine Kettenreaktion zur Folge: Ein nicht repariertes Fenster ist ein Signal, dass es niemanden interessiert, und es kostet einen nichts, mehr Fenster zu zerstören.[102] Wird nichts gegen kleine Vergehen wie das Zerschlagen einer Fensterscheibe, Graffiti, öffentliches Urinieren, herumliegenden Müll usw. unternommen, führt das schnell zu Vandalismus und Verfall. Die Lehren daraus? Probleme müssen gelöst werden, solange sie noch klein sind. Für die Polizeiarbeit bedeutet das zum Beispiel, dass sich Polizisten nicht nur auf große Verbrechen konzentrieren sollten, sondern dass Polizeistreifen und Fußpatrouillen sehr wirksam sein können, weil sie kleine Vergehen verhindern und dadurch Eskalationen wie das „Broken Windows Phänomen" vermeiden können.

Zu den häufigsten Gründen eines DNF beim RAAM gehören Shermer's Neck, Sitzprobleme und die Konsequenzen des Schlafentzugs. Keines dieser Probleme kommt unangekündigt. Sie entwickeln sich langsam, und es ist entscheidend, dass man wachsam ist, die ersten Signale richtig interpretiert und sofort handelt. Wer zum Beispiel die ersten Anzeichen von Sitzproblemen ignoriert, riskiert, dass sie außer Kontrolle geraten und zu einer Kettenreaktion führen. Wer vor Schmerzen nicht mehr sitzen kann, fährt mehr im Stehen. Wer mehr im Stehen fährt, belastet Knie und Hände mehr. Knieprobleme und das Karpaltunnelsyndrom sind dann oft die Folge.

Bereits nach ein paar Tagen spürte ich meinen Nacken. Auf die ersten Anzeichen von Shermer's Neck reagierten wir sofort: Ich bekam bei jeder Drei-Stunden-Pause Nackenmassagen, und ich verzichtete auf das Zeitfahrrad, das mit seiner extremen Aeroposition für den Nacken eine große Belastung darstellt. Auch die ersten Anzeichen von Sitzproblemen nahmen wir sehr ernst, wir reagierten schnell mit allen nötigen Maßnahmen: besondere Hygiene, Desinfektion, antibakterielle Cremen, Wechsel der Radhosen, Radwechsel usw. Meine Ärztin beobachtete die Entwicklung laufend. Keines der typischen Probleme eskalierte, wir hatten stets alles unter Kontrolle. Ich kam in vergleichsweise gutem gesundheitlichem Zustand ins Ziel.

Der Grund dafür war, dass

1) wir uns vorab gut überlegt hatten, was die ersten schwachen Signale für alle möglichen Probleme waren, auf die wir achten mussten,

2) wir besonders wachsam waren und keines dieser Signale ignorierten,

3) wir reagierten, solange die Probleme noch klein genug waren, um sie leicht unter Kontrolle halten zu können.

Tag 9 – Motivation

Ab jetzt wurde es richtig zäh. Ich bekam die Härte des RAAM mit aller Wucht zu spüren: Knieschmerzen, Schlafentzug und Sitzprobleme. Aber ich hatte damit gerechnet und musste damit umgehen. Im Renntagebuch hieß es:

> „Nach – laut Ärztin Alexandra – gutem Schlaf während der frühen Morgenstunden startet Kurt um acht Uhr in die Etappe nach Athens in Ohio. Gerade zu Beginn wirkt er heute jedoch ein bisschen angeschlagen und müde. Bis in den Nachmittag hinein hat er Konzentrationsprobleme, und der Tag ist für ihn und auch sein Begleit-Team anfangs eine echte Herausforderung. In dieser Phase kann er auch nicht wie in vergangenen Tagen Plätze gutmachen und bleibt vorerst auf Rang neun. Zwei kurze Powernaps und eine etwas längere Schlafpause an der Time Station Oxford in Ohio bringen Kurt wieder zurück ins Spiel. Vor allem die kühleren Temperaturen am Spätnachmittag und in der Nacht lassen ihn zu alter Stärke auflaufen, und er liegt zu Mitternacht wieder auf Platz acht. Das amerikanische Begleit-Team schreibt um 23:30 Uhr: ‚He doesn't want to stop earlier, he's so motivated!'"

Meine Begleitmannschaft war schon seit ein paar Tagen sehr gefordert, um mich bei Laune zu halten. Und sie ließen sich alle viel für meine Motivation einfallen. Die Mädels im RAAMbulance Car hatten für jeden Tag ein anderes Motto, mit dem sie mich überraschten. Einmal im Hippie-Look, einmal als Cowgirls, einmal in Lederhosen und einmal – das beflügelte mich ganz besonders – als Krankenschwestern verkleidet im Minirock. Das RAAMbler-Team motivierte mich mit Musik, mit Denksportaufgaben, mit Infos über den Rennverlauf und versuchte ständig, mit mir in Gesprächskontakt zu bleiben. Sie lasen mir Facebook-Kommentare und Motivationsnachrichten von Freunden und oft von Menschen, die ich gar nicht kannte, die aber das Rennen verfolgten, vor.

Othmar Peer, der bekannte Sportmoderator und Kenner der Radszene, hinterließ einmal folgenden Facebook-Eintrag:

> „Wenn ich ehrlich bin – mir wird schlecht, wenn ich daran denke, was der Kurt noch zu meistern hat. Also wir nennen uns zwar gerne Leistungssportler (Hobbysportler gefällt mir nicht so gut), aber das, was

hier diese Sportler leisten müssen beim RAAM, degradiert uns dann doch wieder gewissermaßen zu Hobbysportlern. Mein allergrößter Respekt – egal wie diese Geschichte ausgeht. Und dasselbe gilt für das Betreuerteam. Wenn da jemand glaubt, die Betreuung beim RAAM ist Urlaub in den Staaten, der hat keine Ahnung, welche Belastungen und Anforderungen da auf die Crew zukommen. Auf Tirolerisch – a wilde Gschicht für alle Beteiligten! All the best – Freunde!
Othmar Peer"

Das RAAMedia Car war nun gefühlt ständig bei mir. Martin und Hubert überholten mich immer wieder, sie standen am Straßenrand, filmten und feuerten mich an und waren auch in den Pausen dabei. Viel Schlaf konnten wohl auch sie nicht abbekommen haben. Das RAAMerica Team packte nun die Motivationsplakate aus: „Pedal now, whine later!" war zum Beispiel auf einem zu lesen. Diese Schilder hatten sie schon zu Hause vorbereitet. Darlene, so ordnungsliebend wie sie ist, hatte dafür am Rücksitz des Autos ein Ablaufprotokoll angebracht. Jedes Plakat hatte einen Titel, eine fortlaufende Nummer, sie hatte sich überlegt, wo und wann welches Plakat gezeigt werden sollte und die Motivationsschilder demnach in aufsteigender Reihenfolge einsortiert. Was für eine Organisation!

Knieschmerzen, Schmerzen beim Sitzen und permanentes Bedürfnis nach Schlaf waren nun meine ständigen Begleiter. Ich musste erkennen, dass meine Kraft in den Händen etwas nachließ. Wenn man mitten im Rennen ist, ist das eigentlich gar nicht *so* schlimm. Man gewöhnt sich daran, es ist Race Across America-Alltag und gehört dazu. Man fokussiert sich auf den Augenblick, an dem alles vorbei sein wird, und erträgt alles, was bis dorthin noch kommen möge, mit Geduld. Im Nachhinein betrachtet, jetzt mit ein paar Monaten Abstand, waren das unvorstellbare Qualen. Trotzdem war nicht alles eine Tortur. Es gab immer wieder wunderbare Momente – Vollmond in der Wüste, Sonnenaufgang in den Rocky Mountains nach einer Nacht mit Regen, Sonnenaufgang in Monument Valley, selbst der zweite Teil von Kansas mit seinen weiten, grünen, leicht hügeligen Wiesen war wunderschön. Das alles mit meinem Team erleben zu dürften, entschädigte für alles.

Meine Crew hatte einen wichtigen Schlüssel für meine Motivation gefunden. Immer dann, wenn es mir ganz besonders schlecht ging – meist in den ersten zwei bis drei Stunden nach der Schlafpause, zwischen 2 und 5 Uhr am Morgen, oder in den letzten zwei Stunden vor der Schlafpause –, kamen sie mit einem neuen Motivationsvideo. Sie bewegten Gott und die Welt dazu, mich anzufeuern: Die Skilegenden Franz Klammer, Hans Knauss, Niki Hosp, Benni Raich und Marlies Schild feuerten mich an. Ich bekam Videobotschaften vom Landeshauptmann Tirols, Günther Platter, und vom Winzer Leo Hillinger. Der ehemalige österreichische Radprofi Thomas Rohregger, der Tour de France-Sieger Andy Schleck und der italienische Radprofi Matteo Trentin grüßten mich per Video. Mein Rotary Club Innsbruck Goldenes Dachl textete das Lied „We Are Family" um und machte daraus einen Motivationssong. Julia und Irene spielten Luftgitarre für mich, und Christian vom Physio 1.0 Cycling Team packte sogar seine Dichtkünste aus. Wann immer es ging, sandten wir ein kurzes Video von der Strecke mit einem Danke zurück. Srini Gokulnath, der erste indische Finisher des RAAM, schickte mir immer wieder Videobotschaften, und der Tiroler RAAM-Finisher Wolfi Mader erinnerte mich in einem seiner Videos daran, was hier eigentlich gerade abging:

> „Hallo Kurt, vielen Dank für dein nettes Video, das ich gerade von deinem Team zugeschickt bekommen habe. Ich wollte dir eigentlich nur ganz kurz sagen: Ist dir schon bewusst, was du da gerade leistest? Nur um das kurz in Erinnerung zu rufen: Das ist immerhin zehn Mal die Strecke Innsbruck–Wien plus zwanzig Mal der Großglockner. Es ist zwei Mal das Race Around Austria hintereinander ohne Pause dazwischen. Es ist 50 % mehr als die komplette Tour de France inklusive 10 bis 20 % mehr Höhenmeter. Die nehmen sich dafür aber drei Wochen Zeit und sind hochbezahlte Profis, haben dazwischen Ruhepausen, haben ein Feld mit Windschatten … Es ist zwanzig Mal der Ötztaler Radmarathon, was die Strecke betrifft, und zehn Mal der Ötztaler, was die Höhenmeter angeht. Das ist etwas, das du dir vor Augen halten musst, je näher du dich dem Ziel näherst … Du bist dann einer der ganz, ganz wenigen, der die härteste Sportprüfung der Welt, die man überhaupt machen kann, bestanden hat. Das ist eine Anstrengung, die du spüren darfst. Alles, was du jetzt noch bis zum Ziel an Erschöpfung, an Schmerzen und an Müdigkeit spürst, ist ein normaler Zustand – für dich und für einen Finisher des RAAM –, weil du dafür trainiert bist und dafür gemacht bist und dich dafür vorbereitet hast. Es ist aber völlig abnormal für 99,99 % der Menschheit. Das Einzige, das dir bis ins Ziel nicht abhandenkommen wird, ist deine Moral, ist dein ungebrochener Wille. Der Wille zu finishen, der Wille, ins Ziel

> zu kommen. Egal, was passiert ... Dir wird noch alles Mögliche abverlangt werden, aber deinen Willen kann dir niemand und nichts brechen. Und wie ich das beobachte, hast du einen unfassbaren Willen. Nur Menschen mit dem Willen, das Ziel zu erreichen, mit einer Intelligenz, sich die richtigen Ziele zu setzen, mit der richtigen Strategie, der richtigen Vorbereitung, dem richtigen Team schaffen es. Es hat bisher alles gepasst und es wird auch die nächsten Meilen bis ins Ziel alles passen. Du bist über der Mississippi-Brücke. Ein RAAM-Fahrer, der über die Mississippi-Brücke gefahren ist, kommt auch ins Ziel! 90 % aller RAAM-Teilnehmer, die über diese Brücke fahren, erreichen das Ziel, und so wird es auch bei dir sein. Ich freu mich sehr darauf und auf ein Bier mit dir danach!“

Von Andy Schleck, dem Sieger der Tour de France 2010, bekam ich diese Nachricht:

> „Hi Kurt. This is Andy Schleck from Luxemburg. Believe me I know the pain and suffering you are going through now, but believe me the pain will go away, but the memory will stay forever. Certainly, the cause for which you are doing it is very, very honorable – all my deepest respect! I used to say that people who are doing the RAAM are crazy. You might be crazy, but you are doing it for the best cause you can imagine. You have my deepest respect and you have my full support from Luxemburg. Keep fighting the wind, keep fighting the climbs, keep fighting the heat, the cold in the mountains, you will survive it and certainly for the cause you are doing it people will remember you. Good luck!“

Der Zusammenhalt der Crew war unglaublich. Wir waren nun schon seit neun Tagen und über 4000 Kilometer unterwegs. Weder Hitze, Regen, Kälte, Schlafentzug noch technische Pannen konnten uns etwas anhaben. Im Gegenteil: Ich hatte das Gefühl, dass meine Crew mit jedem Problem, das sie löste, noch motivierter, engagierter und noch stärker wurde. Es gab nichts, was sie nicht in den Griff bekam. Es hing nur noch an mir. Ich musste ins Ziel kommen, allein schon für meine großartige Crew!

Noch lagen aber über 1000 Kilometer vor mir. Untertags war es immer noch heiß und schwül, die Nächte wurden bereits kühler. Diese Etappe von Bloomington, Indiana, nach Athens, Ohio, war mit 450 Kilometern und 2650 Höhenmetern schwierig genug, aber der wahre Härtetest des RAAM stand mir noch bevor: die Appalachen. Daher musste ich mir meine Kräfte sehr gut einteilen, und ich versuchte, mich nicht von drei oder vier anderen RAAM-Teilnehmern, die nun etwa den gleichen Rhythmus wie ich hatten, aus meinem Konzept bringen zu lassen. Immer wieder überholten wir Racer uns gegenseitig. Das brachte viel Abwechslung in diesen Tag, und die Stunden flogen vorüber.

Bis auf eine kurze Umleitung mitten in der Nacht blieb es ein ruhiger Renntag. Diese Umleitung hatte es aber in sich. Als wir zu der Stelle kamen, wo sie begann, blieb ich stehen, weil die Straße gesperrt war. Es war nicht nur mitten in der Nacht, sondern auch mitten im Nirgendwo. Ich hatte keine Ahnung, wohin es jetzt gehen sollte. Bill stieg aus dem Auto und erklärte mir, dass es links wegging – ein paar Kilometer auf einer tiefen Schotterstraße! Das kann doch nicht sein?! Noch dazu bergauf! Da es ohnehin Zeit für eine Fünf-Minuten-Pause war, bereitete Darlene den Campingsessel vor, und ich ließ mich hineinfallen. Von hinten kam nun ein Auto mit Suchscheinwerfer und hatte uns im Visier. Es näherte sich, blieb mit ein paar Metern Abstand stehen, und ein Sheriff stieg aus. Er fragte, was wir hier mitten in der Nacht in dieser gottverlassenen Gegend machten. Bob erklärte die Situation, und der Sheriff schüttelte nur noch den Kopf: „Race Across America – you guys are crazy!“ Wir ließen uns von ihm noch einmal versichern, dass diese Schotterstraße uns in die richtige Richtung führte. Er schaute mich an, dann mein Rad und meinte: „Yeah, good luck, my boy!“

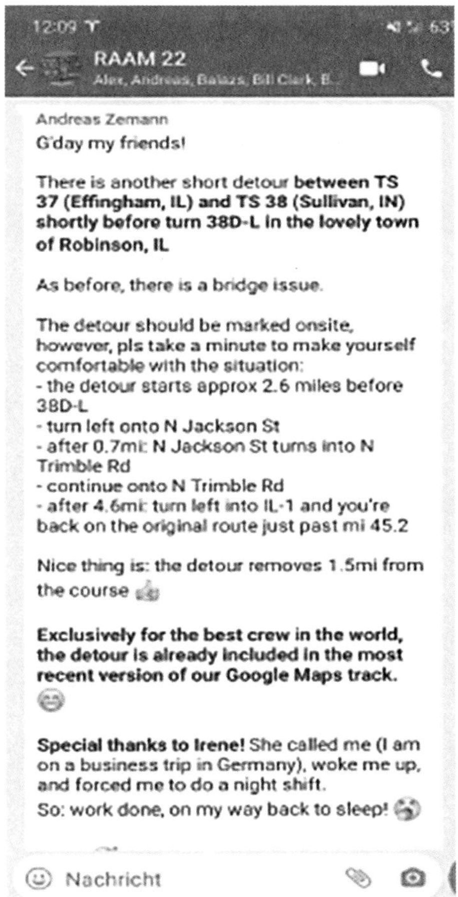

Andi und Irene planen in Nachtschichten unsere Umleitungen ein.

Beim RAAM hat man natürlich immer wieder Begegnungen mit den Ordnungshütern. Vor allem in der Nacht kann ein blinkendes, langsam fahrendes oder am Straßenrand stehendes Begleitfahrzeug verdächtig erscheinen. Beim Racer Meeting vor dem Start weisen die Veranstalter auch immer wieder darauf hin, dass Polizisten in der Regel keinen Spaß verstehen und dass man ihren Anweisungen strikt Folge zu leisten hat. Wer in den USA ein Auto lenkt, sollte wissen, dass es bei Verkehrskontrollen ein paar wichtige Regeln einzuhalten gilt: Der Polizeiwagen hält am Heck des eigenen Wagens, der Polizist kommt in der Regel mit der Hand an die Waffe gelegt näher, die eigenen Hände sind auf das Lenkrad zu legen, auf keinen Fall darf man unaufgefordert aussteigen – das wird als Fluchtversuch verstanden, keinesfalls darf man unaufgefordert im Handschuhfach nach Papieren suchen – dies könnte missverstanden werden als ein Versuch, eine Waffe hervorzuholen. In Summe sollte man sich passiv verhalten, den Polizisten mit „Sir“ oder „Officer“ ansprechen usw. Als unser Media Team in Durango, in den Rocky Mountains, mitten in der Nacht aufbrach, um Aufnahmen von mir am Wolf Creek Pass zu machen, regnete es heftig. Martin und Hubert beschleunigten ihren großen SUV etwas übermotiviert, um rechtzeitig am Pass anzukommen. Es dauerte keine Minute, bis ihr Wagen von dem rot-blau blinkenden Licht einer Polizeistreife durchflutet wurde. Es galt nun schleunigst, am rechten Straßenrand anzuhalten, eine schuldbewusste Miene aufzusetzen und eine Entschuldigungsfloskel aus den Erfahrungen mit österreichischen und deutschen Polizisten abzurufen. Das hatte es alles aber gar nicht gebraucht. Der Polizist war sehr zuvorkommend und freundlich und meinte lediglich: „Ich weiß, ihr seid mit einem RAAM-Team unterwegs und wollt euren Athleten treffen. Es ist dunkel, es regnet und ihr wart zu schnell. Bremst euch ein bisschen ein, den Radfahrer erwischt ihr schon noch. Ich wünsch euch alles Gute und viel Erfolg!“

Eine Begegnung, die in Erinnerung bleibt. Die meisten Polizisten kennen das RAAM, und wenn ein Team es mit einem Charity-Projekt verbindet, wird es besonders respektiert – das zumindest war unsere Erfahrung bei mehreren Begegnungen, die wir mit Polizisten hatten.

Als wir ein paar Minuten später starteten, wurde mir klar, was der Polizist mit „Good luck“ gemeint hatte. Es ging zunächst ein paar Minuten aufwärts, dann etwas länger – Gott sei Dank nicht zu steil – abwärts und darauf noch eine gefühlte Ewigkeit durch Wald und Wiesen, bis wir wieder auf der normalen Route waren. Die Schotterstraße war der reinste Horror. Vor ein paar Jahren war ich mit der Karbonritterrunde (einer Gruppe von Radfahrern rund um Joe Margreiter und Thomas Rohregger) mit dem Rennrad von Innsbruck nach Saint-Tropez unterwegs. Wir überquerten dabei den Colle delle Finestre, eine berühmte Giro d'Italia-Strecke mit ein paar Hundert Höhenmetern auf einer Schotterstraße. Ich dachte, ich hätte daher ausreichend Erfahrung mit dem Rennrad auf Schotterstraßen, aber das hier übertraf alles. Tiefer, sehr grober Schotter, in dem meine Laufräder immer wieder versanken, und ich musste höllisch aufpassen, dass sich mein Lenker nicht verdrehte. Ich hatte Angst um meine Laufräder und um den Rahmen, da immer wieder Steine in alle Richtungen spritzten, und ich hatte Angst zu stürzen. Es war stockdunkel. Ich weiß nicht mehr, wie lange ich auf dieser Schotterstraße im Schritttempo unterwegs war, aber es musste mindestens eine Stunde gewesen sein.

Als wir wieder auf die normale Route einbogen – es war schon weit nach Mitternacht –, fragte ich nach einer Jacke. Es war kalt geworden.
„No jacket", war die Antwort von Bill.
Keine Jacke? Beim Crewwechsel war irgendetwas schiefgegangen! Die Kiste mit meiner warmen Bekleidung war in einem anderen Auto. Bill gab mir ein Unterleibchen, das er noch fand, und ich zog es über mein Trikot. Bis zum nächsten Crewwechsel waren es noch etwa zwei Stunden, so lange musste ich durchhalten.

Wir waren mittlerweile in Ohio, das RAAMbler Team hatte übernommen, und bis nach Athens, meiner nächsten Schlafpause, machte mir das ständige Auf und Ab in dieser Hügellandschaft schwer zu schaffen. Die Nacht war kalt und nebelig geworden, und von einer ruhigen Landstraße ging es jetzt auf einen Highway mit viel Morgenverkehr. Die ersten Sonnenstrahlen wärmten mich wieder etwas auf, und ich freute mich auf eine heiße Dusche und zwei oder drei Stunden Schlaf in meinem Hotel in Athens.

Im Facebook-Tagebuch fasste Ruth den Tag so zusammen:

> „When the going gets tough... 😔
> Jetzt wirds richtig hart.
> Der Kampf gegen die verbleibenden Km, den Gegenwind, die ständige extreme Müdigkeit und die in Ohio beginnenden immer steiler wer-

denden Anstiege der Appalachen beginnen ihren Tribut zu fordern. Kurt radelt jedoch unbeirrt weiter💪
Nicht nur bei Kurt, auch bei seiner Crew machen sich die Ermüdungserscheinungen langsam bemerkbar. Da erscheinen plötzlich kleine Abweichungen von der täglichen Routine als große Herausforderungen😌
Doch wir sind ein starkes Team, die Stimmung ist ausgezeichnet🥳, alle halten zusammen, jeder gibt sein Bestes, alle haben ein gemeinsames Ziel ... Kurt gesund nach Annapolis zu bringen. Und unsere Teamärztin Alexandra Podpeskar, die Kurt fast rund um die Uhr betreut, ist neben ihm unsere Heldin😍... because ... yes ... we do this together😍.
Ein ganz besonderer Dank geht heute an Scott und Lisi, die uns auf der Strecke herzlichst begrüßt und mit Powerfood ausgestattet haben😍. Auch ganz liebe Grüße an dich Alexandra Xandi Meixner sollen wir ausrichten.
Kurt wird heute die Nacht durchradeln, erst in der Früh in die Schlafpause gehen, damit er dann bereit ist, die Appalachen zu rocken 💪🚴‍♂️.
#RAAMbazamba🥳

Tag 10 – Der härteste Teil des RAAM

Ich wachte vor Knieschmerzen auf, heute waren sie ganz besonders heftig. Verkrampft lag ich mit Schnappatmung im Bett und stöhnte laut vor Schmerzen. Wie immer war Alex die gesamte Schlafpause bei mir und kümmerte sich um meine Knie. Es war um die Mittagszeit, und meine Crew war schon zur Abfahrt bereit. Am Gang draußen hörte ich Stimmen. Ruth und Liane sprachen miteinander. Ruth bat Liane, nachzusehen, wie es mir ging.
„Ich schaffe das nicht", sagte Ruth. Für sie waren meine Schmerzen eine große Belastung.

Irgendwie gelang es mir, aus dem Bett zu kommen, irgendwie schaffte ich es, mich anzuziehen, und irgendwie bekam mich meine Crew nach etwa 20 Minuten auf das Rad. Diese Zeit war immer besonders schwer, und Alex ließ mich nicht aus den Augen. Sie ließ mich nicht einmal allein ins Bad gehen, das Risiko war zu groß, dass ich, so benommen wie ich war, irgendwo umkippte.

Vom Hotelzimmer bis zum Rad, das für mich bereitgehalten wurde, wurde ich gestützt. Schritt für Schritt, langsam und schweigend, fast wie auf dem Weg zur Guillotine. Nur mit dem Unterschied, dass das Leiden nicht ein Ende hat, sondern die Qualen wieder von vorne anfangen.

Nur noch 775 Kilometer. Es war Freitag, der 24. Juni, um die Mittagszeit. Bis ins Ziel hatte ich noch ganze drei Tage Zeit. Ich wusste, dass es sich ausgehen würde, wenn nichts Schlimmes mehr passierte. Ich wusste aber auch, was mich in den kommenden zwei Tage noch erwarten würde. Die heutige Etappe führte uns durch West Virginia nach Cumberland, Maryland: 380 Kilometer mit 5000 Höhenmetern, ein großer Teil davon auf dem vielbefahrenen Highway 50.

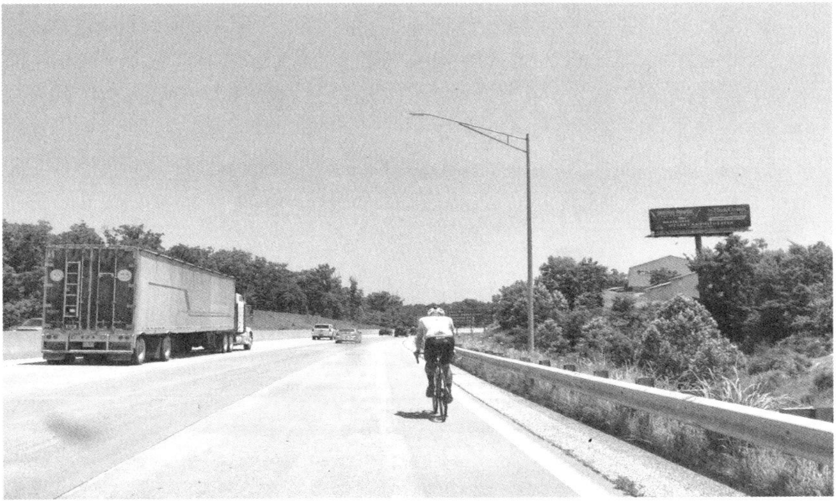

Highway 50. (Foto: Ruth Brandstätter)

Das Routebook sagt alles über diesen Streckenabschnitt:

> „TS 44 to TS 45 Athens, OH to West Union, WV
> The terrain moderates for the rest of Ohio but once into West Virginia past Parkersburg some of the most difficult climbing in RAAM begins. The altitude doesn't approach that of the Rocky Mountains but the climbs are relentless. There is more elevation gained in this section than any other time station segment anywhere east of Flagstaff but the most difficult measured in feet of climbing per mile ridden is still ahead between Cumberland and Hancock in Maryland.

TS 45 to TS 46 West Union, WV to Grafton, WV
Endless rollers. Traffic in Clarksburg is very heavy: the excursion south of US 50 avoids most of it but involves some tricky navigation on often poorly maintained two lane roads. After crossing I-79 (mile 47) US 50 narrows to an undivided 2-lane road but remains busy."

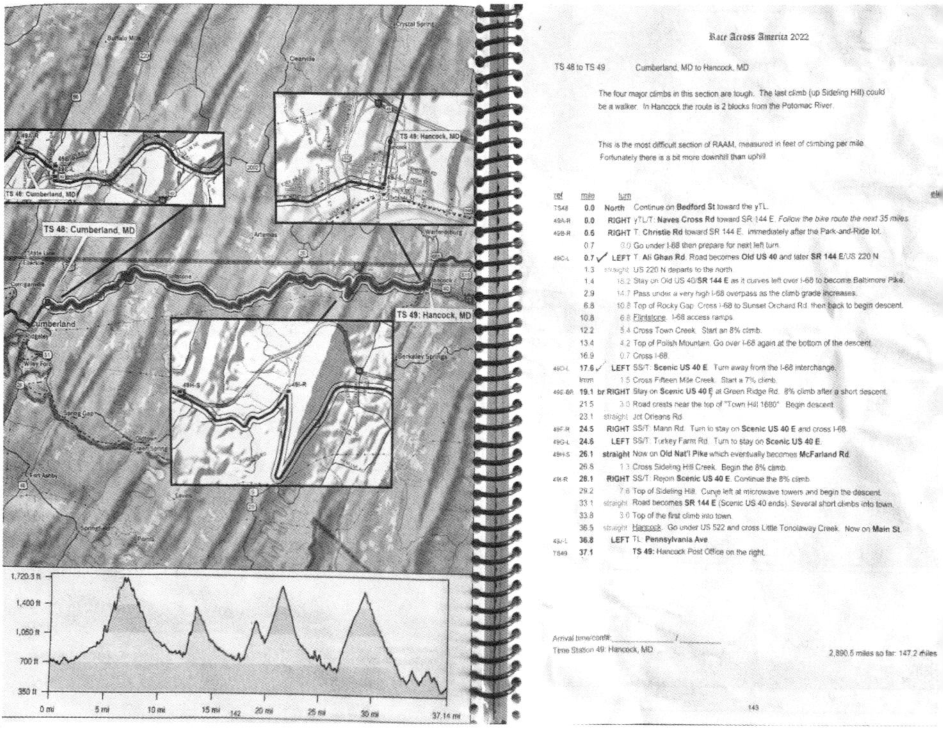

Race Across America 2022

TS 48 to TS 49 Cumberland, MD to Hancock, MD

The four major climbs in this section are tough. The last climb (up Sideling Hill) could be a walker. In Hancock the route is 2 blocks from the Potomac River.

This is the most difficult section of RAAM, measured in feet of climbing per mile. Fortunately there is a bit more downhill than uphill.

ref	mile	turn		
TS48	0.0	**North**		Continue on **Bedford St** toward the yTL.
49A-R	0.0	**RIGHT**		yTL/T: **Naves Cross Rd** toward SR 144 E. *Follow the bike route the next 35 miles.*
49B-R	0.6	**RIGHT**		T: **Christie Rd** toward SR 144 E. immediately after the Park-and-Ride lot.
	0.7		0.0	Go under I-68 then prepare for next left turn.
49C-L	0.7 ✓	**LEFT**		T: **Ali Ghan Rd**. Road becomes **Old US 40** and later **SR 144 E**/US 220 N
	1.3	straight		US 220 N departs to the north
	1.4		16.2	Stay on Old US 40/**SR 144 E** as it curves left over I-68 to become Baltimore Pike.
	2.9		14.7	Pass under a very high I-68 overpass as the climb grade increases.
	6.8		10.8	Top of Rocky Gap. Cross I-68 to Sunset Orchard Rd. then back to begin descent.
	10.8		6.8	Flintstone. I-68 access ramps
	12.2		5.4	Cross Town Creek. Start an 8% climb.
	13.4		4.2	Top of Polish Mountain. Go over I-68 again at the bottom of the descent.
	16.9		0.7	Cross I-68.
49D-L	17.6 ✓	**LEFT**		SS/T: **Scenic US 40 E**. Turn away from the I-68 interchange.
	from		1.5	Cross Fifteen Mile Creek. Start a 7% climb.
49E-BR	19.1	**br RIGHT**		Stay on **Scenic US 40 E** at Green Ridge Rd. 8% climb after a short descent.
	21.5		3.0	Road crests near the top of "Town Hill 1880". Begin descent.
	23.1	straight		Jct Orleans Rd
49F-R	24.5	**RIGHT**		SS/T: Mann Rd. Turn to stay on **Scenic US 40 E** and cross I-68.
49G-L	24.6	**LEFT**		SS/T: Turkey Farm Rd. Turn to stay on **Scenic US 40 E**.
49H-S	26.1	**straight**		Now on **Old Nat'l Pike** which eventually becomes **McFarland Rd**.
	26.8		1.3	Cross Sideling Hill Creek. Begin the 8% climb.
49I-R	28.1	**RIGHT**		SS/T: Rejoin **Scenic US 40 E**. Continue the 8% climb.
	29.2		7.6	Top of Sideling Hill. Curve left at microwave towers and begin the descent.
	33.1	straight		Road becomes **SR 144 E** (Scenic US 40 ends). Several short climbs into town.
	33.8		3.0	Top of the first climb into town.
	36.5	straight		Hancock. Go under US 522 and cross Little Tonoloway Creek. Now on **Main St**.
49J-L	36.8	**LEFT**		TL: **Pennsylvania Ave**
TS49	37.1			**TS 49:** Hancock Post Office on the right.

Arrival time/contr: ______________ / __________
Time Station 49: Hancock, MD

2,890.5 miles so far: 147.2 miles

143

Das Routebook – die Navigationsbibel des RAAM.

Der kommende Abschnitt war geprägt von unerbittlichen Anstiegen, nicht enden wollenden Hügellandschaften, viel Verkehr auf dem Highway, schlechtem Straßenzustand und einer äußerst schwer zu navigierenden Strecke! Im Vergleich dazu waren die Wüsten, die Rocky Mountains und die Great Plains das reinste Vergnügen gewesen. Nach über 4000 Kilometern in neun Tagen kam jetzt nicht nur der schwierigste Streckenabschnitt, sondern auch der gefährlichste. Alle RAAM-Teilnehmer litten hier schon unter massivem Schlafentzug und Konzentrationsschwierigkeiten. Ich kannte die Strecke. Bereits in den Jahren davor hatten wir uns immer wieder gefragt, warum man die Radfahrer einem derartigen Risiko aussetzt und auf diesen Highway schickt. Nicht selten in der RAAM-Historie war es hier auch zu Unfällen gekommen. 2018 war ein großer SUV von hinten auf ein Begleitfahrzeug aufgefahren, das den Fahrradfahrer begleiten und abschirmen sollte. Es gab Schwerverletzte. Auch in diesem Jahr gab es einen ähnlichen Unfall. Es erwischte den Dänen Peter Skovbak. Sein Begleitfahrzeug wurde von einem anderen PKW von hinten angefahren, und auch er kam dabei zu Sturz. Verletzt wurde zum Glück niemand ernsthaft, aber Auto und Räder waren so schwer beschädigt, dass er etwa 700 Kilometer vor dem Ziel aufgeben musste.

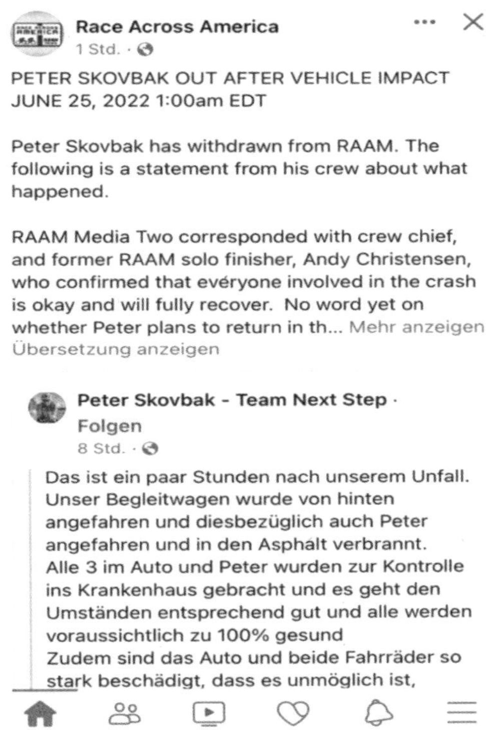
Race Across America
1 Std. ·

PETER SKOVBAK OUT AFTER VEHICLE IMPACT
JUNE 25, 2022 1:00am EDT

Peter Skovbak has withdrawn from RAAM. The following is a statement from his crew about what happened.

RAAM Media Two corresponded with crew chief, and former RAAM solo finisher, Andy Christensen, who confirmed that evéryone involved in the crash is okay and will fully recover. No word yet on whether Peter plans to return in th... Mehr anzeigen
Übersetzung anzeigen

Peter Skovbak - Team Next Step · Folgen
8 Std. ·

Das ist ein paar Stunden nach unserem Unfall. Unser Begleitwagen wurde von hinten angefahren und diesbezüglich auch Peter angefahren und in den Asphalt verbrannt.
Alle 3 im Auto und Peter wurden zur Kontrolle ins Krankenhaus gebracht und es geht den Umständen entsprechend gut und alle werden voraussichtlich zu 100% gesund
Zudem sind das Auto und beide Fahrräder so stark beschädigt, dass es unmöglich ist,

Nachricht der Rennleitung über den Unfall von Peter Skovbak.

Ich erinnerte mich an eine ähnliche Situation, die wir 2019 in Kansas erlebt hatten. Ich war auf dem Zeitfahrrad unterwegs, hinter mir mein Begleitfahrzeug. Am rechten Straßenrand standen Andi und Irene und filmten. Ich fuhr vorbei und freute mich über eine schöne Filmaufnahme. Ich war schon mindestens 200 Meter entfernt, als sich von hinten ein LKW näherte. Andi hielt die Kamera noch drauf, zoomte heran und filmte, wie der LKW uns gefährlich nahe kam. Er machte keine Anstalten, auf die Überholspur zu wechseln. Plötzlich quietschten die Bremsen, die Reifen rauchten. In letzter Sekunde hatte uns der LKW-Fahrer bemerkt und notgebremst. Gar nicht auszudenken, was hätte passieren können. Erst zu Hause zeigte uns Andi diese Aufnahmen.

Ich hatte ein mulmiges Gefühl auf diesem Highway. Man stelle sich das bei uns in Europa vor: Auf der Autobahn ein Begleitfahrzeug mit Radfahrer bei einer Geschwindigkeit von 10 km/h während der Anstiege, und links überholen

LKWs und PKWs mit über 100 km/h! Auf dem Highway versucht man möglichst auf dem Pannenstreifen zu bleiben, um gemeinsam mit dem Begleitfahrzeug kein gefährliches Hindernis für den Schwerverkehr darzustellen. Dieser Pannenstreifen ist aber in einem eklatant schlechten Zustand – er ist übersät mit Löchern, zerfetzten Reifen, Müll, Kieseln, Glasscherben. Dagegen ist es auf der Fahrbahn noch vergleichsweise ungefährlich. Besonders viel Aufmerksamkeit brauchen die Rumble Strips (Rüttelstreifen) am Fahrbahnrand, die den Autofahrer unsanft daran erinnern sollen, dass er an den Straßenrand kommt. Diese Rüttelstreifen können für den Radfahrer sehr gefährlich werden, insbesondere, wenn man den Lenker nicht fest im Griff hat. Vor allem bei der Versorgung vom Auto aus musste man sehr vorsichtig sein und keinesfalls über diese Rüttelstreifen kommen.

Diese Erfahrung musste ich 2017 machen. Ich war mit meinem Zeitfahrrad unterwegs gewesen. Die Straße führt über unzählige Anstiege mit 100 bis 200 Höhenmetern, und die kurzen Abfahrten danach versucht man natürlich zu nutzen, um möglichst viel Schwung für den nächsten Hügel mitzunehmen. In Aeroposition, auf dem Aufleger liegend, raste ich mit über 60 km/h den Pannenstreifen entlang den Highway hinunter, als ich einem Hindernis nach links ausweichen musste, über die Rumble Strips fuhr, die das Rad und mich so heftig durchbeutelten, dass mein Lenker nach unten brach. Alles passierte im Bruchteil einer Sekunde, sodass ich mich gar nicht erinnern kann, wie ich es geschafft hatte, im Sattel zu bleiben und unbeschadet zum Stehen zu kommen. Der Schock saß tief. Ein Sturz mit 60 km/h kann fatale Folgen haben. Nicht auszudenken, wenn ich dabei bei diesem Verkehr auf die Fahrbahn gekommen wäre!

Es lag also ein weiterer harter Tag vor uns. Nicht nur für mich – für meine Crew war das der pure Stress. Sie musste mich von hinten abschirmen, permanent den Rückspiegel im Auge behalten, mich ein- oder zweimal über mehrere Spuren am Highway nach links zu Abzweigungen navigieren, mich dabei vor den von hinten kommenden Fahrzeugen schützen, geeignete Stellen für eine Pause am Highway ausfindig machen usw.

Vor uns lagen nun etwa 160 Kilometer auf dem Highway 50. Doch trotz all dieser widrigen Umstände freute ich mich darauf! Ich wusste, wenn wir das hinter uns hätten, konnten wir wieder einen großen Brocken abhaken. Wir waren in unserer täglichen Routine: drei Stunden fahren, fünf Minuten Pause. Der Verkehr war wie erwartet heftig. Es war schwül, und meine Müdigkeit wurde zum Problem. Ich hatte Schwierigkeiten, mich zu konzentrieren, teilweise wich ich Löchern auf der Straße kaum noch aus.

Das RAAMbulance Car mit den Mädels begleitete mich. Wir waren alle nervös. Liane saß am Steuer und machte einen großartigen Job. Sie war bis hierher die gesamte Strecke gefahren, und in Annapolis wird sie die einzige Fahrerin in unserer Crew sein, die das Auto jeden einzelnen Meter der 3000 Meilen gelenkt hat. Bis zu 15 Stunden am Tag – eine starke Leistung. Liane machte das großartig. Über die Zeit hatte sich eine stille, aber präzise Kommunikation zwischen mir und meinem Team im Begleitfahrzeug entwickelt, was entlang dieses Abschnitts von besonderer Wichtigkeit war. Bei jedem kurz angedeuteten Seitwärtsblick oder bei einem verzögerten Tritt wusste meine Crew sofort, wie zu reagieren war, und Schlenker auf beide Seiten konnten so exakt synchron erfolgen, um maximale Sicherheit zu geben.

Die Pausen auf dem Highway waren eine echte Herausforderung. Zweimal hatten wir keine andere Wahl, als einfach auf dem Pannenstreifen stehen zu bleiben, den Campingsessel neben dem Auto aufzustellen und zu hoffen, dass wir sichtbar genug waren!

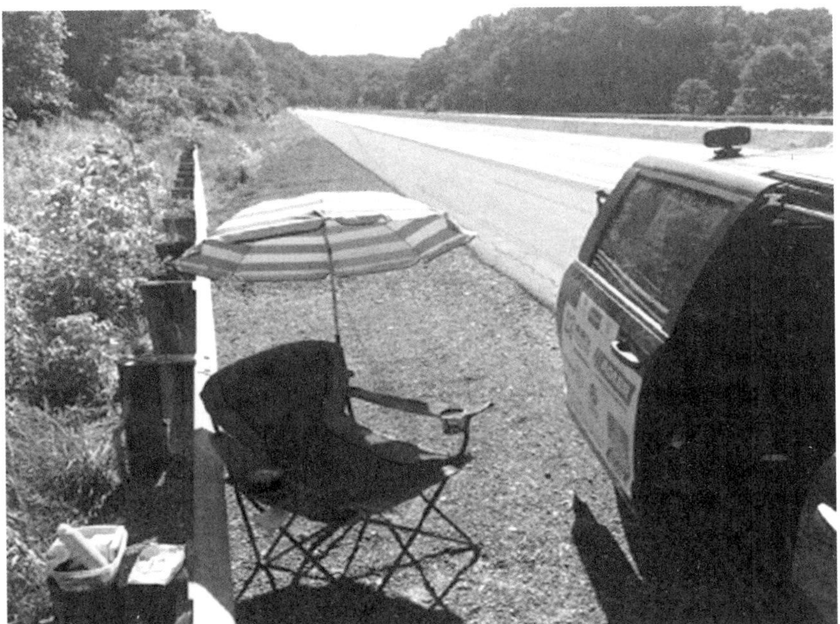

Kurze Pause auf dem Highway 50, vorletzter Renntag. (Foto: Ruth Brandstätter)

Auf einer der unzähligen Abfahrten konnte ich einem Schlagloch nicht mehr rechtzeitig ausweichen, und mir wurde ein so heftiger Schlag versetzt, dass meine Lampe aus der Verankerung gerissen und auf die Fahrbahn geschleudert wurde. Ich musste stehen bleiben und eine Ersatzlampe montieren. Laut RAAM-Regeln muss 24/7 vorne und hinten eine Radbeleuchtung angebracht sein. Wir standen am Pannenstreifen des Highways, und noch während Ruth die Ersatzlampe aus dem Auto holte, sprintete Alex los – sie hatte natürlich ihre Warnweste an – und machte sich mitten am Highway unter Einsatz ihres Lebens auf die Suche nach der Lampe. Die Autos rauschten links und rechts neben ihr vorbei, aber sie war tatsächlich erfolgreich. Sie kam mit der noch funktionierenden Lampe zurück, montierte sie auf das Rad und befahl: „Weiter geht's!"
Ich gehorchte, trat in die Pedale und nahm die nächsten Hügel in Angriff.

Nach etwa 160 Kilometern kam endlich die Abfahrt vom Highway – begleitet von „Take me home, country roads" von John Denver – nach West Virginia. Die Landschaft wurde lieblicher, und ich war unglaublich erleichtert, dass wir den Highway hinter uns gelassen hatten. Les Crooks, Kabir Rachure, Søren Peter Rosenkilde und ich waren auf diesem Streckenabschnitt dicht beieinander, wir überholten uns immer wieder gegenseitig, ganz abhängig von unseren Pausenroutinen. Am Weg in die Berge von West Virginia sah ich wieder einmal Kabir Rachure, an den ich mich schon richtig gewöhnt hatte. Immer, wenn ich an ihm vorbeifuhr, feuerte mich seine Crew an. Diesmal stand Kabir völlig erschöpft und verzweifelt am Straßenrand. Es war schon dunkel, und seine Crew verpflegte ihn. Ich war den Tag vorher sehr schonend gefahren, da ich wusste, dass es jetzt ans Eingemachte ging. Danach sah ich Kabir nicht mehr. Auch Les Crooks und Søren Peter Rosenkilde überholte ich irgendwo auf dieser Strecke zum letzten Mal. Alle drei kamen erst Stunden nach mir ins Ziel.

Die 160 Kilometer auf dem Highway, das permanente Auf und Ab mit den 5000 Höhenmetern forderten ihren Tribut. Die Nacht wurde für mich zum Horror. Ich hatte nur noch ein Ziel im Kopf: das Hotel in Cumberland, Maryland. Dort noch eine Schlafpause und dann mit letzter Kraft nach Annapolis. Es war in der Zwischenzeit kalt geworden, etwa zehn Grad Celsius. In der nächsten Pause unterbreitete ich meiner Crew den Vorschlag, die Schlafpause von Cumberland nach McHenry vorzuverlegen. McHenry liegt auf etwa 800 Metern, und von dort geht es mehr oder weniger immer leicht abwärts nach

Cumberland. Wir würden die heutige Etappe so um ca. zwei Stunden verkürzen, und ich wäre in der Lage, mich etwas zu erholen. Die letzte Etappe wäre damit zwar etwas länger, würde aber mit einem sehr leichten 60-Kilometer-Teil beginnen. Meine Crew sah, wie erschöpft ich war – und sie war es auch. Der Vorschlag überzeugte auch meinen Crew Chief, und so wurde ein Hotel in McHenry gebucht.

Die Distanz bis dahin war überschaubar, und mit großer Erleichterung stieg ich wieder auf das Rad. Wie bei jeder Etappe waren die letzten Kilometer die schwierigsten. Ein paar Kilometer vor McHenry stand ein Einsatzfahrzeug auf der Straße. Einsatzkräfte waren dabei, die Straße abzuriegeln. Auf einem der Strommasten – in den USA zum Teil immer noch einfache Baumstämme – war ein gewaltiges Feuerwerk zu sehen. Es zischte und rauchte, und die Straße war vom Funkenflug hell erleuchtet. Es war richtig beängstigend. Mehr Angst als der funkenspeiende Strommasten machte es mir aber, dass die Einsatzkräfte uns womöglich nicht mehr weiterfahren lassen würden und ich meine Schlafpause im Auto verbringen müsste. Gerade noch in letzter Sekunde durften wir die Gefahrenstelle passieren, bevor alles abgesperrt war. Wieder einmal hatten wir Glück. Endlich sah ich die Ortstafel von McHenry. Endlich! Dann folgten auch einige Hotels, nur unseres war nicht auszumachen. Nach dem Ortsende blieb ich stehen und wollte wissen, was los sei. Wo ist unser Hotel? Darlene, Bob und Bill waren ebenfalls ratlos, wiesen mich aber an, weiterzufahren. Nach zwei oder drei Kilometern blieb ich erneut stehen. Da keine Häuser mehr zu sehen waren, befürchtete ich, das Hotel verpasst zu haben. Bob stieg aus, beruhigte mich und meinte, es wären nun noch zwei oder drei Meilen. Für mich war das furchtbar. Schon seit 30 Minuten rechnete ich jeden Augenblick damit, vor dem Hotel zu stehen, und jetzt sollte ich noch ein paar Kilometer in die Pedale treten? In den USA gab es auch 2022 noch Gebiete mit keiner oder nur sehr schlechter Internetabdeckung. Da war es für die Crew oft nicht so leicht, genaue Angaben über Standorte und Entfernungen zu machen. Ich sammelte mich ein letztes Mal für diesen Tag, bevor wir tatsächlich nach etwa zwei Meilen unser Etappenziel erreichten und ich meine letzte Schlafpause vor Annapolis antreten konnte.

Der Schlusssprint

Am 25. Juni um 5:23 Uhr startete ich meine finale Etappe des Race Across America. Ich hatte 4510 Kilometer und 37.200 Höhenmeter hinter mir. Vor mir lagen die letzten 369 Kilometer. Die 5150 Höhenmeter dieses letzten Abschnitts versuchte ich zu verdrängen. „This is the most difficult section of RAAM, measured in feet of climbing per mile", war im Routebook zu lesen. Alle Crewmitglieder und ich waren gut gelaunt, heute würden wir das Ziel erreichen! Heute würde unser Traum wahr werden. Zudem waren die ersten 60 Kilometer leicht zu bewältigen, geradeaus bzw. leicht abwärts ging es nach Cumberland. Danach allerdings begannen die kurzen, aber steilen Anstiege in den Appalachen. Wir starteten voller Motivation in den Tag und erreichten bald Cumberland. Dort legten wir eine kurze Pause ein, bevor wir die knapp hintereinander liegenden Anstiege, die im Höhenprofil so gefährlich wie Zähne auf einem Sägeblatt aussehen, in Angriff nahmen.

Ich fühlte mich bereit – trotz großem Respekt vor den kommenden Steigungen –, war dann aber überrascht, wie leicht sie mir fielen. Ich hatte einen guten Tritt, und angefeuert von den Mädels schafften wir sie in ziemlich genau zwei Stunden. Immerhin etwa 1000 Höhenmeter und 45 Kilometer. Wir waren nun geradezu euphorisch. Wie leicht mir doch diese letzte Etappe fiel. Noch ging es mit etwas Auf und Ab zum nächsten kurzen Anstieg in etwa 50 Kilometern, dann noch einmal etwa 40 Kilometer eher flach dahin, bevor der letzte kleine Berg des Race Across America zu bezwingen war. Danach die letzten Kilometer nach Annapolis.

Beim letzten dieser vier Zacken sah ich schon von Weitem ein Begleitfahrzeug stehen. Begleitfahrzeuge sind leicht zu erkennen, weil die auf dem Dach montierten Warnleuchten während des Einsatzes blinken müssen. Dahinter stand ein zweites Fahrzeug, es sah ganz nach einem Race Official aus. Ich fühlte mit dem RAAM-Teilnehmer, der – so erschien es mir aus der Ferne – offensichtlich aufgrund eines Regelbruchs eine Zeitstrafe erhalten würde. Beim Näherkommen bemerkte ich, dass mehrere Menschen auf der Straße standen und heftig debattierten. Sekunden später erkannte ich unser RAAMbler Car. In Gedanken haderte ich schon mit einer Zeitstrafe, und das am letzten Tag. Das war unsere fünfte RAAM-Teilnahme, und noch nie hatten wir eine Zeitstrafe bekommen. Wir galten als ein vorbildhaftes Team, hielten uns an jede Regel und waren immer perfekt organisiert. Die Stunde, die mir zugeschlagen werden würde, machte mir weniger aus als die Tatsache, dass wir einen Fehler gemacht hatten. Ich kam den Autos im Schritttempo näher. Nun standen alle am Straßenrand, schauten auf mich, und ich konnte hören, wie sie laut diskutierten – verstand aber noch kein Wort. Ein paar Meter vor ihnen wurde mir klar, was los war. Sie waren in bester Stimmung. Der Race Official hatte hinter dem RAAMbler Car angehalten, um sich mit meiner Crew zu unterhalten und mich anzufeuern. Beim Vorbeifahren klatschten wir ab, der Race Official gratulierte mir und schrie: „See you in Annapolis!"

Es waren noch etwa 200 Kilometer mit einigen Höhenmetern zu bewältigen, als meine Euphorie nachließ und eine hartnäckige Müdigkeit einsetzte. Im Kopf war ich bereits im Ziel, und es fiel mir unglaublich schwer, mich für die letzten Kilometer zu motivieren. Ich fragte immer öfter nach einer kurzen Pause und brauchte innerhalb von drei Stunden zwei Powernaps, um nicht auf dem Rad einzuschlafen. Es war wieder ein sehr heißer Tag. Gefühlt waren diese letzten 200 Kilometer jetzt länger als die ersten 4700. Das Ziel schien sich immer weiter von mir zu entfernen. Es waren ungefähr noch acht Stunden zu fahren. Ein Kinderspiel – verglichen mit den fast elf Tagen, die wir bereits auf der Strecke verbracht hatten. Aber diese acht Stunden schienen plötzlich kaum noch bewältigbar. Kein anderer RAAM-Teilnehmer war weit und breit ausfindig zu machen, schon seit Stunden war ich ganz allein unterwegs! Ich kannte dieses Gefühl vom Race Around Austria. 2020 ging es mir dort ebenso. Je sicherer man sich ist, dass man sein Ziel erreicht, umso härter erlebt man die letzten Stunden. Sie werden zur Ewigkeit, und selbst die besten Motivationstricks der Crew zeigen kaum noch Wirkung. Im Jahr darauf, im August 2021, ging es mir auf den letzten 100 Kilometern des Race Around Austria ganz anders. Ein paar Kilometer vor mir war Thorsten Weber, und Zoli gelang es, meinen Ehrgeiz zu entfachen. Wir starteten eine Jagd auf ihn. Ich erhielt alle paar Minuten ein Update von der Crew, wo er lag. Ich erwartete, ihn nun hinter jeder Kurve zu sehen. Mal kam ich näher, mal vergrößerte er seinen Abstand – ich war immer informiert. Im letzten Flachstück vor dem Mondsee sah ich ihn nun endlich vor mir. Ich raste förmlich an ihm vorbei, aber er schien gar nicht mehr mitzubekommen, was passierte. Auf den letzten 100 Kilometern von Bischofshofen bis zum Ziel nahm ich ihm ganze 50 Minuten ab. Was war diese Verfolgungsjagd für ein Spaß, wie aufregend und kurz waren diese letzten 100 Kilometer. Wie viele Kraftreserven konnte ich da noch mobilisieren!

Die Erinnerung an diese Situation stieg in mir hoch. In diesem Augenblick fuhr mein Begleitfahrzeug mit den drei Mädels vor. Alex beugte sich heraus und schrie: „Du bist an fünfter Stelle, hinten kommt Les Crooks! Gib Gas! Lass dich nicht einholen! Vor dir ist Phil Fox. Wenn der noch eine Schlafpause macht, holst du ihn ein!"

Das tat seine Wirkung. Ich war plötzlich hellwach. Alex hatte den richtigen Knopf gedrückt. Der Spaß begann. Die Müdigkeit war verflogen. Alle paar Minuten ließ ich mir ein Update geben. Ich wollte genau wissen, wie sich der Abstand nach hinten veränderte. Sogar Andi Zemann, der von zu Hause aus in Telfs das Rennen verfolgte, wurde eingebunden. Er ist ein guter Statistiker und kann in Echtzeit Abstände berechnen und Prognosen abliefern. Der letzte kleine Hügel mit etwa 300 Höhenmetern kam auf mich zu, und ich sah hier die Chance, Les Crooks endgültig abzuschütteln und zu demotivieren. Er sollte gar keinen Sinn mehr darin sehen, mich weiter zu verfolgen. Ich trat noch einmal richtig fest in die Pedale und war selbst überrascht, wie viele Reserven ich noch mobilisieren konnte. Jetzt waren es noch knapp 100 Meilen bis ins Ziel. Oben angekommen verlangte ich wieder ein Update. Tatsächlich – ich hatte den Abstand deutlich vergrößert. Von hinten bestand kaum noch Gefahr. Nur noch sechs Stunden.

Ich musste jetzt an unser RAAM-Finish 2019 im Viererteam denken. Ruth und ich hatten in der Nacht übernommen, und wir lieferten uns mit einem Viererteam aus Deutschland ein heißes Duell. Wir überholten uns immer wieder gegenseitig. Wir hatten noch vielleicht 50 Kilometer bis ins Ziel, als ich irgendwo am Straßenrand wartete, um Ruth abzulösen. Das Männerteam T408 aus Deutschland fuhr an mir vorbei, und wir stoppten den Abstand. Elf Minuten! Sie hatten Ruth auf den letzten Hügeln abgehängt. Elf Minuten, mit dem Zeitfahrrad könnte sich das ausgehen, dachte ich mir. Ich machte mich auf die Verfolgungsjagd. Auf dem Zeitfahrrad konnte ich ziemlich schnell sein, wenn es sein musste. Bei der nächsten roten Ampel erhielt ich aus dem Begleitfahrzeug die Information, dass das andere Team seine Taktik geändert hatte: Alle vier waren auf der Strecke – sie fuhren im Windschatten. Das war eine häufige Taktik zum Schluss eines Rennens. Dadurch konnte man auf den letzten Kilometern noch ein paar Minuten gutmachen. Ich ließ mich nicht entmutigen und fuhr weiter. Aber plötzlich versagte meine Schaltung. Ich hatte vergessen, die Akkus zu tauschen. In diesem Moment schaltete die Ampel vor mir auf Rot. Ich musste ohnehin stehen bleiben und nutzte die Zeit, um die Akkus zu wechseln. Natürlich waren sie im Begleitfahrzeug nicht sofort auffindbar. Eine ganze Grünphase verging, bis ich wieder starten konnte. Nun war ich erst richtig motiviert. Ich gab alles, was ich konnte, und erhielt vom Begleitfahrzeug die Nachricht, dass wir den Abstand verringerten – ziemlich schnell sogar. T408 hatte wohl nicht mehr mit mir gerechnet. Ein paar Kilometer vor dem Ziel wandten wir noch eine kleine List an: Ruth wurde im Begleitfahrzeug vorausgeschickt und stellte sich mit dem Rad an den Straßenrand. Als T408 an ihr vorbeifuhr, mussten sie davon ausgehen, dass wir noch einen Wechsel planten. Und da Wechsel während der Nacht nur im Stehen stattfinden dürfen, musste uns das zwei bis drei Minuten Zeit kosten. Als ich an Ruth vorbeifuhr, feuerte sie mich an. T408 war eben erst vorbeigekommen. Ich trat noch einmal mit voller Kraft in die Pedale, konnte sie aber nicht mehr vor der Ziellinie überholen. Es ging nur um ein paar Sekunden. Die Überraschung kam dann in Annapolis: Wir hatten die Deutschen um zwei Minuten geschlagen. Da das Team in Annapolis ein paar Minuten vor uns gestartet war, hatten wir ein Zeitguthaben! Ich nahm dem Viererteam, das die letzten 50 Kilometer im Windschatten fuhr, ganze 13 Minuten ab – trotz meiner Akkupanne! Dieser Gedanke motivierte mich in diesem Moment.

Noch ein letzter Crewwechsel und noch etwa 100 Kilometer: Innsbruck–Ötztal Bahnhof und retour! Weniger als Innsbruck–Brenner und retour! Eine Abendtrainingsrunde! So knapp waren wir jetzt vor dem Ziel. Aber wir waren noch nicht da. Ich musste mich weiter konzentrieren. Mit einem Sturz könnte so knapp vor dem Ziel alles vorbei sein. Das RAAMerica Team übernahm jetzt, und Alex wechselte vom RAAMbulance Car in deren Auto. Wie in den letzten Tagen blieb sie zwei Betreuerschichten bei mir. Das RAAMbulance Car, das RAAMedia Car und das RAAMbler Car machten sich auf den Weg nach Annapolis, um im Ziel auf mich zu warten.

Es war schon Abend geworden, als das Begleitfahrzeug zu mir aufschloss, sich die Scheibe der Hintertür öffnete, Alex ihren Kopf herausstreckte und sagte: „Ich habe eine gute und eine schlechte Nachricht. Welche willst du zuerst hören?“
Ich merkte, wie schlecht sie sich dabei fühlte, und wusste gleich, was los war.
„Die schlechte“, sagte ich.
„Du bist doch nicht an fünfter Stelle, ich habe mich vertan.“
Alex hatte irrtümlich angenommen, dass Svata Bozak nicht mehr im Rennen

sei, sie hatte ihn mit Peter Skovbak verwechselt, der nach 4200 Kilometern aufgrund eines Unfalls aufgeben musste. Alex erwartete wohl, dass ich jetzt ausrasten würde, und ich glaube, ich überraschte sie ziemlich mit meiner Antwort: „Macht gar nichts. Fünfter oder sechster Platz ... spielt keine Rolle. Die letzten Stunden waren so geil, das hat richtig Spaß gemacht!"
„Die gute Nachricht ist, du bist Dritter in deiner Alterskategorie!"

Es waren nur noch etwa 60 Kilometer bis nach Annapolis. Nur noch zwei Stunden! Die Nachricht von Alex blieb aber nicht ohne Wirkung. Das Spiel war jetzt vorbei, der Spaß hatte ein jähes Ende – plötzlich war die Luft draußen. Nach einer letzten kurzen Pause stieg ich ein letztes Mal auf das Rad, um mich durch die verbleibenden Kilometer bis ins Ziel zu quälen. Ich kannte die Strecke mittlerweile gut und wusste, dass es schwierig werden würde und viel Konzentration brauchte: eine mehrspurige, vielbefahrene Straße mit einigen Ampeln und vielen komplizierten Abzweigungen. Es war furchtbar. Meine Müdigkeit war plötzlich wieder da, das Ziel so kurz vor den Augen entfernte sich immer weiter von mir. Ich fand keinen Rhythmus mehr. Es war schon dunkel geworden. Meter um Meter kämpfte ich nun. Jetzt war ich schon über 4800 Kilometer gefahren und konnte es nicht fassen, dass die letzten paar Meilen nicht enden wollten. Mir schien es, als würde ich in Zeitlupe fahren.

Die Ziellinie war alles andere als spektakulär. Ein auf dem Pannenstreifen aufgeklebtes Band und an dessen Ende ein oranger Leitkegel. Sie taucht unvermittelt auf und ist leicht zu übersehen. Rechts davon in der Wiese stehen ein oder zwei Race Officials. Dahinter ein kleines Restaurant und ein Parkplatz. Als ich über die Ziellinie fuhr, applaudierten die Race Officials, und einige Gäste auf der Restaurantterrasse klatschten. Bizarr! Das war die Zieleinfahrt.

Ich war aber noch nicht Finisher des Race Across America. Ich war zwar über die Ziellinie gefahren, aber noch nicht im Ziel! Von hier ging es nun neutralisiert zum City Dock in Annapolis, es waren noch knapp zehn Kilometer! Zu der an der Ziellinie gestoppten Zeit werden jedem Fahrer noch 26 Minuten hinzugezählt. Das ist das Race Across America – es will und will kein Ende nehmen. Selbst nach dem Überfahren der Ziellinie ist es noch nicht vorbei. Die nächste Station für mich war jetzt die Shell Station, eine Tankstelle kurz vor dem City Dock. Dort musste man anhalten, hatte ein paar Minuten

Zeit, um sich für die Zieleinfahrt vorzubereiten, und wurde dann von einem RAAM-Fahrzeug ins Ziel eskortiert. Mein gesamtes Team wartete auf mich. Als ich eintraf, brach Jubel aus. Wir fielen uns in die Arme, Race Officials gratulierten uns. Ich zog mich um, wir machten ein paar Fotos und warteten auf die Eskorte. Nur zwei von uns fehlten: Zoli und Balázs. Wo waren sie? Ich sah mich um und entdeckte sie: Gebückt über mein Fahrrad, jeder einen Putzlappen in der Hand, brachten sie mein S-Works Venge zum Strahlen. Das war meine Crew: Nach 5000 Kilometern quer durch die USA putzten sie mein Fahrrad: „Mit einem schmutzigen Rad fährt man nicht ins Ziel!", lautete die klare Ansage.

Jetzt ging es los. Die letzten paar Minuten. Vor mir fuhr die Eskorte – ein Cabriolet. Auf der Rückbank saß Martin und filmte. Hinter mir meine Begleitfahrzeuge. Mit großer Fanfare, mit Sirenen und Hupen fuhren wir zum City Dock, wo der große Zielbogen aufgebaut war. Um 22:50 Uhr waren wir da! Wir waren in Annapolis! Wir haben es geschafft! Elf Tage, fünf Stunden und 50 Minuten. 4880 Kilometer, 42.300 Höhenmeter, drei Gebirgszüge, zwei Wüsten, zwölf Staaten, vier Zeitzonen, 550.000 Pedalumdrehungen, 145.000 Kalorien, 158 Liter Schweißverlust. Elf Tage, fünf Stunden und 50 Minuten, für die ich mich jahrelang vorbereitet hatte. Elf Tage, fünf Stunden und 50 Minuten, in denen meine Crew alles für mich tat und ebenso wie ich an ihre physischen und mentalen Grenzen kam. Race Across America 2022: Wir waren im Ziel!

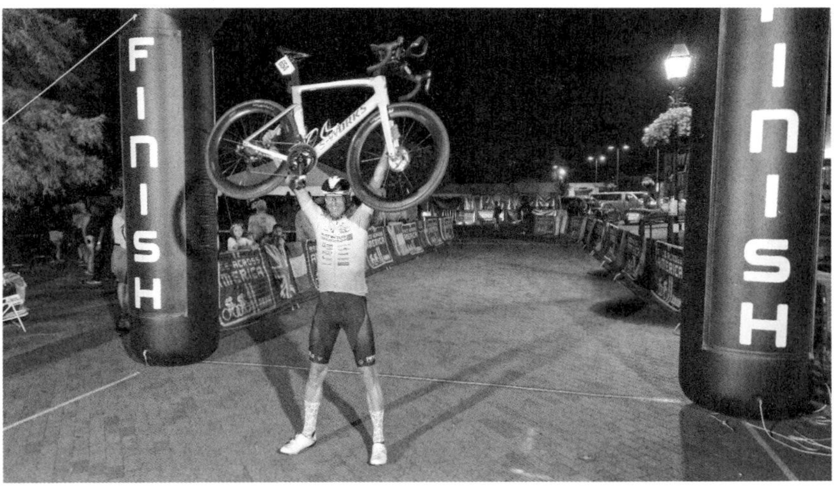

Im Ziel. (Foto: Florian Phleps)

Rank	Entry	TS#	Miles	Arr DT
1	620 - Allan Jefferson – Team Jefferson	54	3028.20	06/24/2022 15
2	300 - Jim Trout	54	3028.20	06/25/2022 19
3	654 - Kurt Matzler – Rotary RAAMs Polio	54	3028.20	06/25/2022 2
4	665 - Les Crooks	54	3028.20	06/25/2022 2
5	660 - Søren Peter Rosenkilde – Team SkyDog	54	3028.20	06/26/2022 1
6	632 - Joff Spencer Jones	54	3028.20	06/26/2022 10
	668 - Peter Skovbak – Team Next Step	44	2606.90	06/24/2022 14
	644 - Peter Trachsel – Team Trachsel	38	2257.80	06/23/2022 10
	642 - Paolo Pietro Godardi	34	2017.60	06/22/2022 16
	635 - Lionel Poggio	33	1940.40	06/22/2022 5
	664 - Adriano Ongaro	17	1020.80	06/18/2022 2
	268 - Ricardo Arap	13	824.10	06/17/2022 19
	634 - Chris Davies	7	445.50	06/16/2022 14
	670 - Jean-Luc Perez	2	145.30	06/14/2022 2
Age Cat (50–59) Count: 14				

Ergebnisliste Masterclass.

Nach dem obligatorischen Interview auf der Bühne und ein paar Fotos feierten wir. Ruth hatte Prosecco besorgt. In Formel-1-Manier ließ ich den Korken knallen, und wir tranken aus der Flasche. Da im Zielgelände nicht mehr viel los war und ich zum Ausgehen nicht passend gekleidet war, fuhren wir ins Hotel. In der Lobby tranken wir noch ein oder zwei Bier, und dann ging es ab ins Bett. Das war's.

Ich schlief erstaunlich schlecht, nach ein paar Stunden war ich wieder wach. Meine Crew war stundenlang damit beschäftigt, die Autos wieder in den Ursprungszustand zu bringen, die Räder einzupacken und alles für die Abreise fertig zu machen. Wir genossen noch ein gemeinsames Mittagessen direkt am Hafen. Martin, Hubert und Liane flogen am selben Abend zurück. Von den Amerikanern verabschiedeten wir uns am Montag. Wir verbrachten noch einen Tag in Washington D.C., mein Flug gemeinsam mit Ruth, Zoli und Alex ging am Dienstag. Mein letzter Facebook-Eintrag in den USA:

ce TM	Avg	Status
d 23 h 20 m	12.65	OFCL
d 3 h 29 m	11.32	OFCL
d 5 h 50 m	11.22	OFCL
d 7 h 57 m	11.14	OFCL
d 9 h 52 m	11.06	OFCL
d 18 h 13 m	10.73	OFCL
d 22 h 35 m	10.97	DNF
d 18 h 31 m	10.77	DNF
d 0 h 29 m	10.53	DNF
d 13 h 20 m	10.75	DNF
d 6 h 40 m	10.04	DNF
d 3 h 7 m	11.1	DNF
d 22 h 36 m	9.56	DNF
h 48 m	18.63	DNF

„Hallo aus Washington!

Ich trinke gerade einen Kaffee in Washington D.C. und realisiere erst so langsam, was passiert ist. Wir haben es tatsächlich geschafft und sogar mit einem Spitzenplatz und 1,2 Millionen Dollar an Spenden. Das war eine Weltklasse-Leistung eines unglaublichen Teams. Mit einer sehr unkonventionellen Strategie haben wir in der Liga der weltbesten Ultracyclists mitgespielt. Ich bin überwältigt. Mit dem richtigen Team kann man alles erreichen.

Danke an das legendäre Team Rotary RAAMs Polio."

LEADERSHIP-LEKTION 9:

MARGINAL GAINS –

DIE SUMME KLEINER VERBESSERUNGEN MACHT DEN GROSSEN UNTERSCHIED

Wir neigen dazu, uns auf die großen Dinge zu konzentrieren, und unterschätzen die Bedeutung der kleinen Verbesserungen. James Clear schreibt in seinem Buch „Die 1% Methode" dazu:

> „Wir verzichten häufig auf kleine Änderungen, da sie im Augenblick keine große Rolle zu spielen scheinen. Wer jetzt ein wenig Geld spart, wird dennoch kein Millionär. Wer drei Tage hintereinander ins Fitnessstudio geht, ist immer noch nicht in Form. Wer heute Abend eine Stunde lang Chinesisch lernt, beherrscht die

> Sprache trotzdem noch nicht. Wir verändern unser Verhalten ein wenig, doch wenn die Ergebnisse auf sich warten lassen, rutschen wir wieder in den alten Trott zurück.“[103]

Steht die Strategie aber einmal fest, geht es darum, die vielen kleinen Dinge kontinuierlich zu verbessern: Die Summe der kleinen Verbesserungen macht den großen Unterschied!

Als Beispiel führt James Clear die Geschichte des British Cycling Team an.[104] Das Team spielte über 100 Jahre lang im Radsport keine Rolle: Seit 1908 hatte es keine einzige Goldmedaille bei den Olympischen Spielen gewonnen, in über 100 Jahren hatte nicht ein einziges Mal ein Brite die Tour de France gewonnen. Die Performance des British Cycling Team war dermaßen schlecht, dass sich ein führender Radhersteller aus Angst eines Imageschadens weigerte, dem Team seine Räder zu verkaufen. Mit dem neuen Sportdirektor Dave Brailsford änderte sich im Jahr 2003 alles. 2008 holte British Cycling 60 Prozent der Goldmedaillen in Peking, 2012 setzte das Team reihenweise neue olympische Weltrekorde. Bradley Wiggins gewann als erster Brite die Tour de France, und Chris Froome setzte mit mehreren Siegen nach. Innerhalb von zehn Jahren sicherten sich die Briten 178 Siege bei Weltmeisterschaften und 66 Siege bei Olympischen und Paralympischen Spielen. Der Sportdirektor Dave Brailsford war besessen von „Marginal Gains“: „Das ganze Prinzip gründete auf der Vorstellung, dass sich letztlich eine deutliche Steigerung ergeben müsste, wenn man alles, was in irgendeiner Weise mit dem Radfahren zu tun hat, in seine Bestandteile zerlegt, um ein einziges Prozent zu verbessern, und anschließend wieder zusammensetzt.“[105] Jedes einzelne Detail wurde untersucht, getestet und verbessert: Windkanaltests für aerodynamische Rennanzüge, bessere Sattel, Reifen wurden für einen besseren Grip mit Alkohol eingerieben, das optimale Massagegel wurde zur besseren Muskelregeneration gesucht, Chirurgen zeigten den Athleten, wie man Hände wäscht, um Infektionen vorzubeugen, Kissen und Matratzen für den besten Schlaf wurden getestet, Biofeedback-Sensoren kontrollierten, wie die Sportler auf das Training reagierten und so weiter und so fort.

Christoph Strasser, ebenso besessen von der Idee der kontinuierlichen Verbesserungen, gelang es durch eine Summe vieler kleiner Optimierungen bei seinem 24-Stunden-Weltrekordversuch 2021 im österreichischen Zeltweg

Geschichte zu schreiben. Als Race Official konnte ich hautnah miterleben, wie er selbst von seinem Ergebnis überrascht war:

> „Berechnet waren: Für 41,67 km/h, also den nötigen Schnitt für 1000 km, wären 280–290 Watt nötig, und das kann ich nicht drücken. Schon gar nicht in der schnellen Sitzposition ... Rausgekommen sind im Flachland Steiermark: Für 42,75 km/h waren 272 Watt nötig. Ziemlich klar, was die zahlreichen kleinen Optimierungen an Sitzposition, Aero-Setup und Bike noch ausgemacht haben. Aber eben: unerwartet.
> Ich hab mir permanent gedacht: ‚Oida, verdammt, was ist da los? Wo kommt der Speed her?'
> Ich hab schon gewusst, dass das Setup gut ist, gewachselte Kette, Keramiklager, spezielle Reifen von Specialized, dünnere Schläuche, ein angefertigter Zeitfahranzug, der bei den Aero-Tests auf der Bahn als schnellster von vielen Modellen ermittelt wurde, usw. ...
> Aber als Gesamtpaket hab ich das im Training nie getestet, bin immer nur die Einzelteile Probe gefahren. Mal den Helm, mal den Anzug, mal die Scheibe, dann den Reifen – zum Schauen, ob alles passt und das Outfit bei den Temperaturen auszuhalten ist. Die Kette hält nicht ewig, daher wird die erst vor dem Start aufgelegt. Mit dem Helm ist das Training gefährlich, weil man von der Umgebung weniger hört, die Reifen sind etwas anfälliger für Defekte. Daher hab ich alles nur wenig und einzeln getestet, was das Gesamtpaket der vielen kleinen ‚marginal gains' an Speed hergibt, wurde mir erst nach dem Startschuss klar.
> Bei der Fahrt hab ich dann permanent nur gerechnet, wie viel Schnitt ich habe, wie viel ich verlieren darf, um über 1000 km zu bleiben. Und als ich merkte, dass ich quasi gar nicht abfalle und mir auch nicht zum Speiben zumute ist, von dauerhaft 110 g Kohlehydraten pro Stunde, dann war mir klar, dass das ‚mein Tag' wird."[106]

Christoph Strasser hatte alles optimiert, was man optimieren konnte! Er war besessen von der Idee der Marginal Gains! Das war auch mein Motto für die gesamte Vorbereitung meines Race Across America. Nach jedem Rennen (Race Across Italy, Race Around Austria) setzte ich mich mit meinem Crew Chief Zoli zusammen, und wir diskutierten jedes noch so kleine

Detail: Was können wir anders machen? Was können wir noch verbessern? Wir trafen uns über Jahre hinweg einmal pro Woche beim EMS-Training. Und während jeder Trainingseinheit philosophierten wir über Verbesserungen. Wer so besessen ist von Marginal Gains, findet oft ganz unerwartete Verbesserungsmöglichkeiten: Christoph Strasser war einmal bei Specialized im Windkanal, um die Aerodynamik zu testen. David Misch beschreibt das in seinem Buch „1000/24 – Christoph Strasser und die Jagd nach dem besten Tag“:[107]

> „Die Aussicht, dort im Windkanal den Geschwindigkeitsverlust durch geringste Veränderungen, etwa einem ungünstig aufgesetzten Helm, einem dickeren Trikotstoff oder gar einem geöffneten Frontreißverschluss, sichtbar machen zu können, trifft seinen zahlen- und statistikorientierten Verstand. Als man ihm aufzeigte, dass ihn die angenehme Kühlung durch das andauend geöffnete und dann wild flatternde Trikot mehr kostete, als ihm die sündhaft teuren Hochprofillaufräder und alle anderen kleine Tüfteleien in Summe brachten, schwor er sich, nie wieder den Reißverschluss anzufassen oder die Wettkampfkleidung eine halbe Nummer größer zu bestellen. Selbst die Position der Trinkflasche ... summierte sich in den Berechnungen über die RAAM-Distanz auf Minuten oder Stunden.“

Für mein RAAM versuchte ich alles zu optimieren. Lediglich bei der Sitzposition ging ich größere Kompromisse ein. Bei dieser langen Distanz gilt es, Aerodynamik, Kraftübertragung und Komfort sorgfältig abzuwägen. Ich entschied mich für mehr Komfort, da ich kein Risiko eingehen wollte. Ich fand dafür aber noch viele andere überraschende Details heraus: Rasiert man sich die Arme, kann das – so wie im Windkanal getestet – bis zu 19 Sekunden auf 40 Kilometer ausmachen.[108] Auf die RAAM-Strecke umgerechnet sind das theoretisch knapp 40 Minuten. Mein S-Works Evade Helm ist 50 Sekunden schneller als ein herkömmlicher Straßenhelm, das sind 80 Minuten auf die gesamte Strecke gerechnet! Die gereinigte und richtig geölte Kette kann Tests zufolge ein paar Watt ausmachen,[109] ebenso wirksam sind Aerosocken, die kleine Vorteile bringen. Ich testete unzählige Radsattel, Radhosen und feilte monatelang – fast bei jeder Trainingsfahrt – an meiner Sitzposition, bis ich die perfekte gefunden hatte. Auch bei den Abläufen während des Rennens fanden wir immer wieder Verbesserungsmöglichkeiten. Beim Race Around

Austria stellten wir fest, dass das Umziehen relativ viel Zeit kosten kann, vor allem, wenn man Trikot, Hosen, Socken, Ärmlinge, Handschuhe usw. erst im Chaos im Begleitfahrzeug finden muss. Daher packten wir einzelne Sets von Radbekleidung in Säckchen ab, sortiert nach Wüste (weiße Bekleidung), Regen, Kälte und normalen Verhältnissen. Das sparte sicher nicht mehr als ein oder zwei Minuten, zweimal am Tag. Aber über die gesamte Distanz machte das vielleicht 20 Minuten aus. Summiert man all die kleinsten Zeiteinsparungen, kommen Stunden heraus! Diese Stunden können entscheidend sein, schaffen doch manche Teilnehmer die Karenzzeit von zwölf Tagen nur ganz knapp nicht!

Toto Wolff, Motorsportchef bei Mercedes, ist einer der erfolgreichsten Motorsportchefs in der Formel 1, sein Team ist eines der besten der Welt. Er ist ein Perfektionist wie kaum ein anderer. Als er das erste Mal den Gästebereich des Teams besuchte, beklagte er sich, dass die Toiletten nicht sauber genug seien.
„Das ist nicht akzeptabel“, meinte er damals, „das ist unser Zuhause für das Rennwochenende, und hier empfangen wir unsere Sponsoren und ihre Familien.“
Er stellte einen Hygienemanager ein, der von da an immer mit dem Team mitfuhr.
„Ich zeigte ihm, wie er die Toilette putzen sollte, wie die Bürste zurückgesteckt werden sollte, wie der Boden gewischt werden muss, wie die Seifenbehälter mit der richtigen Seite nach vorne zu positionieren sind, wie die Griffe desinfiziert werden müssen usw.“
Er beklagte sich darüber, dass im Empfangsbereich nirgendwo das Logo „F 1“ zu sehen war. Auf die Bemerkung, dass es ja das Engineering sei, das über den Erfolg entscheide, antwortete er: „Nein. Es ist die Einstellung. Alles beginnt mit der Liebe zum Detail!“[110]

Meine Lektion aus dem Ganzen: Die richtige Strategie zu haben ist entscheidend, aber mindestens gleich wichtig sind die Marginal Gains, die Summe der kleinen Verbesserungen! Wer vom Streben nach Perfektion besessen ist und alle Mühen auf sich nimmt, zu lernen und zu optimieren, kann durch überraschende Erfolge belohnt werden!

LEADERSHIP-LEKTION 10:

HIRE FOR ATTITUDE, TRAIN FOR SKILLS

Pete Penseyres, der zweimalige Sieger des Race Across America, prägte den Satz: „The crew cannot win the race for you, but they can lose it!"

Die Crew ist einer der wichtigsten Erfolgsfaktoren. Michael Shermer, einer der vier Radfahrer, die 1982 das erste Mal das Race Across America bestritten, mehrfacher Finisher dieses Rennens und ehemaliger Renndirektor, entwickelte eine Reihe von Kriterien, die Mitglieder der Crew auszeichnen sollen:[111]

1. „Desire to crew with an urge for adventure able to rough it.
2. Able to not shower or put on make-up.
3. Able to get dirty and keep smiling.
4. Sense of humor.
5. Thoughtful to others.
6. Able to avoid arguments by biting their tongue.
7. Smart and inventive.
8. Able to maintain some semblance of hygiene even during the rough parts of the race.
9. Someone who is totally committed to the rider even if the rider does not perform to his or her own expectations.
10. Able to catch short naps and still remain alert.
11. Able to drive safely.
12. Not too verbose (silence is often golden in the support vehicles)."

Die Begleitmannschaft muss den Radfahrer nicht nur betreuen, ihn navigieren, sich um die Logistik kümmern, einkaufen und Kontakt mit dem Race Headquarter halten. Die Crew spielt eine entscheidende Rolle für die Motivation des Rennfahrers – vor allem im letzten Teil des Rennens. Der Fahrer braucht in seinem Team medizinische Betreuung, Physiotherapie, Radmechaniker, jemanden, der sich mit Elektronik und Autos auskennt, Betreuer mit guten organisatorischen Fähigkeiten und gute Autofahrer.

All diese Fähigkeiten und Eigenschaften sind wichtig. Bei der Crewzusammenstellung achtete ich aber primär darauf, dass die Crewmitglieder sich für das Projekt und die Idee begeistern, dass sie ein hohes Maß an „Verträglichkeit" aufweisen, das heißt gut mit anderen Menschen zurechtkommen, kooperativ, hilfsbereit, vertrauensvoll und empathisch sind, physisch belastbar sind und in Extremsituationen die Ruhe bewahren. Wir verwandten sehr viel Zeit für die Auswahl der Crewmitglieder und folgten dem Grundsatz: „Hire for attitude, train for skills."

Für mein RAAM 2022 konnte ich auf ein paar bewährte Crewmitglieder zurückgreifen, aber ich musste sieben neue Begleiter finden. Am schwierigsten gestaltete sich die Suche nach einer medizinischen Betreuung. Ich sprach mit vielen Interessentinnen und Interessenten, aber es fand sich niemand, der wirklich passte. Die Monate vergingen, die Zeit wurde knapp. Meine Frau Ruth postete schließlich in der WhatsApp Gruppe unseres Radclubs und fragte, ob jemand jemanden kenne, der infrage kommen würde. Prompt erhielt ich einen Anruf von Alex.
Sie meinte: „Ich will das unbedingt machen. Das ist ein so cooles Projekt. Ich wäre so gerne dabei. Ich habe mein Medizinstudium aber erst vor vier Jahren abgeschlossen und bin jetzt Kinderärztin. Ich weiß, dass es andere Fähigkeiten braucht, aber es sind noch ein paar Monate Zeit, und ich tue alles, um mich vorzubereiten!"

Ich kannte Alex nicht – sie war erst seit Kurzem in unserem Radclub –, aber nach ein paar Minuten am Telefon wusste ich, dass sie die Richtige war. Sie begeisterte sich für das Projekt und zeigte enorme Bereitschaft, alles zu tun, was notwendig war, um sich darauf vorzubereiten. Sie klang am Telefon sehr sympathisch, und meine Intuition sagte mir, dass sie gut ins Team passte. Ich sagte sofort zu. Alex bereitete sich akribisch vor, sie las Fachliteratur, sie hörte alle „Sitzfleisch"-Podcasts von Christoph Strasser und setzte sich mit Spezialisten in Verbindung, die ihr weiterhelfen konnten. Alex war Gold wert.

Als Julia, die schon einmal beim RAAM und zweimal beim Race Around Austria in der Crew war, absagen musste, schlug Zoli einen Ersatz vor: Balàsz. Er war ein sehr guter Freund von ihm, und Zoli legte seine Hand für ihn ins Feuer. Ich vertraute Zoli. Schließlich war es ja entscheidend, dass er in seinem Fahrzeug Crewmitglieder hatte, mit denen er gut zusammenarbeiten konnte. Es war eine gute Entscheidung.

Ich brauchte aber noch eine Besetzung für ein weiteres Fahrzeug. Hubert, der damals Präsident meines Rotary Clubs war, bot sich an. Er war begeistert von der Idee. Ich kannte Hubert schon seit vielen Jahren und wusste, dass man sich auf ihn verlassen kann. Ich erklärte ihm, dass es seine Aufgabe sei, weitere Teammitglieder für sein Begleitfahrzeug zu finden. Meine einzige Bedingung war: Es müssen Crewmitglieder sein, auf die er sich verlassen kann und mit denen er sich vorstellen kann, elf Tage lang auf engstem Raum unter Schlafentzug und Stress zusammenzuarbeiten. Was wir auf keinen Fall brauchen konnten, waren Konflikte innerhalb der Crew. Daran sind schon einige RAAM-Vorhaben gescheitert. Was wir aber auch unbedingt in unserem Team haben wollten, war gute Stimmung: Negative Stimmung innerhalb der Crew überträgt sich sehr schnell auf den Rennfahrer, und vor allem im letzten Teil des Rennens muss die Crew alles tun, um ihn zu motivieren – auch wenn er körperlich schon lange am Ende ist. Innerhalb von ein paar wenigen Tagen hatte Hubert sein Team: Florian, Martin und Roland. Ich war davon überzeugt, dass die Begeisterung für das Projekt, die persönlichen Einstellungen und die Fähigkeit, unter enormem Druck und Stress gut miteinander auszukommen, entscheidend waren. Spezifische fachliche Kenntnisse und Fähigkeiten sind notwendig, aber nicht ausreichend.

Bei der Zusammenstellung eines Teams haben Sie zwei Möglichkeiten: Sie definieren die notwendigen Qualifikationen und Fähigkeiten und suchen dann für jede Position die beste Besetzung oder Sie definieren zuerst die persönlichen Eigenschaften und stellen dann dementsprechend das Team zusammen. Was ist nun besser: Ein Team, bestehend aus Stars, oder ein Star-Team? Mercedes-Motorsportchef Toto Wolff ist überzeugt: „It is not necessarily the best individuals who win races but the team that works best together."[112] Ein Team, zusammengesetzt aus einzelnen Superstars, kann kläglich scheitern, wenn das Zusammenspiel nicht funktioniert. Im Jahr 1992 stellten die USA ein Basketball-Dreamteam für die Olympischen Spiele zusammen. Einige der besten Spieler der Basketball-Geschichte waren dabei: Charles Barkley, Larry Bird, Patrick Ewing, Magic Johnson, Michael Jordan, Karl Malone und Scottie Pippen. Die Superstars in ein Team zu bringen, garantiert aber noch lange nicht den Erfolg. Im ersten Trainingsmonat verlor das Dreamteam spektakulär gegen eine College-Mannschaft: „Wir wussten einfach nicht, wie wir zusammenspielen sollten", meinte Scottie Pippen nach der Niederlage. Es dauerte, bis das Team schließlich zusammenfand. Der Rest ist Geschichte.[113] Ein „Team of Stars", zusammengesetzt aus einzelnen Star-Playern, ist nicht notwendigerweise ein Star-Team.

Die gängige Praxis in der Rekrutierung folgt dem Prinzip „Hire for skills and train for attitudes". Das einzige Problem dabei ist, dass man Einstellungen, Werte und Charaktereigenschaften von Individuen nicht so leicht verändern kann. Scott Keller und Mary Meaney baten in einer Studie 5000 Führungskräfte über „Peak Experiences" als Teammitglieder nachzudenken und zu beschreiben, was diese Peak Experience ausmache. Sie fanden drei entscheidende Merkmale:[114]

> Erstens: Eine gemeinsame Überzeugung darüber, wonach das Unternehmen strebt und welche Rolle das Team dabei spielt, um dieses Ziel zu erreichen.
> Zweitens: Interaktion, die sich durch Vertrauen, offene Kommunikation und Konfliktbereitschaft auszeichnet.
> Drittens: Ein Umfeld, in dem Teammitglieder voller Energie sind, weil sie das Gefühl haben, Risiken eingehen zu können, innovativ zu sein, von Ideen von außen zu lernen und etwas Wichtiges zu erreichen – oft entgegen allen Widrigkeiten.

Gemeinsame Ziele, ein funktionierendes Miteinander und energiegeladene Teammitglieder sind demnach entscheidend.

Ernest Shackleton war eine der beeindruckendsten Führungspersönlichkeiten des letzten Jahrhunderts. Er leitete in den Jahren von 1914 bis 1917 die Endurance-Expedition zum Südpol, die spektakulär scheiterte. Im Januar 1915 blieb das Schiff, die Endurance, im Packeis stecken und saß fest. Das Schiff trieb mit dem Eis mit, und Monate der vollkommenen Dunkelheit vergingen. Ernest Shackleton hielt sein Team mit Fußballspielen, Hunderennen, Laientheater und anderen Aktivitäten fit und bei Laune. Im Oktober 1915 gab das Schiff dem Druck des Packeises nach und zerbarst. Lebensmittel und Ausrüstung konnten gerettet werden, und Shackleton brachte seine Mannschaft mit drei Rettungsbooten in Sicherheit. Nach Monaten auf dem driftenden Eis brach er mit seiner Crew in den drei Rettungsbooten Richtung Elephant Island auf. Unter widrigsten Bedingungen und Temperaturen bis zu minus 30 Grad erreichten sie die Insel, um festzustellen, dass es dort keine Hilfe gab. Shackleton wählte fünf Männer aus, um in einem der Rettungsboote die 1300 Kilometer bis Südgeorgien zu segeln. Von dort aus startete er mehrere Rettungsversuche, bis er am 30. August 1916 die gesamte Crew rettete. Die Mannschaft hielt bis zum letzten Tag zusammen und überlebte unter schwierigsten Bedingungen. Es gab keine Revolte und kaum größere Konflikte. Man half sich gegenseitig und hielt gemeinsam durch. Shackleton hatte die richtigen Männer für sein Vorhaben ausgewählt. Im Dezember 1913 hatte er mit der Suche nach Crewmitgliedern für seine Expedition begonnen: „Männer gesucht für eine gefährliche Reise. Geringer Lohn, bitterkalt, lange Monate kompletter Dunkelheit, permanente Gefahr, sichere Rückkehr zweifelhaft. Ehre und Anerkennung im Falle des Erfolgs“[115] – so soll die Anzeige gelautet haben. 5000 Männer sollen sich beworben haben, die der Expeditionsleiter in die Kategorien „Verrückt“, „Hoffnungslos“ und „Möglich“ einteilte. Er traf sich mit den „Möglichen“ und wählte nach Charaktereigenschaften wie Optimismus, Sinn für Humor und Ausdauer aus. Charaktereigenschaften waren ihm gleich wichtig wie Fähigkeiten!

Nancy Kohen, Professorin an der Harvard Business School, beschäftigte sich ausführlich mit dieser Expedition und mit Ernest Shackleton als Führungspersönlichkeit. Sie schlussfolgerte:

> „Shackleton verstand, dass er unter den lebensbedrohlichen Bedingungen der Antarktis Menschen mit Optimismus, Ausdauer, Zusammenhalt, Anpassungsfähigkeit, Sinn für Humor und Einsatzbereitschaft brauchte. Shackleton hatte Hunderte – vielleicht Tausende – von Bewerbern zur Auswahl, und er akzeptierte und lehnte Männer größtenteils auf der Grundlage dieser Eigenschaften ab, immer bemüht, ein Ensemble von Crewmitgliedern zu schaffen: ein Team von Persönlichkeiten, Eigenschaften und Stärken, das gut zusammenarbeiten würde unter Bedingungen großer Unsicherheit und hohem Einsatz. Führungskräfte können heute von der Bedeutung lernen, die Shackleton der Zusammenstellung seines Teams beimaß, und wie er dies tat. In Krisensituationen sagen uns Lebensläufe wenig über die Passung einer Person zu einer Position, vielmehr zählen Einstellung und Charakter. Das Zusammenstellen eines Teams ist mehr als die Besetzung einzelner Positionen; Es geht darum, ein Ganzes zu schaffen, das mehr ist als die Summe seiner Teile.“[116]

„Hire for attitude, train for skills!“ Das Team Rotary RAAMs Polio war kein Team of Stars, es war ein Star-Team. Die Hälfte der Crewmitglieder waren nicht einmal Rennradfahrer. Das Team war ein Team von Persönlichkeiten. Die Begeisterung für das Projekt und das große Ziel schweißten uns zusammen und ließen uns zur Höchstform auflaufen.

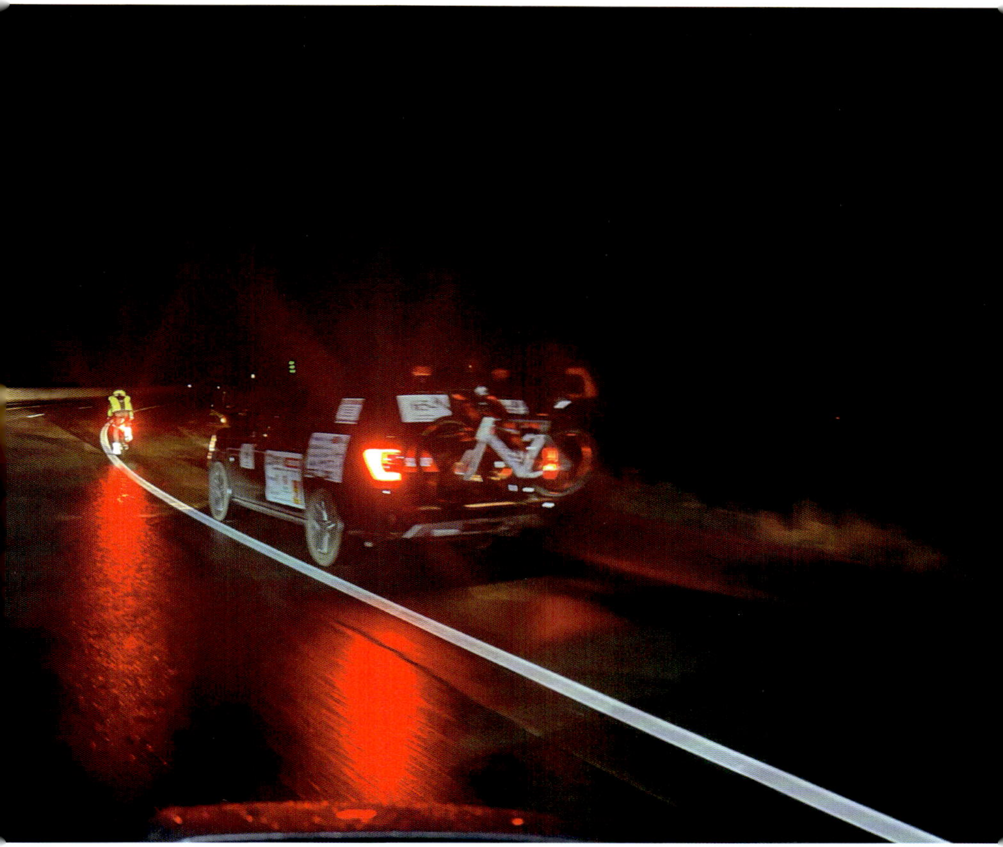

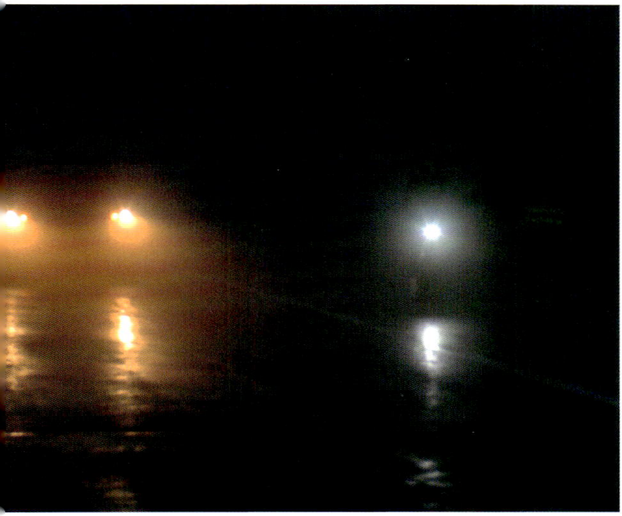

▲ Aufstieg zum Wolf Creek Pass in den Rocky Mountains bei Regen.
(Foto: Hubert Siller)

◀ Wolf Creek Pass (3300 m) im Morgengrauen.
(Foto: Martin Ebster)

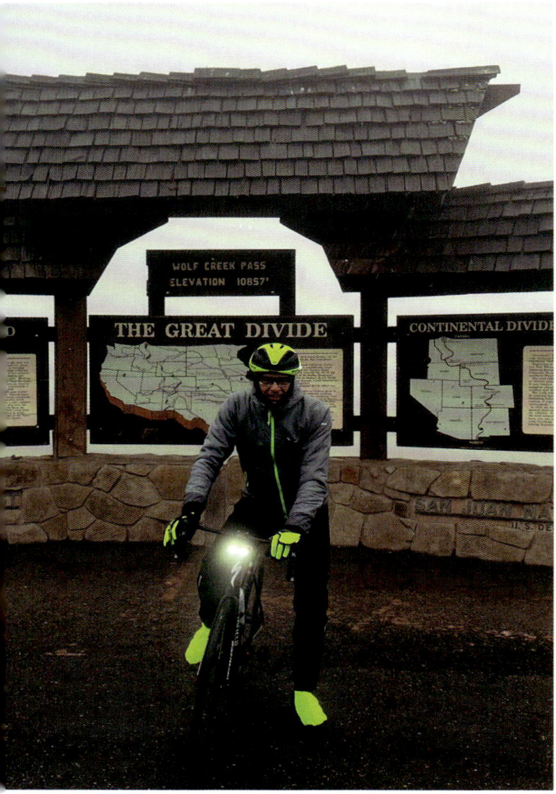
WOLF CREEK PASS
ELEVATION 10857'
THE GREAT DIVIDE
CONTINENTAL DIVIDE
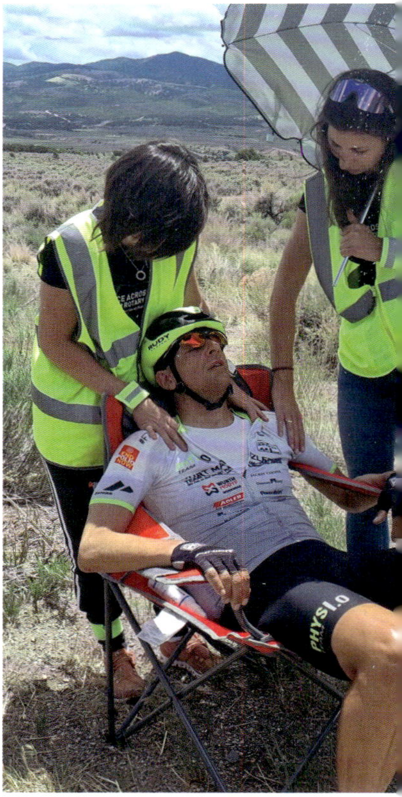
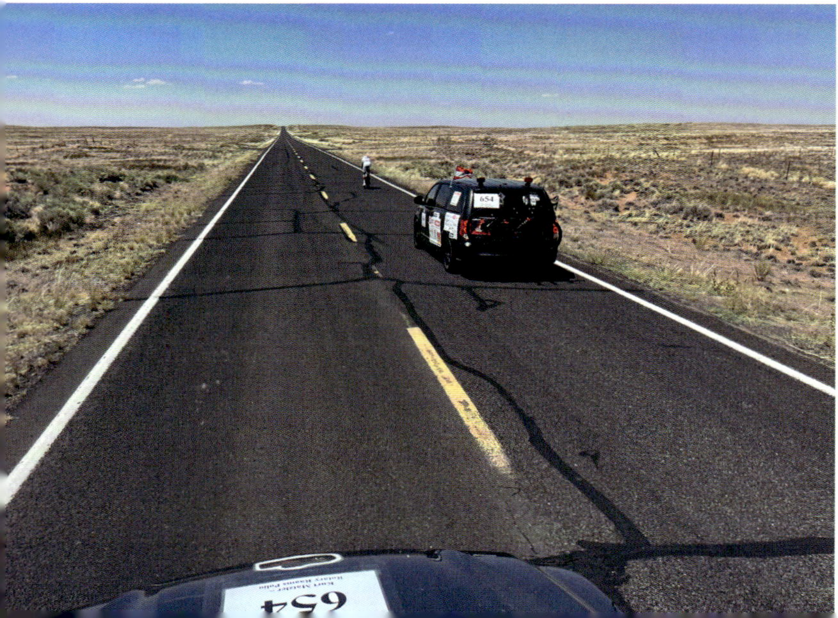
654
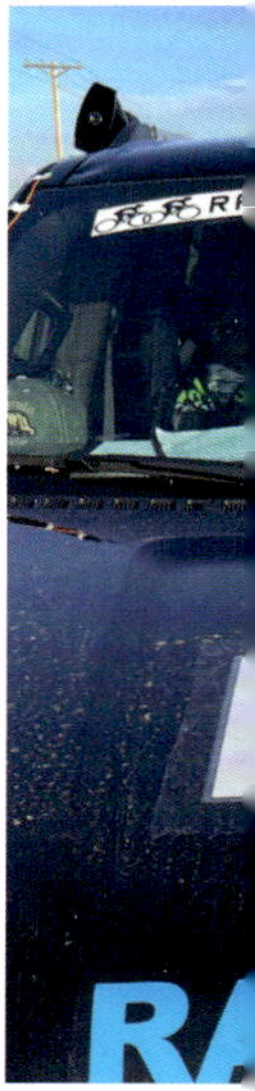

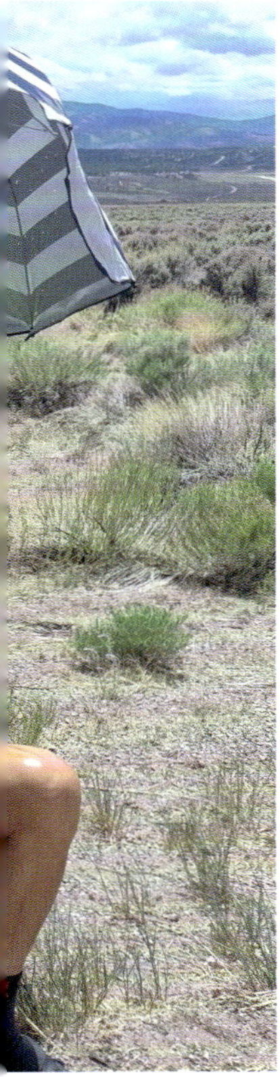

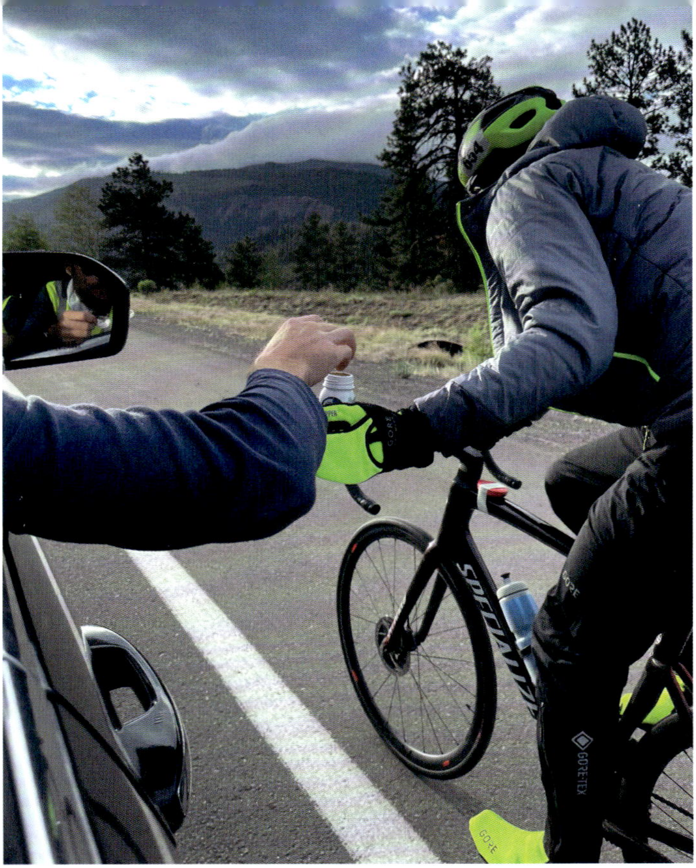

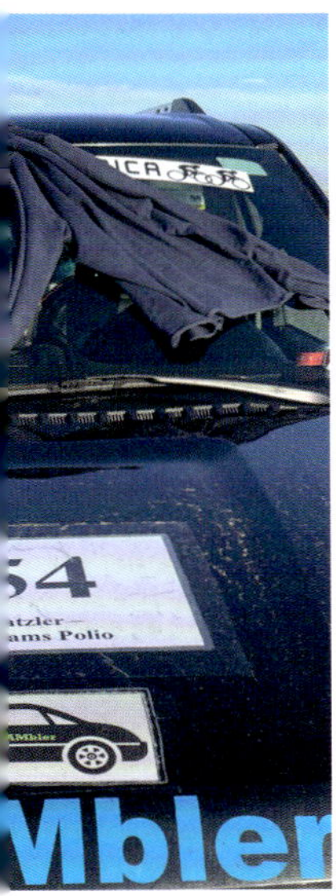

◤◤ Wolf Creek Pass (3300 m), Continental Divide, eingepackt für die Abfahrt.
(Foto: Hubert Siller)

◤ Kurze Pause – in Richtung La Veta Pass in den Rocky Mountains.
(Foto: Ruth Brandstätter)

▲ Versorgung aus dem Auto in den Rocky Mountains.
(Foto: Florian Phleps)

◀◀ Nach den Rocky Mountains durch Colorado.
(Foto: Hubert Siller)

◀ Powernap im Begleitfahrzeug.
(Foto: Florian Phleps)

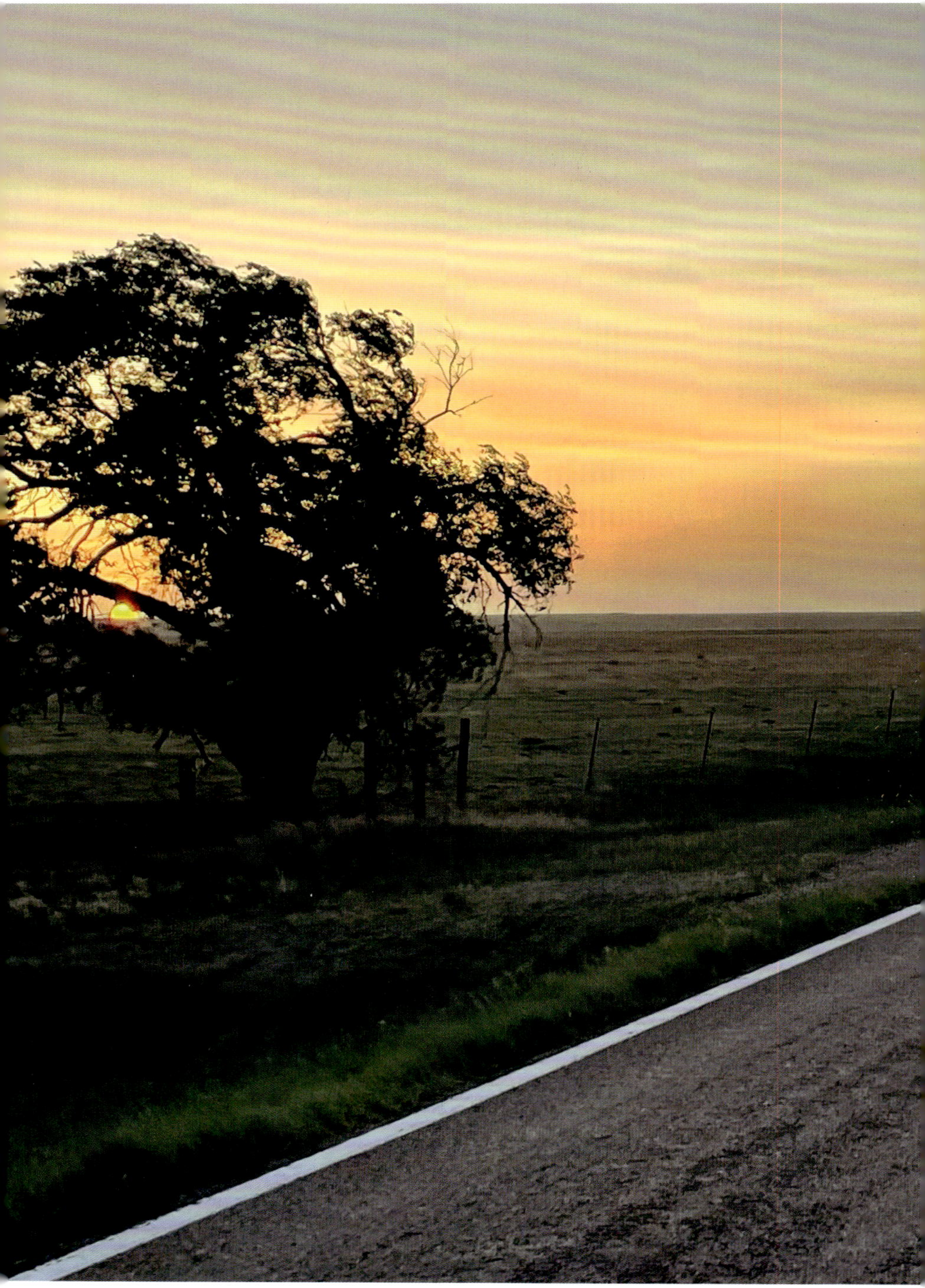

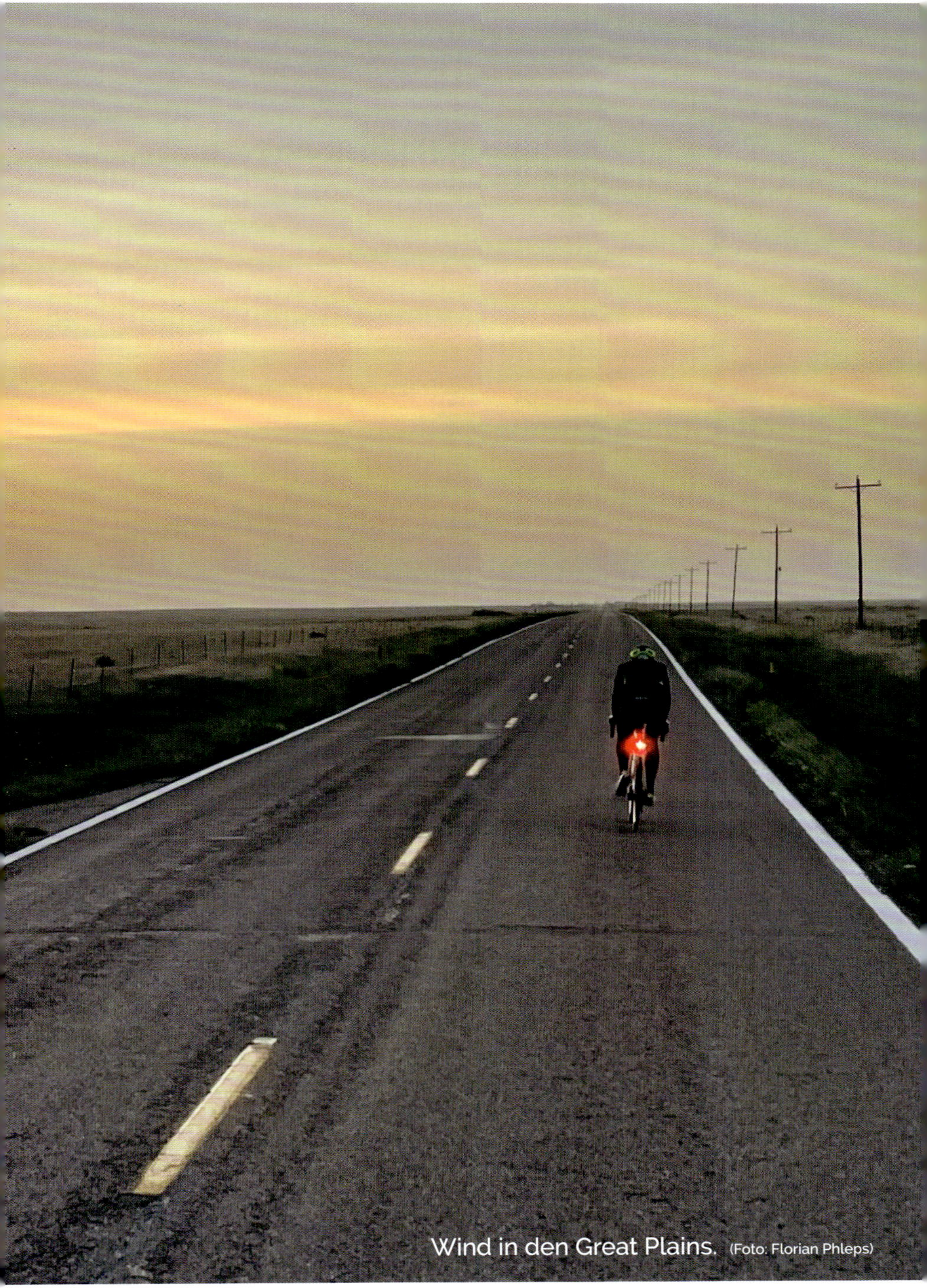

Wind in den Great Plains. (Foto: Florian Phleps)

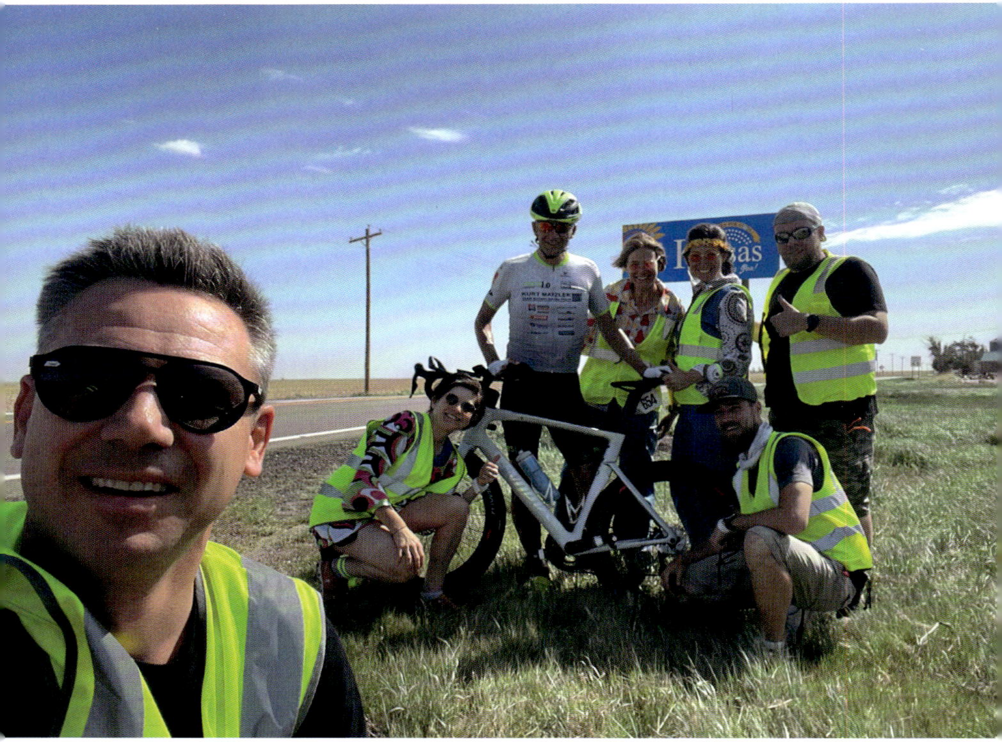

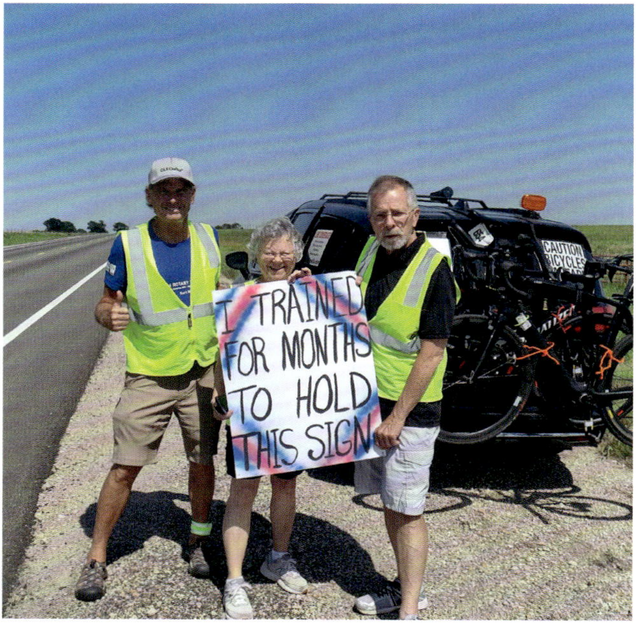

▲ Kansas!
(Foto: Florian Phleps)

◀ Motivation durch das RAAMerica Team.
(Foto: Ruth Brandstätter))

▶ It's a Hill, get over it – Yarnell Grade.
(Foto: Hubert Siller)

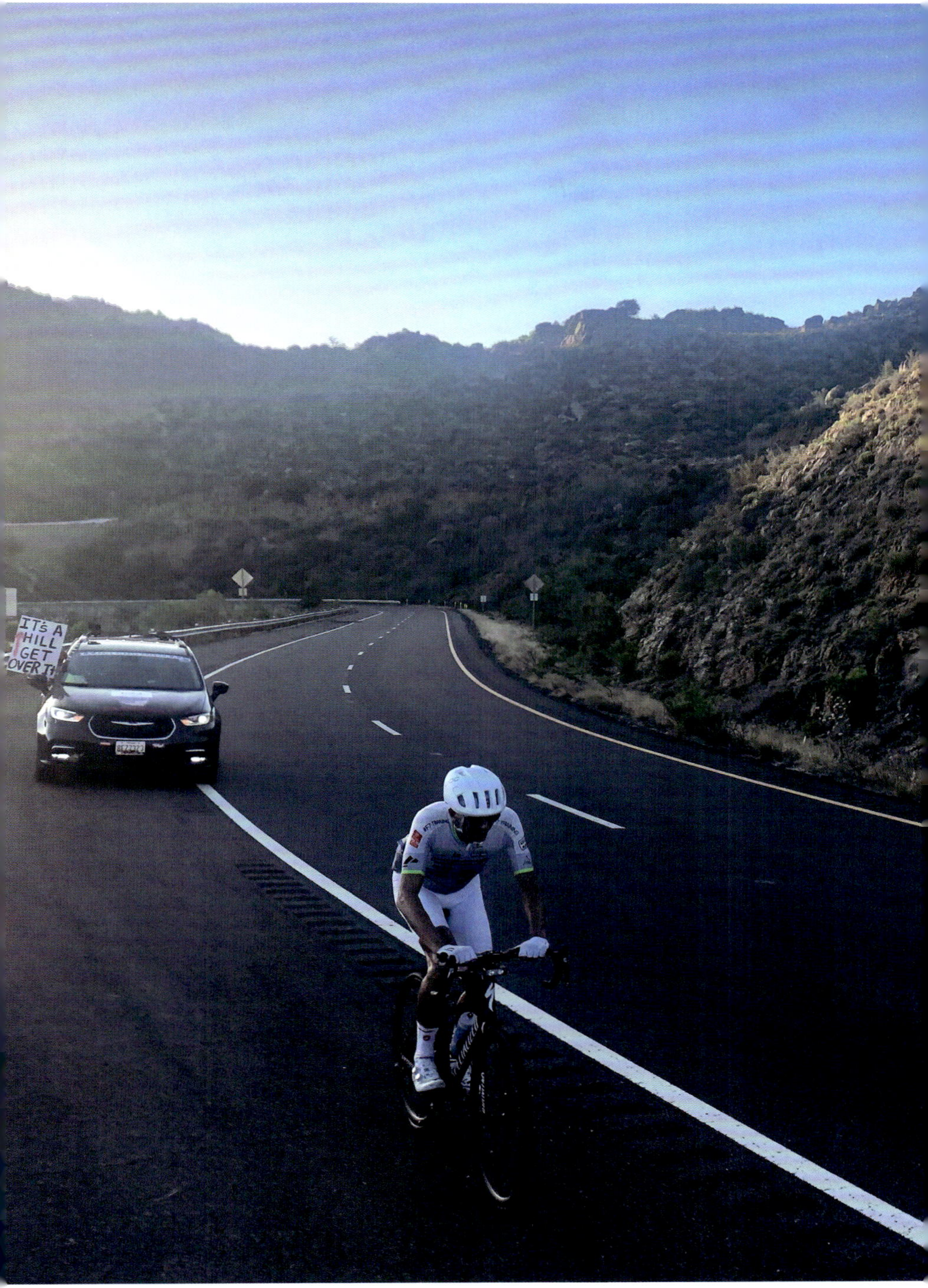
IT'S A
HILL
GET
OVER

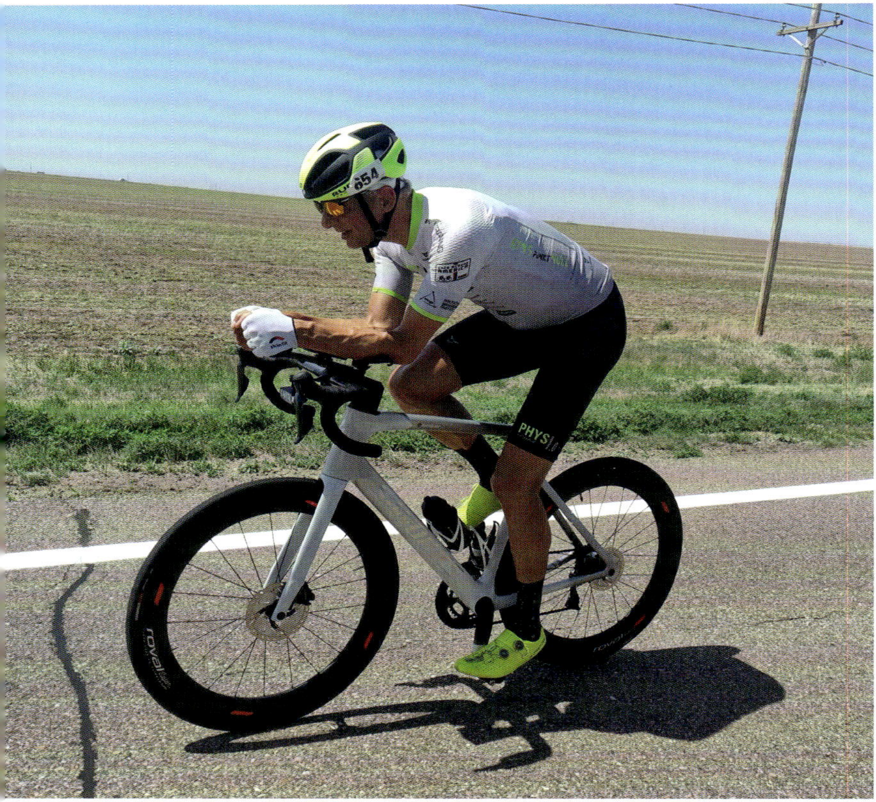

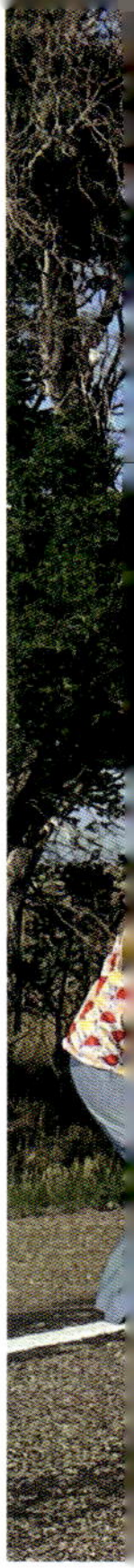

▲ Kampf gegen den Wind in Kansas.
(Foto: Ruth Brandstätter)

◥ Cheerleaders im Hippie-Outfit.
(Foto: Florian Phleps)

▶ Florian und Zoli mit dem grünen Leuchtstab, der in der Nacht zur Erkennung des Begleitfahrzeugs beim Crewwechsel dient.
(Foto: Florian Phleps)

▶▶ Halfway Point: Die Hälfte ist geschafft!
(Foto: Martin Ebster)

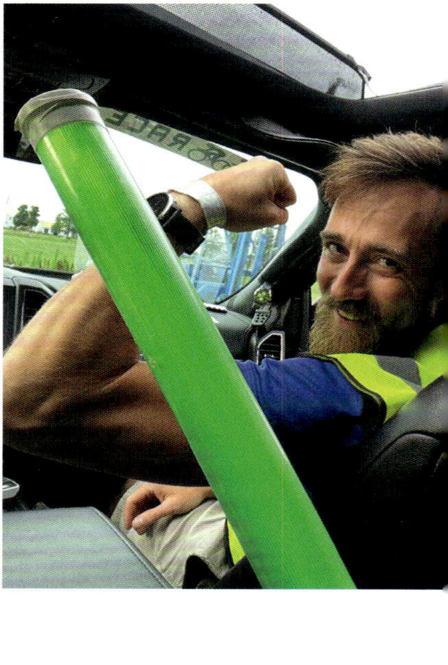

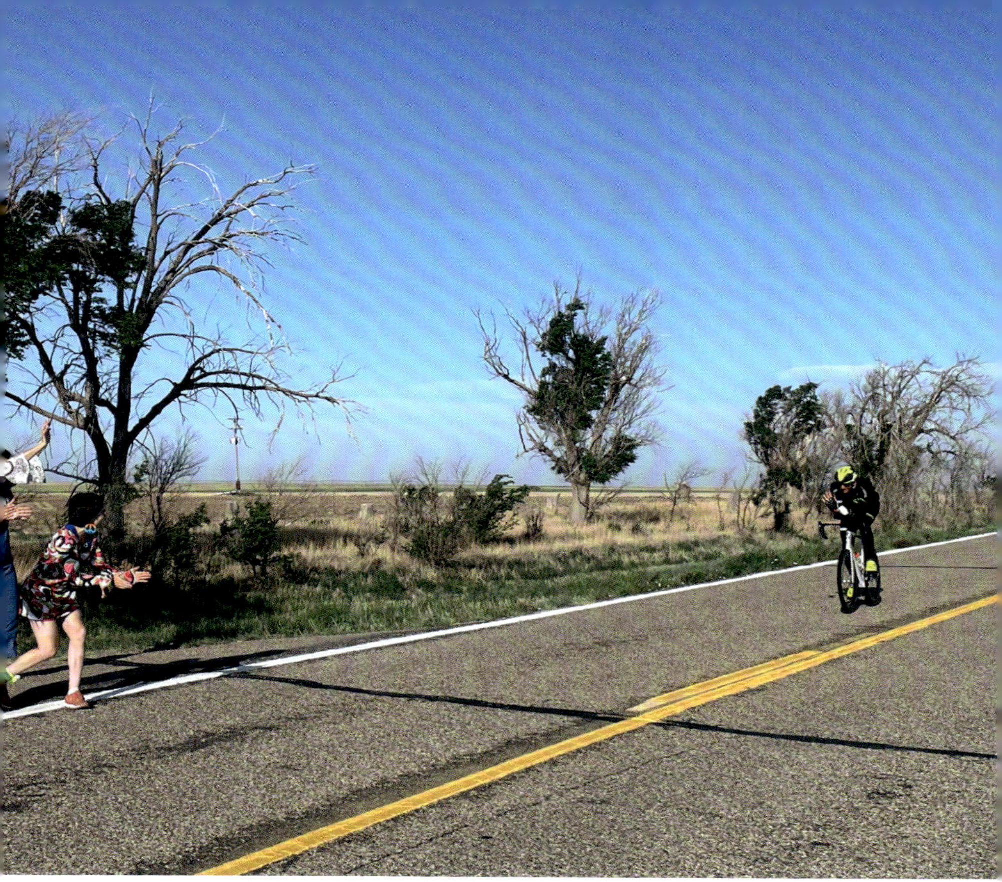

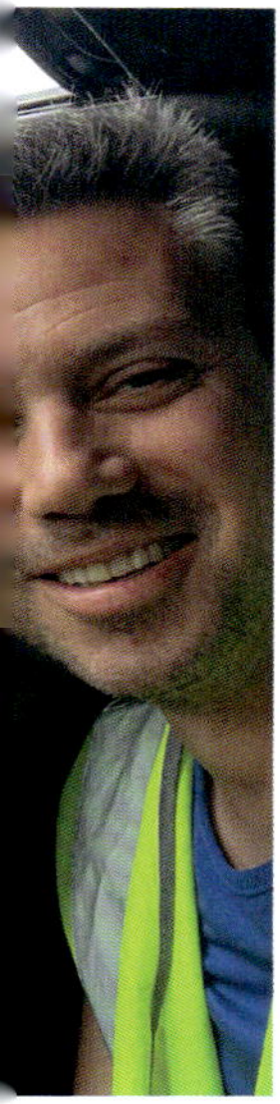

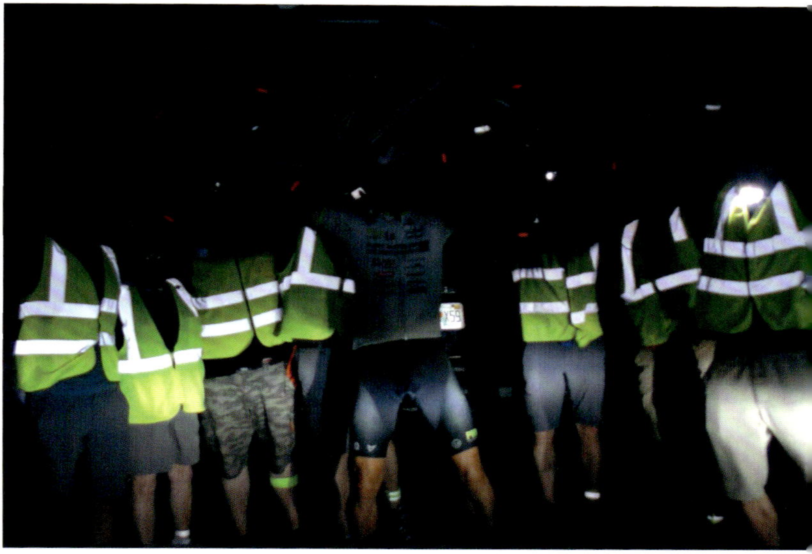

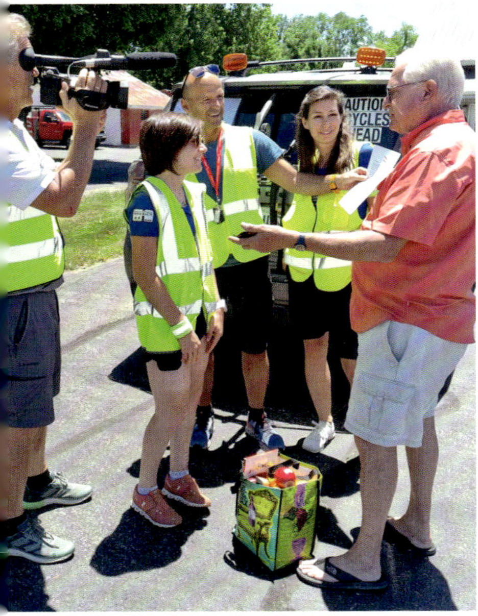

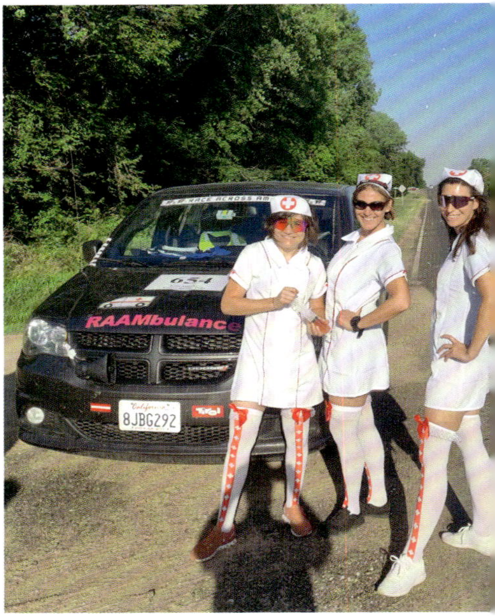
RAAMbulance
8JBG292

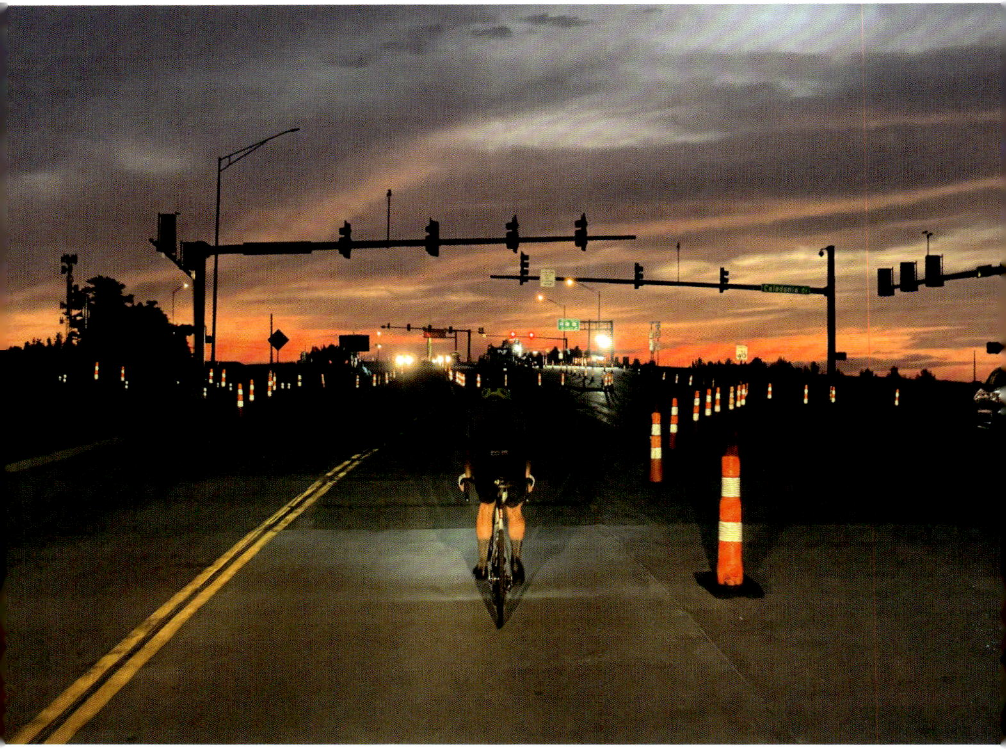

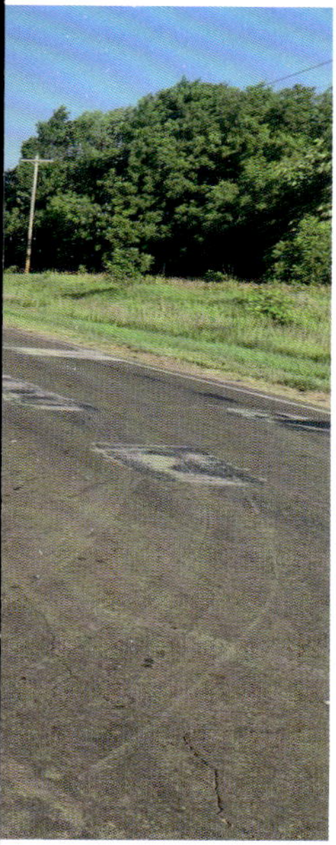

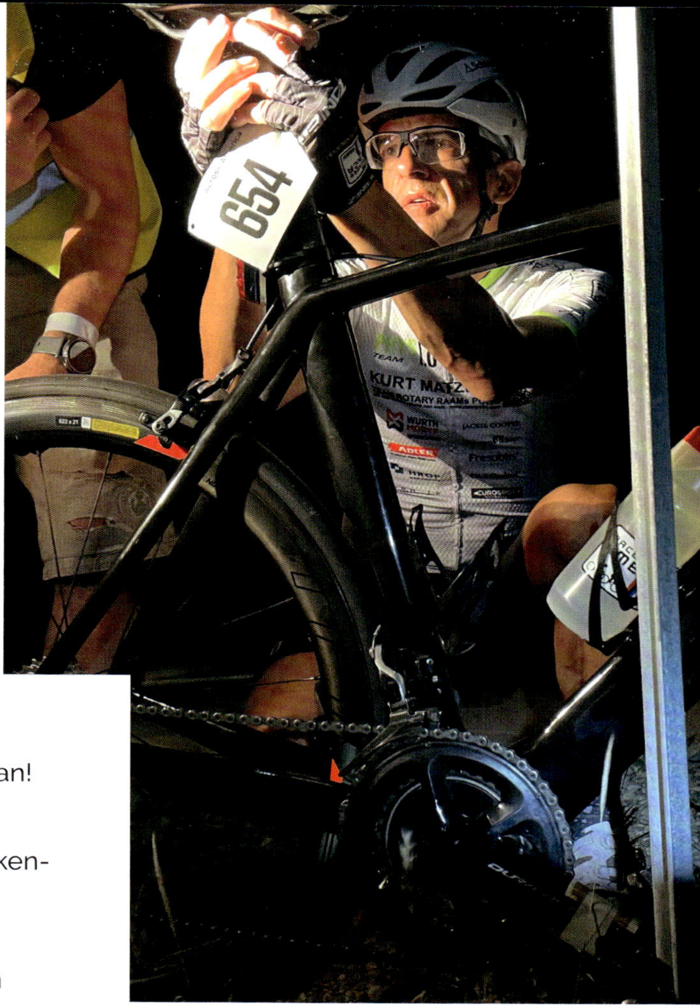

▼ Ein Sack voll Obst und Schokolade von einem Fan!
(Foto: Ruth Brandstätter)

▲ Cheerleaders im Krankenschwester-Kostüm.
(Foto: Florian Phleps)

◥ Satteleinstellung beim Ersatzrad.
(Foto: Florian Phleps)

▶ Abgeschirmt durch das Begleitfahrzeug im dichten Verkehr.
(Foto: Martin Ebster)

◀ Navigation ist nicht immer so einfach – hier geht es durch St. Louis.
(Foto: Florian Phleps)

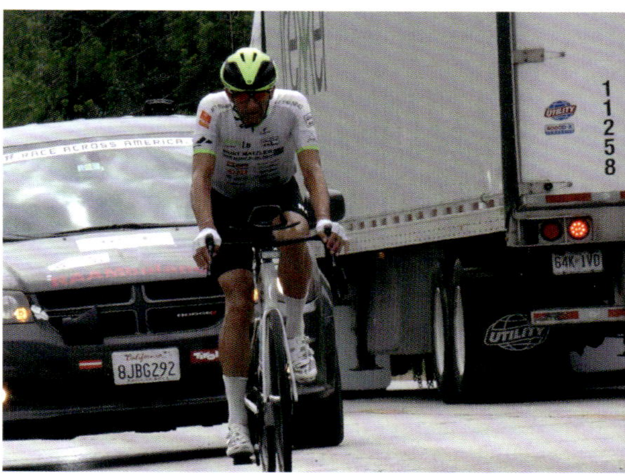

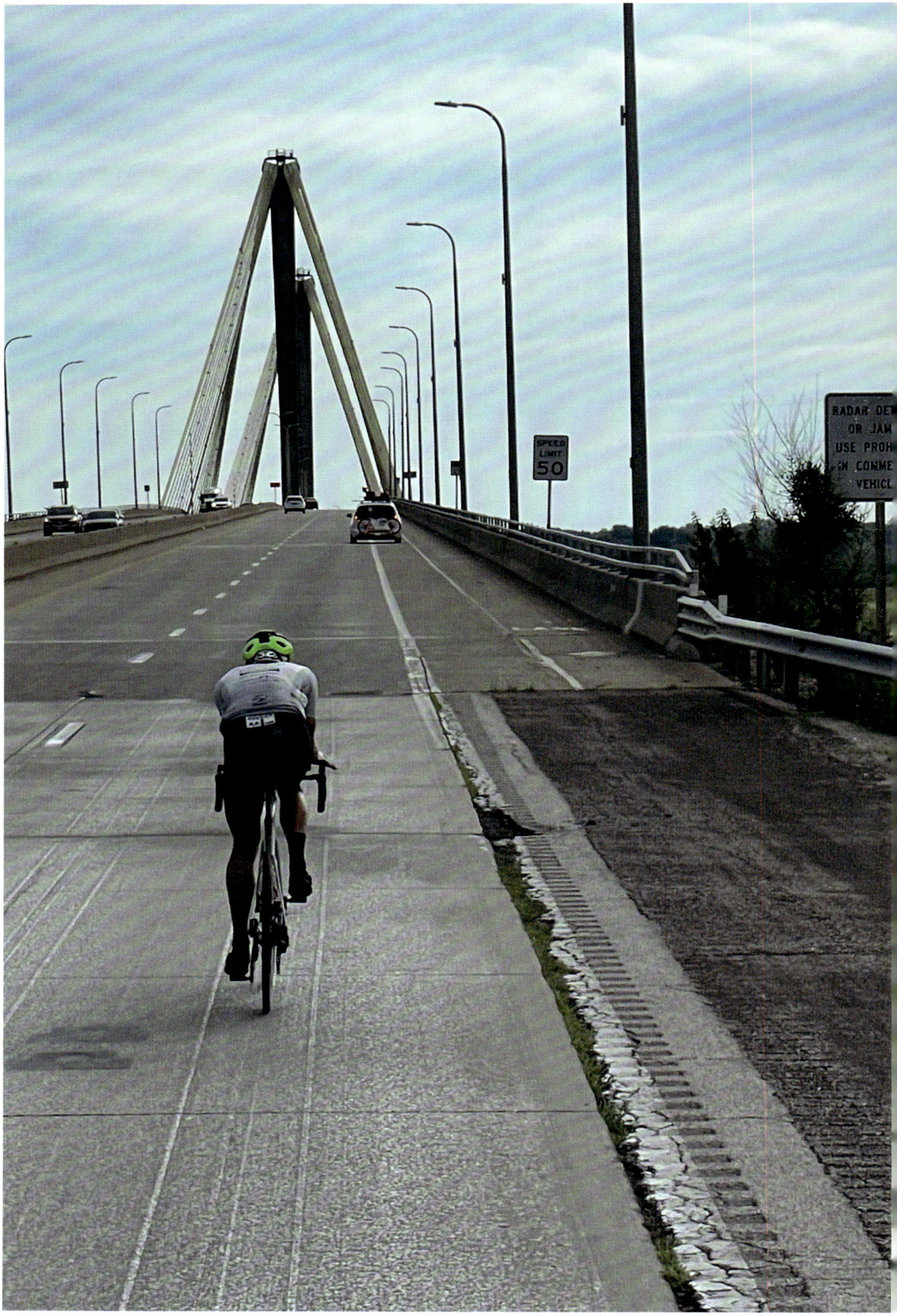
SPEED
LIMIT
50

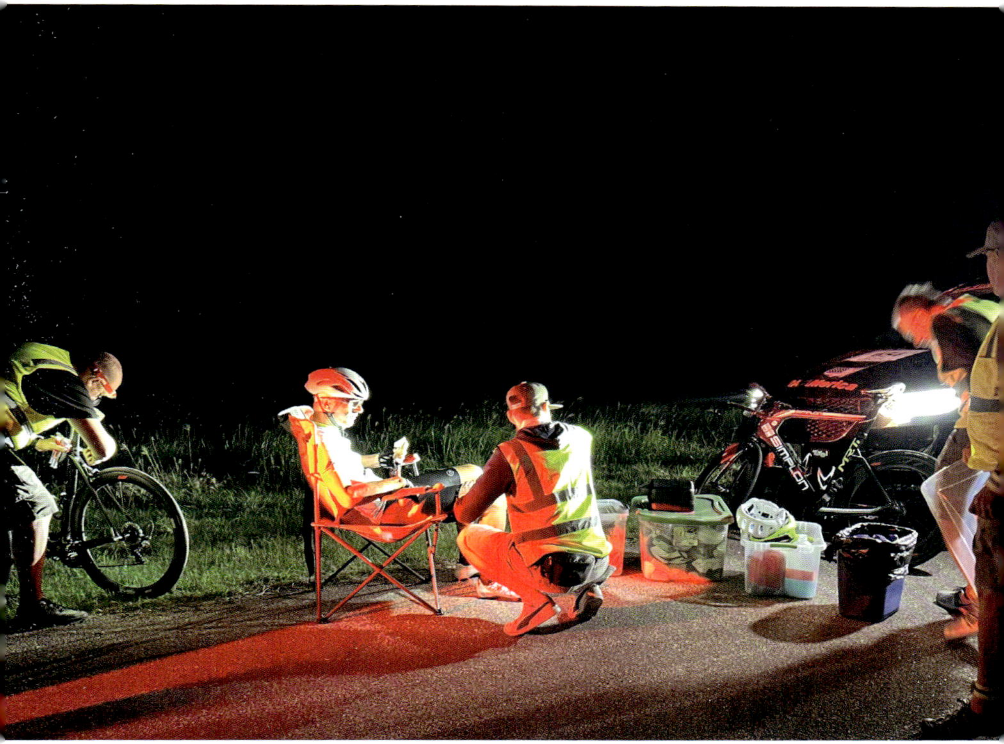

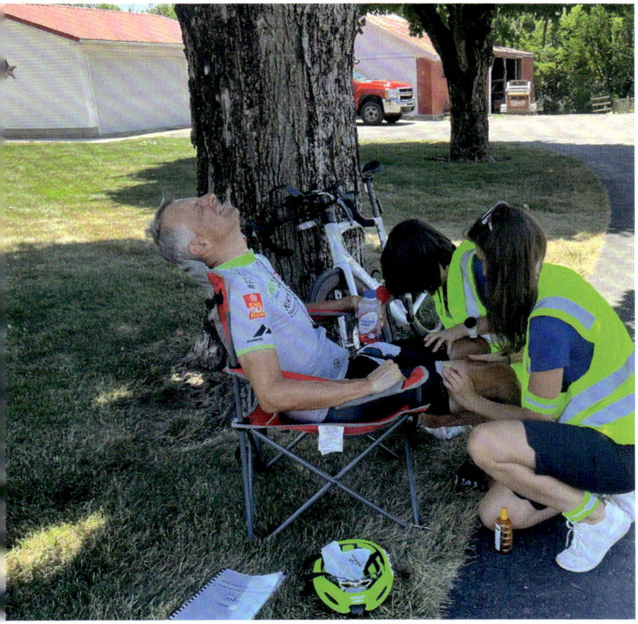

◀◀ Mississippi River – ein Meilenstein!
(Foto: Florian Phleps)

▲ Kurze Erholungspause in der Nacht: Erholung für mich – Arbeit für die Crew.
(Foto: Hubert Siller)

◀ Knieschmerzen.
(Foto: Ruth Brandstätter)

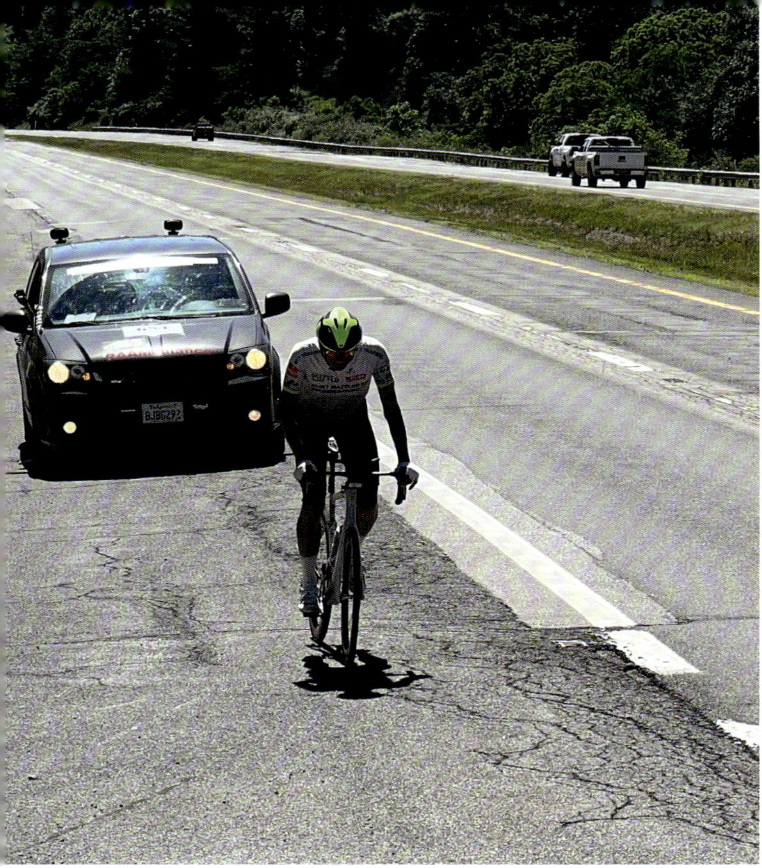

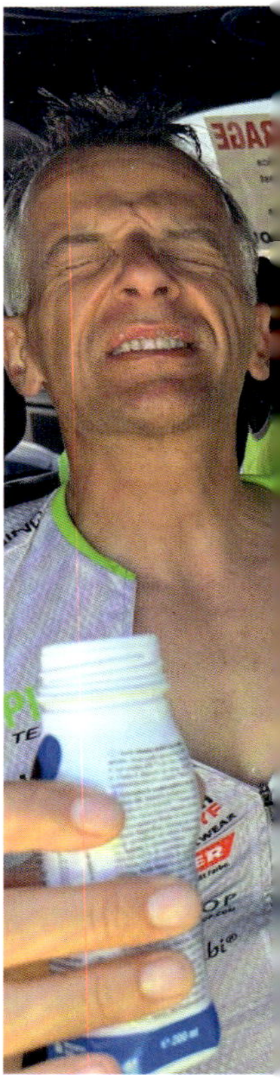

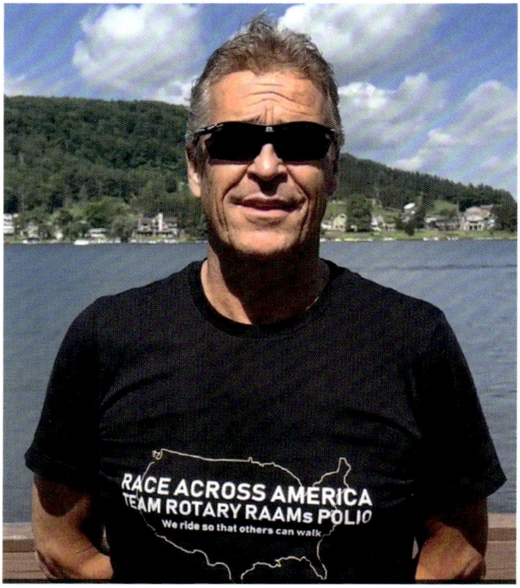

RACE ACROSS AMERICA
TEAM ROTARY RAAMs POLIO
We ride so that others can walk

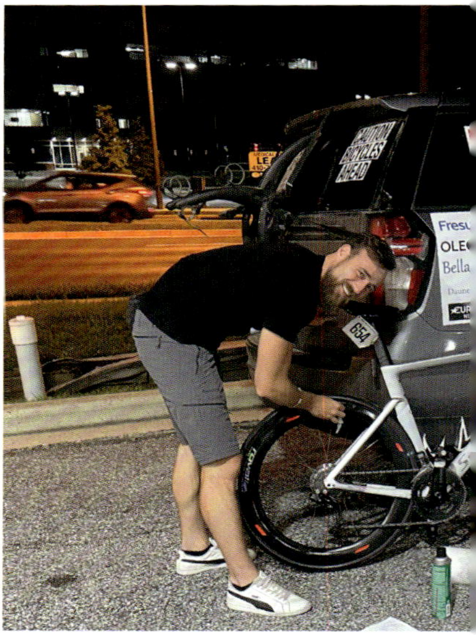

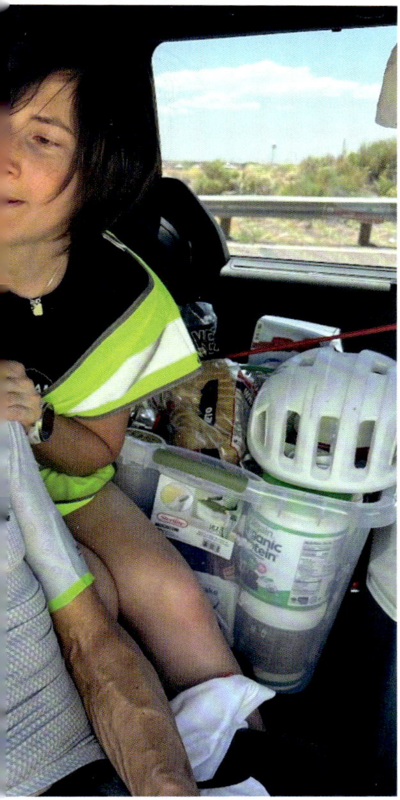

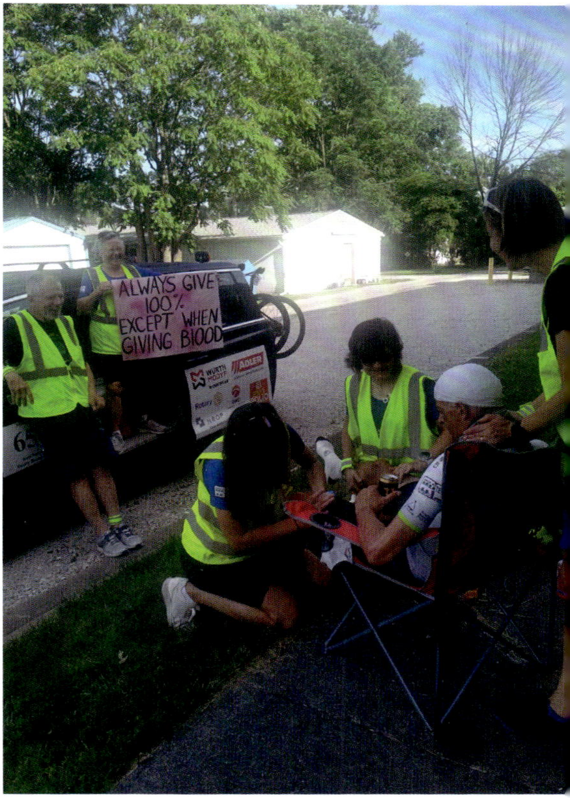

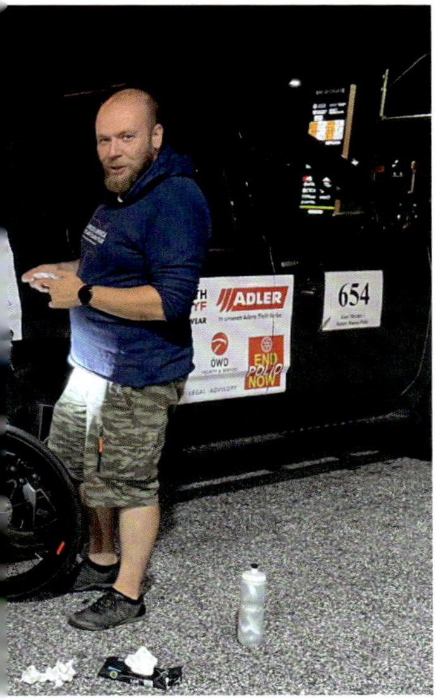

▼▼ Highway 50 – Annapolis fast in Reichweite.
(Foto: Hubert Siller)

▼ Schmerzen ...
(Foto: Ruth Brandstätter)

▲ Rundumbetreuung.
(Foto: Bill Clark)

◀◀ Ein seltener Anblick: Unser Kameramann Martin Ebster vor der Kamera. (Foto: Hubert Siller)

◀ Fünf Minuten vor der Zieleinfahrt wird noch mein Rad geputzt.
(Foto: Hubert Siller)

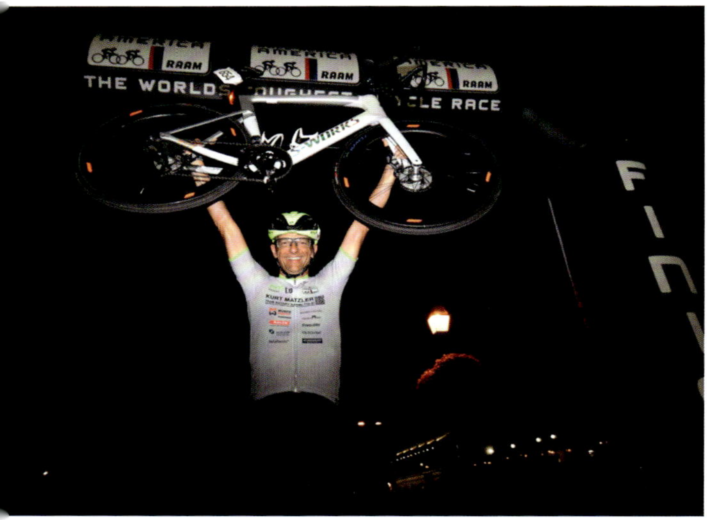

◀ Annapolis!
(Foto: Vic Armijo)

▼ Entspannt bei Weißwein in Annapolis.
(Foto: Hubert Siller)

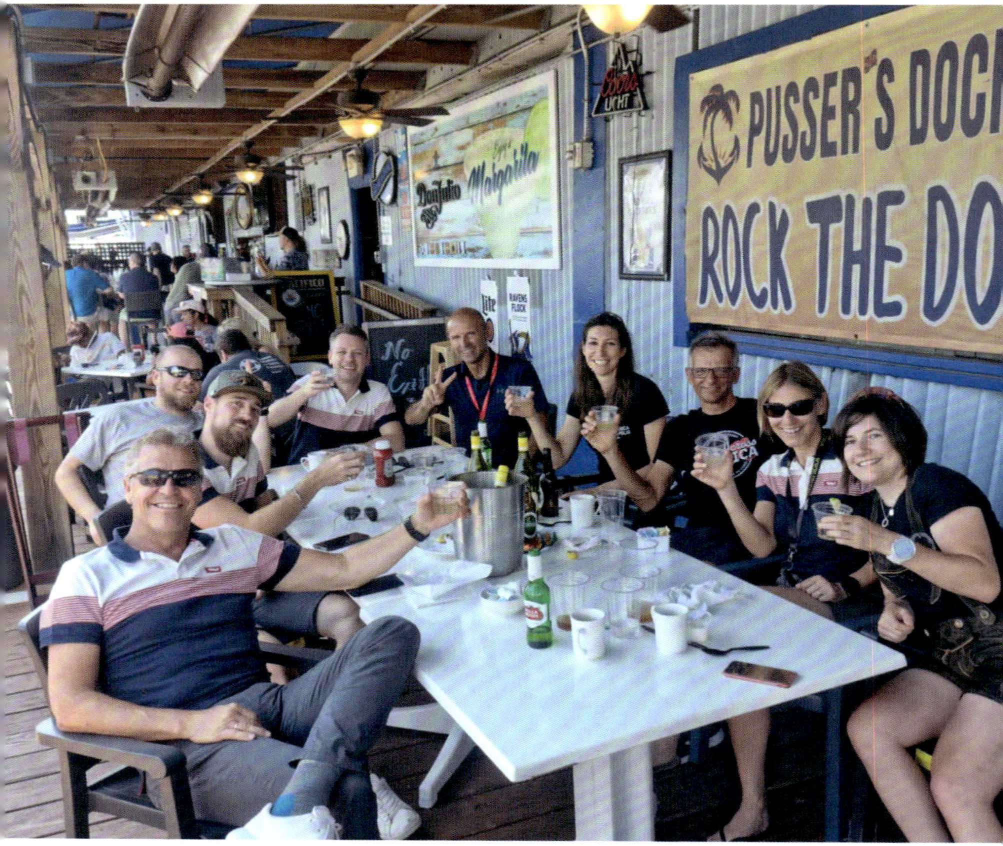

TEAM ROTARY RAAMS POLIO – DIE CREW

Das RAAMbulance Team

Ruth, meine Frau, war dreimal als Teamfahrerin beim Race Across America dabei gewesen und wechselte dieses Mal in die Rolle der Begleiterin. Sie war mir schon während all der aufwendigen Vorbereitungen eine große Stütze. Wie viel an Organisatorischem erledigte und löste sie im Hintergrund, ohne dass ich es bemerkte! Sie hielt viel von mir fern, sodass ich mich auf das Training und das Rennen konzentrieren konnte. Während des Rennens war Ruth nicht nur Betreuerin, sondern auch unsere Social Media Managerin. Sie führte ein Renntagebuch auf Facebook, hielt Kontakt mit Freunden und Fans und kümmerte sich um unendlich viele Details. Als meine Frau muss so manche Situationen für sie fast unerträglich gewesen sein. Zu sehen, wie ich litt, Schmerzen ertrug und völlig erschöpft war. Gemeinsam mit Alex und Liane motivierte sie mich aber kontinuierlich, durchzuhalten, und überraschte mich mit Cheerleader-Einlagen, die mich trotz des harten Rennalltags bei jeder möglichen Gelegenheit zum Lachen brachten.

Alex, meine Teamärztin, leistete so viel mehr, als ich mir je erhofft hätte. Sie unterstützte mich neben ihrer medizinischen Dauerbetreuung auch mental, was entscheidend für das Gelingen unseres Projekts war. Immer gut gelaunt und professionell betreute sie mich fast rund um die Uhr. Alex schlief während des gesamten Rennens fast genauso wenig wie ich. Sie ließ mich kaum aus den Augen und wechselte insbesondere mit fortschreitender Renndauer nach ihrer Schicht nicht in die Erholungspause, sondern ins nächste Begleitfahrzeug. In ihren Händen fühlte ich mich sicher, und ihre ruhige, angenehme Art trug wesentlich dazu bei, dass ich auch in den schwierigsten Situationen den Glauben an unser Ziel nicht verlor. Ich bin sehr dankbar, dass Alex ihre Zeit für unser Projekt eingesetzt hat, eine bessere Teamärztin hätte ich mir nicht vorstellen können.

Liane kam im letzten Augenblick – etwa zwei Wochen vor dem Start des Rennens – ins Team. Sie ist eine enge Freundin von Ruth und mir. Wir kennen sie so gut, dass wir wussten, dass sie eine große Bereicherung für das Team sein würde, auch wenn sie in der Vorbereitungszeit nie bei einem Crew Meeting anwesend gewesen war. Bestens organisiert, gewissenhaft, belastbar und für jeden Spaß zu haben, sorgte Liane für Effizienz, Ausgleich und gute Stimmung. Sie war die Fahrerin dieses Begleitfahrzeugs und saß die gesamten 5000 Kilometer am Steuer – bis zu 15 Stunden am Tag! Liane und ich kommunizierten bald, ohne Worte wechseln zu müssen. Sie deutete jedes kleinste Signal von mir richtig, wusste, was ich brauchte, noch bevor ich den Wunsch äußerte, und auf der Straße harmonierten wir. Sie gab mir selbst auf den Highways das Gefühl, sicher zu sein.

Das RAAMerica Team

Ohne Bob, den Gründer des Teams Rotary RAAMs Polio, hätte es meine Solo-Teilnahme beim RAAM nie gegeben. Als er mich 2016 ins Team holte, begann für mich ein neuer Lebensabschnitt. Das RAAM und das Spendenprojekt begleiteten mich über viele Jahre. Bob hat mein Leben verändert. Während des Rennens war er aufopfernd für mich da. Selbst gegen Ende, als die Erschöpfung unser aller Alltag war, strahlte er eine ansteckende Ruhe aus. Das Team Rotary RAAMs Polio wurde sein großes Projekt. Mit seinen vier erfolgreichen Teilnahmen als Teamfahrer, unserer Solo-Teilnahme 2022 und den über vier Millionen Dollar an Spenden, die das Team seit 2016 gesammelt hat, ist Bob der Initiator eines außergewöhnlich erfolgreichen Benefizprojekts, auf das er zu Recht sehr stolz sein kann.

Bob und Darlene waren in der Vorbereitung unersetzlich. Sie investierten unendlich viel Zeit in die Planung, die Organisation und in das Spendenprojekt. Darlene, Bobs Frau, war gleichzeitig das Herz und die Seele unseres RAAM-Unterfangens. In ihrer liebenswürdigen, mütterlichen Art umsorgte sie das gesamte Team. Ich kenne kaum jemanden, der so gut organisiert und so gewissenhaft und diszipliniert an Dinge herangeht wie sie. Darlene ist es, die unsere RAAM-Familie – so wie sie sie nennt – zusammenhält und uns alle mit ihren selbst gebackenen „Powercakes" während des Rennens verwöhnte.

Bill ist ebenfalls seit 2016 Teil des Teams Rotary RAAMs Polio und in seiner Rolle als Begleiter unglaublich routiniert. Er wusste immer genau, was zu tun war und worauf es ankam. Er saß meist am Beifahrersitz, navigierte und versorgte mich mit allem, was ich brauchte, kümmerte sich während der Pausen um mich und um mein Rad. Es konnte nichts passieren, was ihn aus seiner Ruhe brachte. „Are you okay?", fragte er mich sicher Hunderte Male während des Rennens. Darlene, Bob und Bill waren ein perfekt eingespieltes Team, und sie harmonierten wunderbar.

Das RAAMbler Team

Zoli, Florian und Balàsz übernahmen die Nachtschicht während des gesamten Rennens – und damit die wohl schwierigste Aufgabe. Belohnt wurden sie dafür immer wieder mit den schönsten Sonnenaufgängen in der Wüste, im Monument Valley, in den Bergen und im Flachland.

Zoli war mein Crew Chief. Gemeinsam entwickelten wir die Strategie und planten alle Abläufe und Aufgaben für die Crewmitglieder. Als mein EMS-Trainer seit vielen Jahren und Begleiter bei mehreren Rennen kannte er meine Stärken und Schwächen sehr genau. An der Startlinie hatte ich alle Entscheidungen an meine Crew abgegeben, und Zoli übernahm damit die Gesamtverantwortung. Er entschied über die Renntaktik, die Pausen, organisierte die Crew und kommunizierte mit dem Race Headquarter. Er musste viele schwierige Entscheidungen treffen und lag mit seinem Wissen und seiner Intuition immer richtig. Auch Zoli schlief kaum mehr als ich. Er war immer da, immer erreichbar und für jeden ansprechbar. Trotz seines Schlafdefizits und trotz manch hektischer Situation bewahrte er immer die Ruhe und führt das Team und mich sicher und souverän ins Ziel.

Balàsz ist Zolis Freund und Vertrauter seit Kindheitstagen, und genau aus diesem Grund waren wir sicher, dass er ein wichtiges Mitglied unseres Teams werden würde. Balàsz war ein absoluter Teamplayer und kümmerte sich mit höchster Konzentration und Gelassenheit um mich und die Räder und kam dabei niemals aus der Ruhe. Wenn ich total erschöpft und verzweifelt war, betitelte er mich als „Champion“ oder „Gentleman“, und bevor ich die Chance hatte, meine Verzweiflung, meinen Frust oder Ärger über Pannen oder Probleme kundzutun, winkte er beruhigend ab, und die Situation entspannte sich von selbst. Charaktere wie Balàsz, die auch bei den schwierigsten Gegebenheiten nie die Nerven verlieren und ihre Aufgaben mit 100-prozentiger Zuverlässigkeit erledigen, sind beim Race Across America unersetzbar.

Auch Florian war unersetzbar in unserer Crew. Akribisch genau, bestens organisiert und streng nach Protokoll betreute er mich durch die gesamte

Nachtschicht. Florian hatte einen entscheidenden Anteil daran, dass keines meiner gesundheitlichen Probleme irgendwann eskalierte. In der Nacht ließ er mich keine Minute aus den Augen, und so fühlte ich mich immer in Sicherheit. Ohne unsere Unterhaltungen, Trivial-Pursuit-Spiele oder das Vorlesen von Facebook-Botschaften wäre das Fahren in den langen Stunden der Dunkelheit für mich unerträglich gewesen. Auch in den schwierigsten Situationen war er nie aus der Ruhe zu bringen. Im Team verbreitete er „Good Vibes", hatte immer ein offenes Ohr, wenn es jemandem nicht gut ging, und in Stresssituationen verstand er es im richtigen Moment, alles zu relativieren.

Das RAAMedia Team

Hubert, Martin und Roland waren die Gute-Laune-Macher – trotz nicht enden wollender Arbeitstage. Gefühlt waren sie 24 Stunden am Tag am Set. Zu jeder möglichen Tages- und Nachtzeit tauchten sie wie aus dem Nichts auf, verbreiteten gute Stimmung und hatten ein unglaubliches Gespür für Aufnahmen und den Einsatz zum richtigen Zeitpunkt. Hatten sie endlich ihre Story im Kasten, mussten sie meist noch Stunden nacharbeiten und das Material trotz schlechter Internetverbindung im Hotel über den Atlantik senden, damit es von Martin Böckle vom Sportsender K19 pünktlich um 5 Uhr morgens final geschnitten und ausgestrahlt werden konnte. Es gab viele Situationen, in denen das Media Team für mich die Rettung war: Als sie am zweiten Renntag plötzlich mit dem Ersatzrad dastanden, sich um die Reparaturen der defekten Räder kümmerten, auf dem Wolf Creek Pass bei Regen und Kälte mitten in der Nacht aus dem Nebel auftauchten oder gegen Ende des Rennens einfach nur da waren. Martin war der Gentleman, Hubert fand immer die richtigen Worte, und Roland hatte immer einen guten Spruch auf den Lippen – zu schade, dass er nur bis Wichita in Kansas dabei sein konnte.

Mit dabei waren schon Monate vor dem RAAM und während des RAAMs auf jedem Zentimeter der Strecke auch Andi mit Irene und Julia. Als mehrfache Betreuer unserer Staffel beim RAAM und beim Race Around Austria waren sie ein fester Teil unseres Team Rotary RAAMs Polio. Obwohl sie 2022 nicht tatsächlich anwesend sein konnten, betreuten sie uns beinah Tag und Nacht von Österreich aus. Andi und Irene kümmerten sich akribisch um spontane Streckenänderungen und legten, wenn nötig, Nachtschichten ein, um unsere Navigation rechtzeitig anzupassen. Auch Julia fehlte definitiv im Team. Mit ihren Videos und ihren Facebook-Nachrichten gelang es ihr gemeinsam mit Irene, zwar in der Ferne, aber dennoch bei uns zu sein.

LEADERSHIP-LEKTION 11:

ARBEITE HART, ABER PLANE FÜR AUSREICHEND REGENERATION

Erstaunlich viele Führungskräfte arbeiten zu viel und schlafen zu wenig. 38 Prozent der Geschäftsführer in Deutschland geben an, zwischen 40 und 50 Stunden pro Woche zu arbeiten, 27 Prozent zwischen 50 und 60 Stunden, 4,6 Prozent zwischen 60 und 70 Stunden und ein Prozent arbeiten über 70 Stunden pro Woche.[117] Etwa drei Viertel der Führungskräfte nehmen zudem Arbeit gedanklich mit nach Hause – bis spät in die Nacht hinein. 37 Prozent der Befragten im Rahmen einer großen Führungskräftestudie legen ihr eingeschaltetes Smartphone neben das Bett, und 43 Prozent geben an, dass sie grundsätzlich schlecht von der Arbeit abschalten können.[118] Professor Curt Diehm, Ärztlicher Direktor der Max-Grundig-Klinik bei Baden-Baden, der diese Studie durchgeführt hat, meint dazu:

> „Es ist offensichtlich, dass der moderne Arbeitsstil, rund um die Uhr online zu sein, vielen Führungskräften die innere Ruhe raubt. Wer sich bis spät in die Nacht und schon morgens kurz nach dem Aufstehen mit beruflichen Fragestellungen beschäftigt, kann zwangsläufig schwerer abschalten, was jedoch für einen tiefen und längeren Schlaf notwendig ist."[119]

Vorstandsvorsitzende kommen auf noch mehr Arbeitsstunden. Michael Porter und Nitin Nohria von der Harvard University haben die Tagesabläufe von Vorstandschefs detailliert untersucht und kamen auf eine durchschnittliche Tagesarbeitszeit von etwa zehn Stunden und mit Arbeit am Wochenende auf 62,5 Stunden pro Woche.[120] Rechnet man noch die Stunden dazu, in denen man sich in der Freizeit gedanklich mit der Arbeit auseinandersetzt, weil man nicht abschalten kann, wird es ganz schön viel. „Bei vielen Topmanagern, Politikern und Promis hält sich hartnäckig die Überzeugung, dass wenig Schlaf mehr Produktivität bedeutet – und das dann zu mehr Erfolg führt",[121] liest man in einem Artikel über Schlafgewohnheiten von Topmanagern. Manche CEOs rühmen sich mit ihrem Arbeitspensum. Apple-CEO Tim Cook zum Beispiel wird gerne als schlafloser Workaholic beschrieben.[122] Sein Wecker läutet täglich um 3:45 Uhr. Elon Musk arbeitet mindestens ebenso viel: „There were times when, some weeks ... I haven't counted exactly, but I would just sort of sleep for a few hours, work, sleep for a few hours, work, seven days a week. Some of those days must have been 120 hours or something nutty."[123] Laut einer internationalen Studie des Centers for Creative Leadership schlafen 42 Prozent der Führungskräfte nur sechs Stunden oder weniger.[124]

Führungskräfte, die unter Schlafmangel leiden, sind keine besonders guten Führungskräfte. Der Schlafforscher Charles Czeisler von der Harvard University bringt es auf den Punkt:

> „Müde Manager handeln wie Betrunkene ... Ansonsten intelligente und wohlerzogene Manager benehmen sich anders, wenn sie übermüdet sind: Sie beschimpfen ihre Mitarbeiter, treffen unkluge Entscheidungen, die die Zukunft ihres Unternehmens beeinflussen, und halten wirre Vorträge vor ihren Kollegen, den Kunden, der Presse oder den Shareholdern."[125]

Unter Spitzensportlern und Sportwissenschaftlern ist aber längst bekannt, dass Erholung und Schlaf entscheidende Erfolgsfaktoren sind. In ihrem Buch „The Power of Full Engagement"[126] halten Jim Loehr und Tony Schwartz fest, dass das wahre Geheimnis der Spitzenleistung die Abwechslung zwischen Stress (Energieverbrauch) und Erholung (Energieerneuerung) ist, sie nennen das Oszillation. Der eigentliche Feind der Höchstleistung ist nicht der Stress, er ist vielmehr der Impuls für Wachstum. Das Problem ist die mangelnde Erholung: „Chronischer Stress ohne Erholung erschöpft die Energiereserven, führt zum Burnout und Ausfall und untergräbt letztendlich die Leistung. Rituale, die die Oszillation fördern – rhythmischer Stress und Erholung –, sind die zweite Komponente der Hochleistung."[127] Der Schlüssel zu physischen Höchstleistungen liegt im Prinzip der Superkompensation. Nach einer Trainingsbelastung stellt der Körper nicht nur die Bereitschaft her, die gleiche Leistung wieder zu erbringen, sondern steigert nach ausreichender Erholung die Leistungsfähigkeit über das ursprüngliche Niveau hinaus. Entscheidend ist also die Regeneration. Im Krafttraining beispielsweise wird der Muskel so stark beansprucht, bis Fasern tatsächlich verletzt werden. Bei ausreichender Regenerationszeit heilt der Muskel nicht nur, er wird sogar stärker. Trainiert man allerdings ohne Regeneration, führt das zu akuten und chronischen Schäden.[128]

Regeneration ist daher fixer Bestandteil eines jeden Trainingsplans. In der Trainings- und Sportwissenschaft nennt sich das Periodisierung.[129] Im Mikrozyklus wechseln leichte und schwere Trainingseinheiten ab. Trainingspausen sind eingeplant. Für mich gab es beispielsweise einen Tag in der Woche trainingsfrei. Im Mesozyklus folgt drei bis vier intensiven Trainingswochen eine leichte Woche. Viele Spitzenathleten machen einmal im Jahr etwa vier Wochen Trainingspause, in der sie entweder nur ganz leicht trainieren oder andere leichte Sportarten ausüben. Für mich ist das immer der Monat November, in dem Radfahren nicht mehr Spaß macht und es noch zu wenig Schnee für Skitouren gibt.

Zu viel Arbeit und zu wenig Erholung sind schlecht für Ihre Leistungsfähigkeit. John Pencavel von der Stanford University fand in einer Studie heraus, dass die Produktivität pro Stunde stark abnimmt, wenn wir mehr als 50 Stunden arbeiten. Nach 55 Stunden sinkt die Produktivität so massiv, dass weitere Stunden sinnlos wären. Wer bis zu 70 Stunden pro Woche arbeitet, schafft nur die gleiche Menge an Arbeit wie diejenigen, die 55 Stunden investieren.[130]

Aus der Kreativitätsforschung wissen wir, dass gute Ideen selten in Stresssituationen entstehen. Teresa Amabile, Professorin an der Harvard University, meint, dass Stress ein wahrer Kreativitätskiller sei: An Tagen, an denen wir unter Zeitdruck arbeiten, entwickeln wir um 45 Prozent weniger kreative Ideen als an entspannten Tagen.[131]

In einer anderen Studie wurde untersucht, wo Mitarbeiter die besten Ideen haben. Die Ergebnisse sind erstaunlich, aber ich wette, dass das Ihre persönlichen Erfahrungen recht gut widerspiegelt: 28 Prozent der besten Ideen entstehen in der Natur, 14 Prozent zu Hause, 13 Prozent im Urlaub und auf Reisen. Dann erst kommt eine Antwortkategorie, die mit Arbeit in Verbindung steht: Nur elf Prozent der Ideen kommen ihnen auf Geschäftsreisen und auf der Fahrt zum und vom Arbeitsplatz.[132]

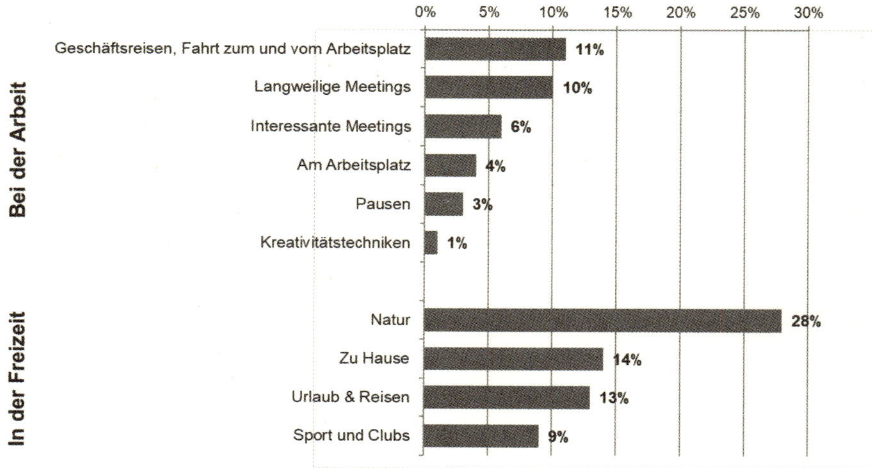

Wo haben wir die besten Ideen?[133]

Diese Beobachtungen lassen sich leicht erklären. Ideen entstehen, wenn wir Freiraum haben, wenn wir unseren Gedanken freien Lauf lassen können. Unter Zeitdruck passiert das nicht. Auch nicht, wenn wir zu fokussiert an etwas arbeiten. Es gibt zwei Systeme in unserem Kopf:[134] einmal ein evolutionäres altes System. Es ist assoziativ, automatisch, unbewusst, parallel und schnell. Es verarbeitet große Mengen an Informationen. Daneben gibt es noch ein zweites, evolutionsbiologisch später entwickeltes System. Es ist regelbasiert, kontrolliert, bewusst, seriell, und es ist langsam. Dieses zweite System ist nur in der Lage, eine begrenzte Menge an Informationen zu verarbeiten. Der niederländische Psychologe Ap Dijksterhuis spricht in diesem Zusammenhang von bewusstem und unbewusstem Denken.[135] Kreative Problemlösungen brauchen eine Inkubationszeit. Einem anfänglich bewussten Denken folgt eine Phase unbewussten Denkens. Obwohl wir in dieser Phase nicht an das Problem denken, entstehen trotzdem kreative Lösungen.[136]

Das Phänomen ist uns allen bekannt: Wir arbeiten angestrengt an einem Problem, sind nicht in der Lage, es zu lösen, schieben es auf die Seite, machen etwas anderes, und nach einer Inkubationsperiode haben wir plötzlich ein Aha-Erlebnis. In seinen Experimenten hat Ap Dijksterhuis untersucht, ob unbewusstes Denken uns zu kreativen Problemlösungen verhilft. Seine Erkenntnis:

> „Die hier berichteten Ergebnisse sprechen für die Relevanz des unbewussten Denkens im Allgemeinen und für die Beziehung zwischen unbewusstem Denken und Kreativität oder abweichendem Denken. Man könnte sagen, dass unbewusstes Denken ‚liberaler' ist als bewusstes Denken und zur Erzeugung von Ideen führt, die weniger offensichtlich, weniger zugänglich und kreativer sind. Bei einer Aufgabe, die ein gewisses Maß an Kreativität erfordert, lohnt es sich, die Denkarbeit an das Unterbewusstsein zu delegieren."[137]

Wenn wir also nicht gerade aufgabenbezogen, bewusst denken, können die interessantesten Aha-Effekte entstehen.

Erinnern Sie sich an Archimedes und die goldene Krone? Er hatte die Aufgabe, herauszufinden, ob die Krone des Königs aus echtem Gold sei. Eine Leichtigkeit für ihn. Die Antwort gab ihm das spezifische Gewicht. Er musste nur wissen, was das Gewicht und das Volumen der Krone waren. Die Krone zu wiegen war leicht. An der Berechnung des Volumens allerdings biss er sich die Zähne aus, durfte er die Krone ja nicht zerstören. Als er eines Tages – an nichts denkend – ein Bad nahm und das Wasser überschwappte, hatte er einen Aha-Moment. Er sprang aus der Badewanne, lief nackt durch das Dorf und schrie: „Heureka! Heureka!" Durch Wasserverdrängung konnte er das Volumen der Krone bestimmen.

Wenn Sie also schwierige Probleme zu lösen haben, bei denen Sie nicht weiterkommen, machen Sie doch einmal etwas anderes. Legen Sie eine Pause ein, denken Sie an nichts. In dieser Inkubationszeit verarbeitet Ihr unterbewusstes, divergentes Denken eine ganze Menge an Informationen und verbindet Punkte, die vorher nicht verbunden waren. „Erkenntnisse aus dem Unterbewusstsein", so schreiben Stulberg und Magness, „steigen erst dann an die Oberfläche, wenn wir das Bewusstsein ausschalten und es in einen Ruhezustand versetzen."[138]

Jim Loehr und Tony Schwartz fassen sehr gut zusammen, was Sie von Top-Athleten lernen können, um Ihre Energie besser zu managen. Auf Basis ihrer jahrelangen Arbeiten mit Spitzenathleten gehen sie davon aus, dass Führungskräfte – wollen sie Spitzenleistungen über einen längeren Zeitraum erbringen – ähnliche Verhaltensmuster entwickeln müssen wie Spitzensportler.[139]

- Gesunde Ernährung: Nicht dreimal am Tag große Portionen, sondern fünf- bis sechsmal etwas kleinere Portionen essen, um den Körper ausreichend mit Energie zu versorgen, da der Körper sonst auf Sparflamme geht und sich der Stoffwechsel verlangsamt. Jeder Tag sollte mit einem Frühstück beginnen, die Ernährung muss ausgewogen sein (50–60 % komplexe Kohlehydrate, 25–35 % Eiweiß und 20–35 % Fett – vor allem ungesättigte Fettsäuren). Reduzieren Sie vor allem Zucker. Schnell verwertbare Kohlehydrate wie Zucker lassen den Blutzuckerwert schnell ansteigen und auch wieder schnell fallen, dementsprechend rasch kommt es wieder zum Leistungsabfall. Achten Sie auch darauf, ausreichend Wasser zu trinken.
- Betreiben Sie regelmäßig Sport: drei- bis viermal pro Woche Herzkreislauftraining für etwa 30 Minuten, zweimal pro Woche Intervalle – kurze intensive Einheiten mit entsprechender Erholung.
- Achten Sie auf erholsamen Schlaf: Schlaf ist einer der wichtigsten Erfolgsfaktoren im Sport[140] und gilt auch als Performance-Killer im Management.[141] Pflegen Sie einen möglichst regelmäßigen Schlafrhythmus mit Einschlafroutinen (z. B. ein Buch lesen), vermeiden Sie spätes Abendessen, Alkohol und intensive körperliche Betätigung am Abend – diese Faktoren beeinflussen Ihre Schlafqualität negativ. Vermeiden Sie auch Blaulicht (vor allem Smartphone und Tablet) vor dem Schlafengehen – es hat einen Einfluss auf die Melatoninproduktion. Wenn Sie eine Sportuhr haben, verwenden Sie sie, um Ihre Schlafqualität zu beobachten – Sie werden aufschlussreiche Erkenntnisse erhalten. Achten Sie auf ausreichend Schlaf – sieben bis neun Stunden. Schlaf ermöglicht es uns, Erinnerungen zu konsolidieren und zu speichern, emotionale Erfahrungen zu verarbeiten, Glukose (das Molekül, den Treibstoff unseres Gehirns) wieder aufzufüllen und Beta-Amyloid (das Abfallprodukt, das sich in Alzheimer-Patienten ansammelt und die kognitive Aktivität stört) zu beseitigen.[142] Schlafdefizit kann sich dramatisch auswirken. Bleiben Sie länger als 18 Stunden wach, verringert sich Ihre Reaktionsgeschwindigkeit, Ihr Kurz- und Langzeitgedächtnis, Ihre Konzentrations- und Entscheidungsfähigkeit, Ihre Rechenleistung, Entscheidungsgeschwindigkeit und Ihre räumliche Orientierung leiden.[143] Wer 17 bis 19 Stunden wach bleibt, ist gleich beeinträchtigt wie jemand, der 0,5 Promille Alkohol im Blut hat. 28 Stunden ohne Schlaf gleichen 0,1 Promille Alkoholgehalt.[144]

- Planen Sie alle 90 bis 120 Minuten Erholungsphasen ein: Chronobiologen haben herausgefunden, dass der Hormon-, Glukose- und Blutzuckerspiegel des Körpers etwa alle 90 Minuten abfällt. Ohne Erholungsphase leidet Ihre Leistungsfähigkeit. Selbst kurze Pausen reichen für eine deutliche Erholung. Nutzen Sie diese Pausen, um etwas zu essen, zu trinken, sich körperlich zu bewegen und für mentale und emotionale Abwechslung.[145] Wenn Ihr Terminkalender keine regelmäßigen Pausen zulässt, nutzen Sie die Vorteile einer Sportuhr, um Ihren Tag zu planen. Mit Hilfe meiner Sportuhr habe ich zum Beispiel festgestellt, dass es Tätigkeiten in meinem Job gibt, die meinen Stresslevel so weit senken, dass ich dabei regeneriere. Wenn ich schreibe – an einem Buch oder an einem wissenschaftlichen Aufsatz –, komme ich oft in einen Flow-Zustand. Ich vergesse alles um mich herum und verliere das Zeitgefühl. Mein Stresslevel sinkt, und meine „Body Battery" lädt sich wieder auf! Ich regeneriere beim Arbeiten!

Scott Behson, Professor für Management, meint: „Aus Managementsicht müssen wir die Vorstellung überdenken, dass Nicht-Arbeitszeit verschwendete Zeit ist. Stattdessen müssen wir erkennen, dass Erholung eine Schlüsselkomponente für anhaltende Höchstleistung ist."[146] Wir müssen also aufhören, die zeitlichen Anforderungen an unsere Mitarbeiter ständig zu erhöhen und von ihnen zu erwarten, dass sie auch nach Feierabend ständig auf Abruf bereit sind. Wir müssen unsere Mitarbeiter ermutigen, Mittagspausen zu machen, sich am Wochenende zu entspannen und ihre Urlaubstage tatsächlich unplugged zu verbringen (und diese Dinge auch selbst zu tun). Indem wir dabei helfen, die richtige Balance zu finden, können wir die Leistungsfähigkeit aufbauen, die wir brauchen, wenn der Einsatz am höchsten ist.

1,2 MILLIONEN FÜR DIE AUSROTTUNG DER KINDERLÄHMUNG

Seit 2016 sammelt das Team Rotary RAAMs Polio Spenden zur Ausrottung der Kinderlähmung. Seither sind über vier Millionen Dollar zusammengekommen, allein im Jahr 2022 etwa 1,2 Millionen. Kinderlähmung (Poliomyelitis, kurz: Polio) ist eine hochansteckende Infektionskrankheit der Nervenzellen des Rückenmarks, ausgelöst durch Enteroviren. Während bei vielen Personen die Ansteckung ohne oder nur mit milden Symptomen verläuft, kommt es bei einem von etwa 200 Infizierten zu Lähmungserscheinungen: „Die Lähmungserscheinungen setzen erst später ein und beginnen meist an den Beinen. Sie können bei fortschreitender Erkrankung auf die Arme und schließlich auf die Atemmuskulatur übergreifen. Das selbständige Atmen kann unmöglich werden und damit eine lebenslange künstliche Beatmung notwendig machen. Die Lähmungen können auch bis zum Tod führen.“[147]

Als Rotarier versuchen wir, einen substanziellen Beitrag für PolioPlus zu leisten:

> „Hinter dem Begriff PolioPlus verbirgt sich das humanitäre Hauptprojekt der Rotary Clubs in aller Welt: der Kampf gegen die Kinderlähmung (Poliomyelitis, kurz: Polio).
>
> PolioPlus ist eine Erfolgsgeschichte sondergleichen: Seit 1985, als Rotary International den offiziellen Beschluss fasste, die Welt von

dieser Infektionskrankheit zu befreien, konnten weit über 99 Prozent der Aufgabe erfüllt werden: Gab es damals noch 125 Länder mit pro Jahr 350.000 neuen Infektionen, so konnte dank umfassender Impfmaßnahmen seither die Zahl der jährlichen Neuinfektionen auf 140 (2020) gedrückt werden. Nur noch in zwei Ländern – Afghanistan und Pakistan – ist die Bevölkerung akut von Polio-Viren bedroht.

Diesen Erfolg hat Rotary nicht allein erzielt, sondern in Zusammenarbeit mit der Weltgesundheitsorganisation (WHO), dem Kinderhilfswerk UNICEF sowie der US-amerikanischen Gesundheitsbehörde CDC. Diese Global Polio Eradication Initiative (GPEI), zu der auch die Impfallianz GAVI und seit 2009 als weiterer Partner die Bill & Melinda Gates Foundation gehören, arbeitet seit 1988 an einer dauerhaften Unterbrechung der Infektionskette – und ist entschlossen, dieses Ziel zu erreichen. Die Kinderlähmung wird dann nach den Pocken die zweite Krankheit sein, die vom Erdboden verschwunden ist."[148]

Die Spenden für unser RAAM-Projekt zur Ausrottung der Kinderlähmung kamen von Rotary Clubs aus Europa und den USA, von Rotary Distrikten, von vielen Privatpersonen und von Unternehmen. Die rotarische Fellowship Cycling to Serve unterstützte uns dabei. Wir starteten unzählige Initiativen, hielten viele Vorträge und organisierten Charity-Veranstaltungen. Christoph Strasser stellte uns sein Trikot zur Verfügung, das er für seinen 24-Stunden-Weltrektord 2021 eigens hatte anfertigen lassen. Wir verlosten es unter allen, die im Rahmen dieser Aktion spendeten. Alle unsere Spenden wurden von der Bill & Melinda Gates Foundation verdreifacht.

Unser Media Team mit Hubert, Martin und Roland hatte ganze Arbeit geleistet. Wir hatten eine ganze große Bühne: Der Sportsender K19 berichtete während des Rennens jeden Tag. Martin Böckle stand während des Rennens jeden Tag um 5 Uhr auf, um die Berichte fertigzustellen, damit sie in Österreich rechtzeitig zum Frühstück online waren. Wir hatten Liveblogs in der Tiroler Tageszeitung, im Rotary Magazin Online und in den Radsportnews, der ORF und Servus TV berichteten, wir waren in allen großen österreichischen Tageszeitungen. Martin Roseneder, der als mein Pressesprecher auftrat, legte sich kräftig ins Zeug. Hunderttausende Menschen konnten uns jeden Tag live mitverfolgen! Christoph Strasser lud mich nach dem Rennen zu seinem Podcast „Sitzfleisch“ ein. Ich gab zahlreiche Interviews und war sogar im Rennrad Magazin. Von dem großen Medienrummel hatte ich während des Rennens kaum etwas mitbekommen. Zurück in Österreich wurde mir erst bewusst, welche Aufmerksamkeit wir bekommen hatten. Immer wieder sprachen mich Menschen, die ich gar nicht kannte, auf das RAAM an. Während einer Mittagspause ging ich einmal über den Campus meiner Universität. Als ich an einer größeren Gruppe von Studierenden vorbeiging, applaudierten sie spontan.

Seit unserer ersten RAAM-Teilnahme im Jahr 2016 haben wir über 4,2 Millionen Dollar an Spenden zur Ausrottung der Kinderlähmung gesammelt. Wir werden es niemals wissen, aber rein statistisch betrachtet ist es wahrscheinlich, dass wir mit den Impfungen, die unser Projekt ermöglicht hat, ein paar Kinder vor dieser furchtbaren Krankheit schützen konnten. Was will man mehr erreichen? „We ride so that others can walk” – das ist unsere Mission.

Einige Wochen nach dem RAAM erhielten wir den Race Across America Lon Haldeman Award, der jährlich an jenes Team verliehen wird, das die höchste Spendensumme für ein karitatives Projekt sammelt. Wir hatten diesen Preis 2018 schon einmal erhalten – 2022 nun das zweite Mal.

Der Governor unseres Rotary Distrikts, Heinz Rieder, lud mich zu einer großen Rotary Veranstaltung in Salzburg am 17. September 2022 ein, um dort einen Vortrag über unser Race Across America-Projekt zu halten. Im Anschluss daran überraschte er mich mit dem International Service Award for a Polio free world. Diese Auszeichnung wird einmal im Jahr an maximal zehn Rotarier verliehen. Das Rotary Magazin schrieb dazu:

> „Er fordert sich, damit andere nicht krank werden: Kurt Matzler fährt Radrennen bis zu 5000 km, um Spenden für Polio einzustreichen. Jetzt wurde er dafür von Rotary International geehrt. Der Distrikt hatte schon länger im Auge, wie sich Kurt Matzler beim Thema Kampf gegen Polio engagiert: beim Race Across America, mit dem jedes Mal mehr als 1 Million Euro Spenden generiert werden, bei

> Radrennen rund um Österreich und quer durch Italien, mit Polio-Werbung bei seinen beruflich motivierten Management-Vorträgen etc. Jetzt sollte die Leistung des Ausnahme-Radfahrers (übrigens auch rotarischer Weltmeister bei den über 45-Jährigen) anerkannt werden. Walter Ebener (Pastgovernor D1920) ließ es sich nicht nehmen, den Award persönlich zu überbringen."[149]

Was 2016 als eine Idee von Bob McKenzie begann, hat sich zu einem beeindruckenden internationalen Spendenprojekt entwickelt. Heute, über sechs Jahre nach unserem ersten RAAM als Viererteam und ziemlich genau sechs Monate nach meiner Solo-Teilnahme, kann ich immer noch nicht ganz glauben, was wir als Team erreicht haben.

LINKS

Der Sportsender K19 berichtete vor, während und nach dem Rennen. Die Videos sind auf YouTube zu finden. Vor dem Rennen und nach dem Rennen gab es auch ausführliche Studiogespräche. Die Links dazu finden Sie auf der nächsten Seite. Nach dem Rennen luden mich Florian Kraschitzer und Christoph Strasser zu ihrem Podcast „Sitzfleisch“ ein, und auf Puls24 durfte ich vor Kurzem an einer Diskussion über Top-Manager und Spitzenathleten teilnehmen. Die Links dazu finden Sie ebenfalls auf der folgenden Seite.

Ich freue mich über Feedback und Kommentare zu diesem Buch:
kurt.matzler@uibk.ac.at

Studiogespräch vor dem Race Across America bei K19 – gemeinsam mit Martin Ebster, Hubert Siller und Martin Böckle im März 2020. Wir sprechen über die Vorbereitungen, die Strategie und die Herausforderungen.

Studiogespräch nach dem Race Across America bei K19 – gemeinsam mit Martin Ebster und Hubert Siller. Wir sprechen über unsere Erlebnisse, über unsere Erfahrungen und die Crew.

Zu Gast bei „Sitzfleisch", dem Podcast von Florian Kraschitzer und Christoph Strasser.

TV-Aufzeichnung der 4GameChanger-TV-Diskussion von Puls24 „Was kann Management vom Spitzensport lernen?" mit Patrick Ortlieb (Olympiasieger, Weltmeister, ÖSV-Finanzreferent und erfolgreicher Geschäftsmann), Ingeborg Freudenthaler (Unternehmerin), Florian Grasel (Ultratrailläufer) und Bastian Kaltenböck (ehemaliger Skispringer und nunmehr Winzer in der Südsteiermark) unter der Moderation von Martin Böckle.

ANHANG

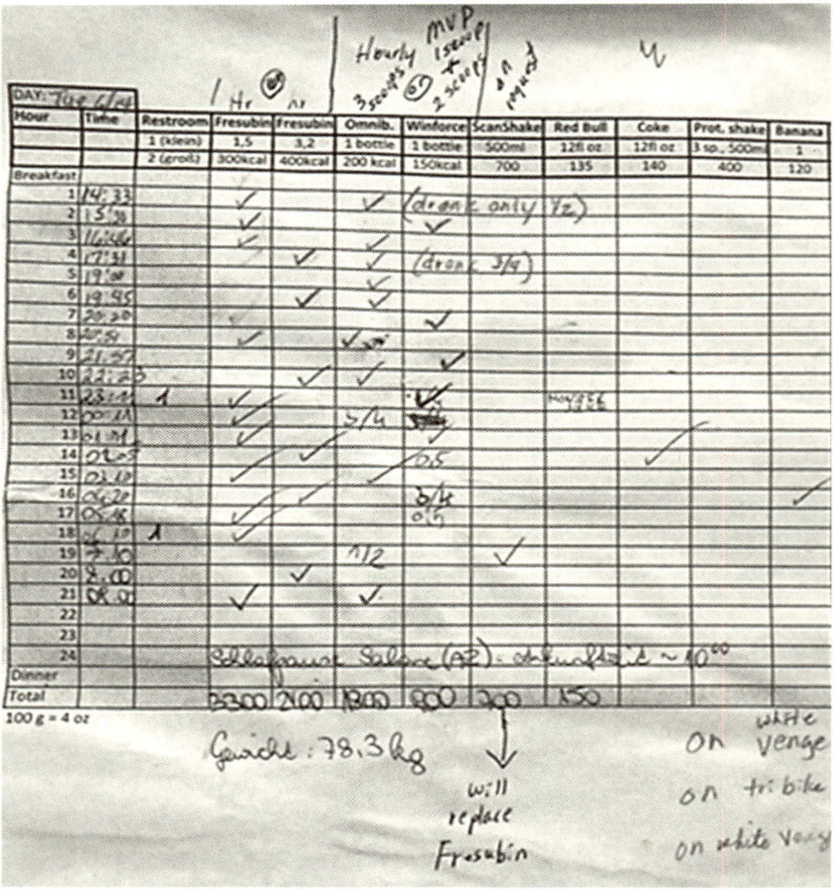

DAY:												
Hour	Time	Restroom	Fresubin	Fresubin	Omnib.	Winforce	ScanShake	Red Bull	Coke	Prot. shake	Banana
		1 (klein)	1,5	3,2	1 bottle	1 bottle	500ml	12fl oz	12fl oz	3 sp., 500ml	1
		2 (groß)	300kcal	400kcal	200 kcal	150kcal	700	135	140	400	120
Breakfast											
1											
2											
3											
4											
5											
6											
7											
8											
9											
10											
11											
12											
13											
14											
15											
16											
17											
18											
19											
20											
21											
22											
23											
24											
Dinner											
Total			3300	2100	1800	800	700	150			

100 g = 4 oz

Gewicht: 78,3 kg

Ernährungsprotokoll.

Datum	Tag	Art des Trainings	Dauer	Puls	Intervall	INT.Puls	WH	Zusatztraining	Dauer	Information zum Training
05.Apr	MO	freie Einheit								was du magst noch bei dem Wetter
06.Apr	DI	Ruhetag								totale Ruhe bitte! Auch kein EMS
07.Apr	MI	Radfahrt	02:00	139	15min	300W	3			da würde EMS gut passsen; Intervall mit weniger RPM (quasi Bergfahen); 10min dazwischen
08.Apr	DO	Radfahrt	04:00	126	1min	ALLOUT	2			locker locker locker; bitte nicht mehr: Intervalle zu beginn (Kohlehydrate wegfetzn..) dann Fettstoffwechsel
09.Apr	FR	Radfahrt	05:00	139	30min	155	3			wetter sollte passen; Intervalle am Berg! (vl 3mal den selben Berg)
10.Apr	SA	Radfahrt	00:45	167				Radfahrt	01:30	kurz warm up; dann 45min volle Hütte- fertig... abends nochmals locker drauf
11.Apr	SO	freie Einheit								was lockeres.. Vl geht a Skitour als ausgleich

Datum	Tag	Art des Trainings	Dauer	Puls	Intervall	INT.Puls	WH	Zusatztraining	Dauer	Information zum Training
12.Apr	MO	Ruhetag								
13.Apr	DI	Radfahrt	02:00	155	Bergauf	350W	x	Kraft	00:30	Satt von Anfang an! Und wenn bergauf passagen; dann richtig Satt
14.Apr	MI	Radfahrt	03:00	139	30min	167	2			2 Anstiege! Come on! Das tut weh
15.Apr	DO	Ruhetag								
16.Apr	FR	Radfahrt	04:00	139	Bergauf	300W	x			"kurzer" Grundlagenblock – kurz ist bei dir relativ.. Ulala
17.Apr	SA	freie Einheit	x							wir checken das noch, dass morgen alles klappt. Eventuel tauschen
18.Apr	SO	Radfahrt	08:00	139						laaaaaangweilig

Woche 1

RECOM
GA1
GA2
WSA
EB
sonstiges Training

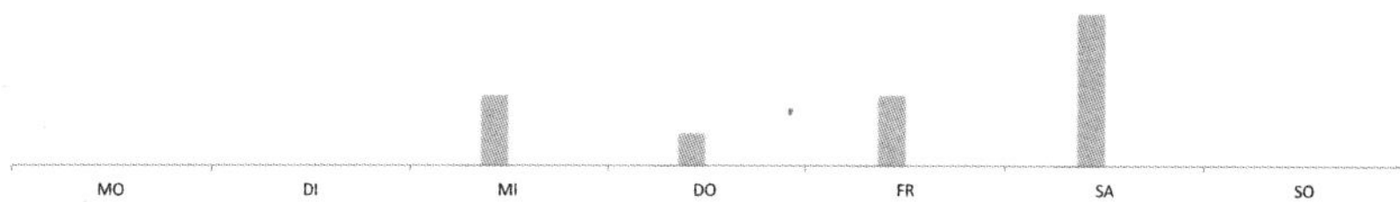

Woche 2

RECOM
GA1
GA2
WSA
EB
sonstiges Training

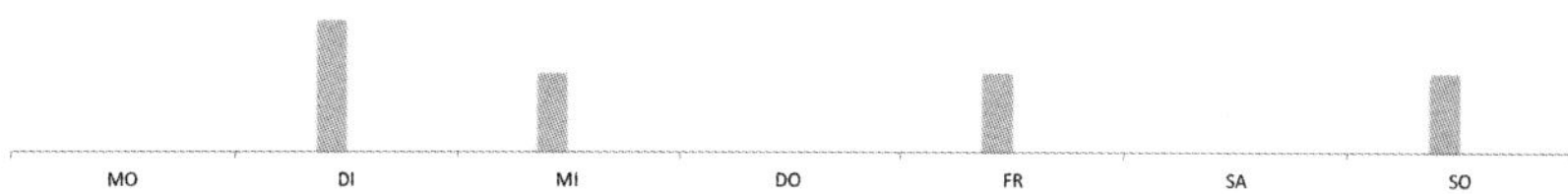

	TS	TZ	TS NAME	Miles Raced	M
Tuesday, 06/14	0	PDT	Oceanside, CA	0,00	
Tuesday, 06/14	1	PDT	Borrego Springs, CA	88,40	
Tuesday, 06/14	2	PDT	Brawley, AZ	145,40	
Wednesday, 06/15	3	MDT	Blythe, AZ	235,00	
Wednesday, 06/15	4	MDT	Parker, AZ	286,30	
Wednesday, 06/15	5	MDT	Salome, AZ	342,46	
Wednesday, 06/15	Rest	MDT	Salome, AZ	342,46	
Wednesday, 06/15	Start	MDT	Salome, AZ	342,46	
Wednesday, 06/15	6	MDT	Congress, AZ	395,05	
Thursday, 06/16	7	MDT	Prescott, AZ	445,54	
Thursday, 06/16	8	MDT	Camp Verde, AZ	500,01	
Thursday, 06/16	9	MDT	Flagstaff, AZ	602,87	
Thursday, 06/16	Rest	MDT	Flagstaff, AZ	602,87	
Thursday, 06/16	Start	MDT	Flagstaff, AZ	602,87	
Thursday, 06/16	10	MDT	Tuba City, AZ	677,88	
Friday, 06/17	11	MDT	Kayenta, AZ	749,71	
Friday, 06/17	12	MDT	Mexican Hat, UT	794,42	
Friday, 06/17	13	MDT	Montezuma Creek, UT	834,01	
Friday, 06/17	14	MDT	Cortez, CO	884,23	
Friday, 06/17	Rest	MDT	Cortez, CO	884,23	
Friday, 06/17	Start	MDT	Cortez, CO	884,23	
Friday, 06/17	15	MDT	Durango, CO	928,41	
Saturday, 06/18		MDT	**DURANGO, CO CUT-OFF = 81 hours**	928,41	
Saturday, 06/18	16	MDT	Pagosa Springs, CO	982,72	
Saturday, 06/18	17	MDT	South Fork, CO	1030,69	
Saturday, 06/18	18	MDT	Alamosa, CO	1077,28	
Saturday, 06/18	19	MDT	La Veta, CO	1135,59	
Saturday, 06/18	Rest	MDT	La Veta, CO	1135,59	
Saturday, 06/18	Start	MDT	La Veta, CO	1135,59	
Saturday, 06/18	20	MDT	Trinidad, CO	1201,00	
Sunday, 06/19	21	MDT	Kim, CO	1272,31	
Sunday, 06/19	22	MDT	Walsh, CO	1340,66	
Sunday, 06/19	23	SDT	Ulysses, KS	1394,82	
Sunday, 06/19	24	SDT	Montezuma, KS	1444,98	
Sunday, 06/19	Rest	SDT	10598 Ford Ensign Rd, Dodge City	1464,28	
Sunday, 06/19	Start	SDT	10598 Ford Ensign Rd, Dodge City	1464,28	
Sunday, 06/19	25	SDT	Greensburg, KS	1511,10	
Monday, 06/20	26	SDT	Pratt, KS	1543,21	

 Zeitplan.

Miles to next Rest	Miles to next TS	Total hours raced	Race Time Kurt	Hours per shift	Local Time	Car 1 (Bob)	Car 2 (Zoli)	Car 3 (Ruth)
342,46	88,40	0,00	16:00		13:00	12:30 - 22:30 (10h)		
254,06	57,00	5,17	21:10	05:10	18:10			
197,06	89,60	10,15	01:50	09:50	22:50		22:00 - 5:30 (7.5h)	
107,46	51,30	16,64	08:00	17:00	06:00			
56,16	56,16	20,27	11:30	20:30	09:30			4:30 - 14:30 (10h)
0,00	0,00	29,82	15:30	00:30	13:30	**Must start at 17:30**		
	0,00					16:30 - 01:30 (9h)		
260,41	52,59		20:30		18:30			
207,82	50,49	33,91	00:30	04:00	22:30			
157,33	54,47	38,03	04:15	07:45	02:15		00:30:00 - 9:30 (9h)	
102,86	102,86	41,26	07:00	11:30	06:00			
0,00	0,00	55,17	15:30	19:00	13:30			8:30 - 17:30 (9h)
	0,00					**Must start at 17:30**		
281,36	75,01		20:30		18:30	16:30 - 01:30 (9h)		
206,35	71,83	69,63	00:45	04:15	22:45			
134,52	44,71	65,08	05:45	09:15	03:45		0:30 - 9:30 (9h)	
89,81	39,59	67,83	08:20	11:50	06:20			
50,22	50,22	70,69	10:50	14:20	08:50			8:30 - 17:30 (9h)
0,00	0,00	79,77	14:45	18:15	12:45	**Must start at 17:45**		
	0,00					16:30 - 01:30 (9h)		
251,36	44,18		19:45		17:45			
- 207,18	0,00	82,94	23:00	03:15	21:00			
207,18	54,31	81 hours						
152,87	47,97	87,11	03:00	07:15	01:00		0:30 - 9:30 (9h)	
104,90	46,59	90,67	05:40	09:55	03:40			
58,31	58,31	93,76	09:45	14:00	07:45			
0,00	0,00	102,80	13:50	18:05	11:50			8:30 - 17:30 (9h)
	0,00							
328,69	65,41		18:50		16:50	16:30 - 01:30 (9h)		
263,28	71,31	106,90	23:50	05:00	21:50			
191,97	68,35	111,70	03:45	08:55	01:45		0:30 - 9:30 (9h)	
123,62	54,16	115,90	08:00	13:10	06:00			
69,46	50,16	119,40	11:20	17:30	10:20			8:30 - 17:30 (9h)
19,30	19,30	124,40	14:50	21:00	13:50			
0,00	0,00		15:50	22:00	14:50			
314,48	46,82		20:50		19:50	16:30 - 01:30 (9h)		
267,66	32,11	127,90	00:15	03:25	23:15			
235,55	76,93	132,30	02:30	05:40	01:30		0:30 - 9:30	

	DATE	HOTEL	ADDRESS
Car 2	Tue 6/14	Days Inn /Brawley, CA	590 W Main
Media		Ida	
Car 3	Tue 6/14	Days Inn /Brawley, CA	590 W Main
Car 1	Tue 6/14	Best Western /Parker, AZ	1012 S Geronimo Ave
		Mandy	Late checkout is 12:00
Car 2	Wed 6/15	Shefflers Inn /Salome, AZ	Hwy 60
Media		Jeff (wife is Marjorie)	
Car 3	Wed 6/15	Shefflers Inn /Salome, AZ	Hwy 60
Car 1	Wed 6/15	St Michaels /Prescott, AZ	205 W Gurley
		Skyler - 48 hr can. notice	
		Call ahead to confirm late check out / it is at noon, but we	
Car 2	Thur 6/16	Best Western	3030 E Rte 66
Media		Pony soldier Inn/Flagstaff	**Call the day before to**
Car 3	Thur 6/16	Best Western	3030 E Rte 66
		JJ / Mgr is Talia	
Car 1	Thur 6/16	Hampton / Kayenta, AZ	US Hwy 160
		Sierra / Late checkout requested / noon is the lastest they can dc	
Car 2	Fri 6/17	Super 8 /Cortez, CO	505 E Main St
Media		Trudy / Call a day aheaad to confirm early check-in	
Car 3	Fri 6/17	Super 8 /Cortez, CO	505 E Main St
Car 1	Fri 6/17	West End Lodge/Pagosa Springs	315 Navajo Trail Dr
		booked online	Pd extra for late checkout
Car 2	Sat 6/18	La Veta Inn, La Veta, CO	103 W Ryus Ave
Media		she will try to get $149 rate	Hannah
Car 3	Sat 6/18	La Veta Inn, La Veta, CO	103 W Ryus Ave
Car 1	Sat 6/18	Corporate East Ulyssys, KS	1110 E Oklahoma Ave
BOOKED SUN 6/19		Lana / CALL AHEAD	**In @ 4 am / out at 1 PI**
Car 2	Sun 6/19	LaQuinta, Dodge City, KS	2400 W Wyatt Earp Blvd
Media		Emran / call a day ahead to confirm early check in	
Car 3	Sun 6/19	LaQuinta, Dodge City, KS	2400 W Wyatt Earp Blvd
Car 1	Sun 6/19	Best Western, Pratt, KS	112 NE KS 61
		Eduardo	
Car 2	Mon 6/20	Sleep Inn, Ft. Scott, KS	302 E Wall St
Media		KC / Noon check in	Made a note that it is a nc
Car 3	Mon 6/20	Sleep Inn /Ft. Scott, KS	302 E Wall St

 Hotelplan.

HONE JMBER	RATE	CONF. #	EST. ARR. TIME	DATE OF RESERV.
0-9982	Tx inc 70.20	657819237	Tue 15:30	11/17/21
	Tx inc 70.20	909812582		11/17/21
0-9982	Tx inc 70.20	367028451	Tue 15:30	11/17/21
9-6060	$116,10	159687	Wed 1:00	11/17/21
	$116,10	159688	Tue/Wed	11/17/21
9-3001	Pd 5/17/22	283433619	Wed 8:30	11/17/21
	Visa	DM		11/17/21
9-3001	$180,00	DM	Wed 12:30	11/17/21
6-1999	79 + tx	286210	Thurs 2:00	11/23/21
ach room	79 + tx	286211	Wed/Thur	11/23/21
est later				
6-2388	116.99 + tax	90023	Thurs 11:00	11/29/21
n early check-in		90024		11/29/21
6-2388	116.99 + tax	90025	Thurs 12:30	11/29/21
0-5582	REQUESTED EARLY CK IN			
97-3170	183.26 + tx	83253918 / 2 rms.	Fri 2:50	11/17/21
	183.26 + tx		Thur/Fri	11/17/21
35-2553	$105,30	100q50960	Fri 11:00	11/29/21
		084171481		11/29/21
33-2553	$105,30	147826311	Fri 12:30	11/29/21
31-2701	$138,17	32215935	Sat 1:45	11/29/21
	$276,34	32215844	Fri/Sat	11/29/21
2-5566	149+10+tx ??	4547	Sat 10:15	
9-8959		holds 3 rooms		12/3/21
2-5566	149+10+tx ??		Sat 12:30	
56-5010	86 + tx	210870	Sun 4:00	11/30/21
will charge for 1 day.		210871	SUN 6/19	11/30/21
25-7373	89 + tx	049-380897	Sun 11:30	11/30/21
	89 + tx	715-048330		11/30/21
25-7373	89 + tx	291-993640	Sun 13:00	11/30/21
08-6466	89.99 + tx	118877	Mon 1:30	11/30/21
eck out	89.99 + tx	118876	Sun/Mon	11/30/21
23-2555	102,06	788428457	Mon 12:00	11/30/21
val		788429679		11/30/21
23-2555	98,10	788429786	Mon 15:00	11/30/21

LITERATUR

Amabile, T. M., Hadley, C. N., & Kramer, S. J. 2002. Creativity under the gun. ***Harvard Business Review***, 80: 52–63.

Amabile, T. M., & Kramer, S. J. 2011. The power of small wins. ***Harvard Business Review***, 89 (5): 70–80.

Barker, E., & Wayne, R. 2017. ***Barking up the wrong tree***: HarperCollins.

Barnes, C. M. 2018. Sleep well, lead better. ***Harvard Business Review*** (September–October): 2–5.

Barth, S. 2022. ***Ultracycling & Bikepacking***: LongDistanceMedia.

Baumeister, R. F. 2015. conquer yourself conquer the world. ***Scientific American***, 312 (4): 60–65.

Baumeister, R. F., & Tierney, J. 2012. ***Die Macht der Disziplin: Wie wir unseren Willen trainieren können***: Campus.

Behson, S. 2014. Work-Live Balance Through Interval Training. ***Harvard Business Review*** (Digital Article).

Berglund, B., & Berglund, L. 2015. «Shermer's neck« is a rare injury in long-distance cycle races. Association with diplopia described for the first time, ***Lakartidningen***, Vol. 112: DR7I.

Burns, L., Weissensteiner, J. R., & Cohen, M. 2019. Lifestyles and mindsets of Olympic, Paralympic and world champions: is an integrated approach the key to elite performance? ***British Journal of Sports Medicine***, 53 (13): 818–824.

Christensen, C., Allworth, J., & Dillen, K. 2012. ***How will you measure your life***: HarperCollins.

Cialdini, R. 2001. Harnessing the science of persuasion. ***Harvard Business Review***, 79 (9): 72–79.

Cialdini, R. B. 2011. ***Die Psychologie des Überzeugens***: Hans Huber.

Clear, J. 2020. ***Die 1%-Methode – Minimale Veränderung, maximale Wirkung: Mit kleinen Gewohnheiten jedes Ziel erreichen – Mit Micro Habits zum Erfolg***: Goldmann.

Coleman, J. 2022. ***HBR Guide to Crafting your Purpose***: Harvard Business Review Press.

Craig, N., & Snook, S. 2014. From purpose to impact. ***Harvard Business Review***, 92 (5): 104–111.

Czeisler, C. A., & Fryer, B. 2006. Sleep deficit: The performance killer. ***Harvard Business Review***, 84 (10): 53–59.

Czycholl, H. 2014. Müde Manager handeln, als wären sie betrunken. ***Die Welt*** (17. Jänner).

Dijksterhuis, A., & Meurs, T. 2006. Where creativity resides: The generative power of unconscious thought. ***Consciousness and Cognition***, 15 (1): 135–146.

Dijksterhuis, A., & Nordgren, L. F. 2006. A theory of unconscious thought. ***Perspectives on Psychological Science***, 1 (2): 95–109.

DiMaggio, P., & Powell, W. W. 1983. The iron cage revisited: Collective rationality and institutional isomorphism in organizational fields. ***American Sociological Review***, 48 (2): 147–160.

Drucker, P. F. 2004. What makes an effective executive. ***Harvard Business Review***, 82 (6): 17–21.

Elberse, A. 2022. Number One in Formula One. ***Harvard Business Review***, 100 (11–12): 70–78.

Evans, J. S. B., & Frankish, K. E. 2009. ***In two minds: Dual processes and beyond***: Oxford University Press.

Fasching, W. 2015. ***Die Kraft der Gedanken: ... und wie diese unser Leben prägen***: Egoth.

Frankl, V. E. 1985. ***Man's search for meaning***: Simon and Schuster.

Gladwell, M. 2013. ***David and Goliath: Underdogs, Misfits and the Art of Battling Giants***: Penguin.

Gokulnath, S. 2021. ***Let Go***: Notion Press.

Goleman, D. 2013. The focused leader. ***Harvard Business Review***, 91 (12): 50–60.

Grant, A. 2013. In the company of givers and takers. ***Harvard Business Review***, 91 (4): 90–97.

Grubinger, M., Gepp, M., & Gepp, A. 2010. ***Vom Traum zum Ziel: Alex Gepp beim Race Across America***: Egoth.

Gruebele, M., & Scott, G. 2017. ***Masters RAAM. A winning strategy***: Amazon Distribution.

Hedges, K. 2017. 5 Questions to Help Your Employees Find Their Inner Purpose. ***Harvard Business Review*** (Digital Article).

Hill, P. L., & Turiano, N. A. 2014. Purpose in life as a predictor of mortality across adulthood. ***Psychological Science***, 25 (7): 1482–1486.

Hughes, J., & Kehlenbach, D. 2011. ***Radsport Extrem: Die komplette Anleitung für Radmarathons, RTFs, Ultra- und Etappenrennen***: spomedis.

Jaklitsch, T. 2016. ***Coach dich selbst zu deinem besseren Ich! Mentale Strategien von Race-Across-America-Rekordhalter Christoph Strasser***: Leykam.

Jobson, S., & Irvine, D. 2017. ***Ultra-Distance Cycling: An Expert Guide to Endurance Cycling***: Bloomsbury Publishing.

Kane, M., & Trochim, W. M. 2009. Concept mapping for applied social research. ***The Sage Handbook of Applied Social Research Methods***: 435–474.

Keller, S., & Meaney, M. 2017. High-performing teams: A timeless leadership topic. ***McKinsey Quarterly***, 3 (July): 81–87.

Koehn, N. F. 2010. Leadership in Crisis: Ernest Shackleton and the Epic Voyage of the Endurance. ***Harvard Business School Case*** (9–803–127).

Kunzmann, K. 2019. Schlaf, Cheflein, schlaf: Warum dauerhafter Schlafmangel für Körper und Geist fatale Folgen hat. ***Die Absatzwirtschaft*** (28. Januar).

Loehr, J., & Schwartz, T. 2001. The making of a corporate athlete. ***Harvard Business Review***, 79 (1): 120–129.

Loehr, J., & Schwartz, T. 2003. ***The power of full engagement. Managing energy, not time, is the key to high performance and personal renewal***: Simon and Schuster.

Löhr, G. 2018. ***9 Tage 22 Stunden 40 Minuten: 4960 Kilometer nonstop beim härtesten Radrennen der Welt***: Mental Enterprises.

Magiera, C. 2009. ***Einsatz und Anwendungen von Innovationstechniken: Betrachtung unter dem Effizienzaspekt***: Diplomica Verlag.

Matzler, K., Stadler, C., Hautz, J., Friedrich von den Eichen, S., & Anschober, M. 2022. ***Open Strategy: Durch offene Strategieprozesse Disruption erfolgreich meistern***: Vahlen.

McClean, S. T., Koopman, J., Yim, J., & Klotz, A. C. 2021. Stumbling out of the gate: The energy-based implications of morning routine disruption. ***Personnel Psychology***, 74 (3): 411–448.

Mickle, T. 2020. How Tim Cook Made Apple His Own. **Wall Street Journal** (7. August).

Milne, S., Orbell, S., & Sheeran, P. 2002. Combining motivational and volitional interventions to promote exercise participation: Protection motivation theory and implementation intentions. ***British Journal of Health Psychology***, 7 (2): 163–184.

Misch, D. 2016. ***Randonnée: Ein Ultra-Cycling Tagebuch***: Egoth.

Misch, D. 2021. ***1000/24. Christoph Strasser und die Jagd nach dem perfekten Tag***: Covadonga Verlag.

Mischel, W., Shoda, Y., & Rodriguez, M. L. 1989. Delay of gratification in children. ***Science***, 244 (4907): 933–938.

N. N. 2018. The Psychology of Purpose: The John Templeton Foundation.

Nehls, M. 2012. ***Herausforderung Race Across America: 4800 km Zeitfahren von Küste zu Küste***: Mental Enterprises.

Neumann, G. 1999. Hitzebelastung und Hitzeakklimatisation im Sport. ***Schweizerische Zeitschrift für Sportmedizin und Sporttraumatologie***, 47 (2): 101–105.

Nyer, P. U., & Dellande, S. 2010. Public commitment as a motivator for weight loss. ***Psychology & Marketing***, 27 (1): 1–12.

Orbell, S., Hodgkins, S., & Sheeran, P. 1997. Implementation intentions and the theory of planned behavior. ***Personality and Social Psychology Bulletin***, 23 (9): 945–954.

Pencavel, J. 2015. The productivity of working hours. ***The Economic Journal***, 125 (589): 2052–2076.

Porter, M. 1996. What is strategy? ***Harvard Business Review***, 74 (6): 61–78.

Porter, M. E., & Nohria, N. 2018. How CEOs manage time. ***Harvard Business Review***, 96 (4): 42–51.

Purps-Pardigol, S. 2021. ***Leben mit Hirn: Wie Sie Ihre Potenziale entfalten, egal was um Sie herum geschieht***: Campus.

Ranadivè, V. 2014. What a CEO Learned Coaching His Daughter's Basketball Team. ***Entrepreneur***, July 7.

Rees, J. 2021. ***Vicious Cycle***: The EI Guru Publishing.

Reeves, M. 2017. ***One long day***: CreateSpace Independent Publishing Platform.

Ritter, S. M., & Dijksterhuis, A. 2014. Creativity – the unconscious foundations of the incubation period. ***Frontiers in Human Neuroscience***: 215.

Rosekind, M. R., Neri, D. F., Miller, D. L., Gregory, K. B., Webbon, L. L., & Oyung, R. L. 1997. Crew fatigue research focusing on development and use of effective countermeasures. ***ICAO Journal***, 52 (4): 20–22.

Simpson, N., Gibbs, E., & Matheson, G. 2017. Optimizing sleep to maximize performance: implications and recommendations for elite athletes. ***Scandinavian Journal of Medicine & Science in Sports***, 27 (3): 266–274.

Strasser, C. 2018. ***Der Weg ist weiter als das Ziel***: Egoth.

Stulberg, B., & Magness, S. 2022. ***Das perfekte Mindset***: Finanzbuchverlag.

Thaler, R., & Sunstein, C. 2008. ***Nudge: improving decisions about health, wealth and happiness***: Yale University Press.

Traunmüller, K. 2011. ***Am Limit. Race Across America***: Easy-Media Druck & Verlag.

Vallacher, R. R., & Wegner, D. M. 2014. ***A theory of action identification***: Psychology Press.

Wansink, B. 2006. ***Mindless eating: Why we eat more than we think***: Bantam.

Wansink, B. 2008. ***Essen ohne Sinn und Verstand: Wie die Lebensmittelindustrie uns manipuliert***: Campus.

Watson Pelàez, M. 2011. Plan Your Way to Less Stress, More Happiness. ***Time***, May, 31.

Weick, K. E. 1995. ***Sensemaking in organizations***: Sage.

Williams, S. E., Cooley, S. J., Newell, E., Weibull, F., & Cumming, J. 2013. Seeing the difference: Developing effective imagery scripts for athletes. ***Journal of Sport Psychology in Action***, 4 (2): 109–121.

Williamson, A. M., & Feyer, A.-M. 2000. Moderate sleep deprivation produces impairments in cognitive and motor performance equivalent to legally prescribed levels of alcohol intoxication. ***Occupational and Environmental Medicine***, 57 (10): 649–655.

Wilson James, Q., & Kelling George, L. 1982. Broken Windows: The police and neighborhood safety. ***The Atlantic*** (March): 29–38.

Zimbardo, P. G. 1969. ***The human choice: Individuation, reason, and order versus deindividuation, impulse, and chaos***. Paper presented at the Nebraska Symposium on Motivation.

ANMERKUNGEN

1 https://commons.wikimedia.org/wiki/File:Blank_US_Map_With_Labels.svg; Streckenlinie hinzugefügt
2 https://de.statista.com/infografik/24929/geschaetzte-anzahl-der-erfolgreichen-besteigungen-des-mt-everest/
3 „Härter als die Besteigung des Mount Everest", Neue Züricher Zeitung, 03. 07. 2005
4 Nehls, M. 2012. ***Herausforderung Race Across America: 4800 km Zeitfahren von Küste zu Küste***: Mental Enterprises.
5 https://www.racearoundaustria.at, Abdruck mit Genehmigung
6 Nehls, M. 2012. ***Herausforderung Race Across America: 4800 km Zeitfahren von Küste zu Küste***: Mental Enterprises.
7 Gruebele, M., & Scott, G. 2017. ***Masters RAAM. A winning strategy***: Amazon Distribution.
8 Strasser, C. 2018. ***Der Weg ist weiter als das Ziel***: Egoth.
9 Löhr, G. 2018. ***9 Tage 22 Stunden 40 Minuten: 4960 Kilometer nonstop beim härtesten Radrennen der Welt***: Mental Enterprises.
10 Misch, D. 2016. ***Randonnée: Ein Ultra-Cycling Tagebuch***: Egoth.
11 Gruebele, M., & Scott, G. 2017. ***Masters RAAM. A winning strategy***: Amazon Distribution.
12 Grubinger, M., Gepp, M., & Gepp, A. 2010. ***Vom Traum zum Ziel: Alex Gepp beim Race Across America***: Egoth.
13 Gokulnath, S. 2021. ***Let Go***: Notion Press.
14 Traunmüller, K. 2011. ***Am Limit. Race Across America***: Easy-Media Druck & Verlag.
15 Reeves, M. 2017. ***One long day***: CreateSpace Independent Publishing Platform.
16 Rees, J. 2021. ***Vicious Cycle***: The EI Guru Publishing.
17 Jaklitsch, T. 2016. ***Coach dich selbst zu deinem besseren Ich! Mentale Strategien von Race-Across-America-Rekordhalter Christoph Strasser***: Leykam.
18 Fasching, W. 2015. ***Die Kraft der Gedanken: ... und wie diese unser Leben prägen***: Egoth.
19 Hughes, J., & Kehlenbach, D. 2011. ***Radsport Extrem: Die komplette Anleitung für Radmarathons, RTFs, Ultra- und Etappenrennen***: spomedis.
20 Jobson, S., & Irvine, D. 2017. ***Ultra-Distance Cycling: An Expert Guide to Endurance Cycling***: Bloomsbury Publishing.
21 Nehls, M. 2012. ***Herausforderung Race Across America: 4800 km Zeitfahren von Küste zu Küste***: Mental Enterprises.

22 Nehls, M. 2012. ***Herausforderung Race Across America: 4800 km Zeitfahren von Küste zu Küste***: Mental Enterprises.

23 Christensen, C., Allworth, J., & Dillen, K. 2012. ***How will you measure your life***: HarperCollins.

24 Baumeister, R. F. 2015. conquer yourself conquer the world. ***Scientific American***, 312 (4): 60–65.

25 Goleman, D. 2013. The focused leader. ***Harvard Business Review***, 91 (12): 50–60.

26 Mischel, W., Shoda, Y., & Rodriguez, M. L. 1989. Delay of gratification in children. ***Science***, 244 (4907): 933–938.

27 Baumeister, R. F., & Tierney, J. 2012. ***Die Macht der Disziplin: Wie wir unseren Willen trainieren können***: Campus.

28 Baumeister, R. F. 2015. conquer yourself conquer the world. ***Scientific American***, 312 (4): 60–65.

29 Baumeister, R. F., & Tierney, J. 2012. ***Die Macht der Disziplin: Wie wir unseren Willen trainieren können***: Campus.

30 Baumeister, R. F., & Tierney, J. 2012. ***Die Macht der Disziplin: Wie wir unseren Willen trainieren können***: Campus.

31 Baumeister, R. F., & Tierney, J. 2012. ***Die Macht der Disziplin: Wie wir unseren Willen trainieren können***: Campus.

32 Baumeister, R. F., & Tierney, J. 2012. ***Die Macht der Disziplin: Wie wir unseren Willen trainieren können***: Campus.

33 Wansink, B. 2008. ***Essen ohne Sinn und Verstand: Wie die Lebensmittelindustrie uns manipuliert***: Campus.

34 Orbell, S., Hodgkins, S., & Sheeran, P. 1997. Implementation intentions and the theory of planned behavior. ***Personality and Social Psychology Bulletin***, 23 (9): 945–954.

35 Milne, S., Orbell, S., & Sheeran, P. 2002. Combining motivational and volitional interventions to promote exercise participation: Protection motivation theory and implementation intentions. ***British Journal of Health Psychology***, 7 (2): 163–184.

36 Cialdini, R. 2001. Harnessing the science of persuasion. ***Harvard Business Review***, 79 (9): 72–79.

37 Cialdini, R. B. 2011. ***Die Psychologie des Überzeugens***: Hans Huber.

38 Nyer, P. U., & Dellande, S. 2010. Public commitment as a motivator for weight loss. ***Psychology & Marketing***, 27 (1): 1–12.

39 Baumeister, R. F., & Tierney, J. 2012. ***Die Macht der Disziplin: Wie wir unseren Willen trainieren können***: Campus.

40 https://www.inc.com/melissa-chu/winston-churchills-lazy-strategy-to-getting-more-work-done.html

41 McClean, S. T., Koopman, J., Yim, J., & Klotz, A. C. 2021. Stumbling out of the gate: The energy-based implications of morning routine disruption. ***Personnel Psychology***, 74 (3): 411–448.

42 https://harpersbazaar.com.au/jennifer-aniston-morning-routine/

43 McClean, S. T., Koopman, J., Yim, J., & Klotz, A. C. 2021. Stumbling out of the gate: The energy-based implications of morning routine disruption. ***Personnel Psychology***, 74 (3): 411–448.

44 Clear, J. 2020. ***Die 1%-Methode – Minimale Veränderung, maximale Wirkung: Mit kleinen Gewohnheiten jedes Ziel erreichen – Mit Micro Habits zum Erfolg***: Goldmann.

45 Hinterhuber, H. H. 2015. ***Neue Zitate für Manager***: Frankfurter Allgemeine Buch.

46 Neumann, G. 1999. Hitzebelastung und Hitzeakklimatisation im Sport. ***Schweizerische Zeitschrift für Sportmedizin und Sporttraumatologie***, 47 (2): 101–105.

47 Strasser, C. 2018. ***Der Weg ist weiter als das Ziel***: Egoth.

48 Nehls, M. 2012. ***Herausforderung Race Across America: 4800 km Zeitfahren von Küste zu Küste***: Mental Enterprises.

49 Weick, K. E. 1995. ***Sensemaking in organizations***: Sage.

50 Kane, M., & Trochim, W. M. 2009. Concept mapping for applied social research. ***The Sage Handbook of Applied Social Research Methods***: 435–474.

51 Drucker, P. F. 2004. What makes an effective executive. ***Harvard Business Review***, 82 (6): 17–21.

52 Watson Pelàez, M. 2011. Plan Your Way to Less Stress, More Happiness. ***Time***, May, 31.

53 Barker, E., & Wayne, R. 2017. ***Barking up the wrong tree***: HarperCollins.

54 Frankl, V. E. 1985. ***Man's search for meaning***: Simon and Schuster.

55 Frankl, V. E. 1985. ***Man's search for meaning***: Simon and Schuster.

56 https://www.realtimeperformance.com/5-lessons-from-viktor-frankls-book-mans-search-for-meaning/

57 Frankl, V. E. 1985. ***Man's search for meaning***: Simon and Schuster.

58 Siehe hierzu Stulberg, B., & Magness, S. 2022. ***Das perfekte Mindset***: Finanzbuchverlag.

59 Stulberg, B., & Magness, S. 2022. ***Das perfekte Mindset***: Finanzbuchverlag.

60 Stulberg, B., & Magness, S. 2022. ***Das perfekte Mindset***: Finanzbuchverlag.

61 Coleman, J. 2022. ***HBR Guide to Crafting your Purpose***: Harvard Business Review Press.

62 https://www.gallup.com/education/248222/gallup-bates-purposeful-work-2019.aspx

63 Craig, N., & Snook, S. 2014. From purpose to impact. ***Harvard Business Review***, 92 (5): 104–111.

64 N. N. 2018. The Psychology of Purpose: The John Templeton Foundation. Hill, P. L., & Turiano, N. A. 2014. Purpose in life as a predictor of mortality across adulthood. ***Psychological Science***, 25 (7): 1482–1486.

65 Coleman, J. 2022. ***HBR Guide to Crafting your Purpose***: Harvard Business Review Press.

66 Coleman, J. 2022. ***HBR Guide to Crafting your Purpose***: Harvard Business Review Press.

67 Adaptiert nach Coleman, J. 2022. ***HBR Guide to Crafting your Purpose***: Harvard Business Review Press.

68 Coleman, J. 2022. ***HBR Guide to Crafting your Purpose***: Harvard Business Review Press.

69 Grant, A. 2013. In the company of givers and takers. ***Harvard Business Review***, 91 (4): 90–97.

70 Vallacher, R. R., & Wegner, D. M. 2014. ***A theory of action identification***: Psychology Press.

71 https://www.colegio-humboldt.edu.pe/refo/refo-2008/Materialien/08-2008%20Materialien/03%20Die%20Geschichte%20von%20den%20drei%20Steinmetzen.pdf

72 Hedges, K. 2017. 5 Questions to Help Your Employees Find Their Inner Purpose. ***Harvard Business Review*** (Digital Article).

73 Williams, S. E., Cooley, S. J., Newell, E., Weibull, F., & Cumming, J. 2013. Seeing the difference: Developing effective imagery scripts for athletes. ***Journal of Sport Psychology in Action***, 4 (2): 109–121.

74 Burns, L., Weissensteiner, J. R., & Cohen, M. 2019. Lifestyles and mindsets of Olympic, Paralympic and world champions: is an integrated approach the key to elite performance? ***British Journal of Sports Medicine***, 53 (13): 818–824.

75 https://www.169k.net/blog/straps-raam

76 https://www.peaksports.com/sports-psychology-blog/sports-visualization-athletes/

77 Amabile, T. M., & Kramer, S. J. 2011. The power of small wins. ***Harvard Business Review***, 89 (5): 70–80.

78 Purps-Pardigol, S. 2021. ***Leben mit Hirn: Wie Sie Ihre Potenziale entfalten, egal was um Sie herum geschieht***: Campus.

79 Crum, A. J., & Crum, T. (2015). Stress can be a good thing if you know how to use it. Harvard Business Review. Retrieved from https://hbr. org/2015/09/stress-can-be-a-good-thing-if-you-know-how-to-use-it.

80 Rosekind, M. R., Neri, D. F., Miller, D. L., Gregory, K. B., Webbon, L. L., & Oyung, R. L. 1997. Crew fatigue research focusing on development and use of effective countermeasures. ***ICAO Journal***, 52 (4): 20–22.

81 Berglund, B., & Berglund, L. 2015. «Shermer's neck« is a rare injury in long-distance cycle races. Association with diplopia described for the first time, ***Lakartidningen***, Vol. 112: DR7I.

82 Barth, S. 2022. ***Ultracycling & Bikepacking***: LongDistanceMedia.

83 Barth, S. 2022. ***Ultracycling & Bikepacking***: LongDistanceMedia.

84 https://navyseals.com/nsw/hell-week-0/

85 Siehe hierzu Barth, S. 2022. ***Ultracycling & Bikepacking***: LongDistanceMedia.

86 https://gannikus.de/medizin/was-ist-riechsalz-und-wie-effektiv-ist-es-auf-die-kraft/

87 Grubinger, M., Gepp, M., & Gepp, A. 2010. ***Vom Traum zum Ziel: Alex Gepp beim Race Across America***: Egoth.

88 Porter, M. 1996. What is strategy? ***Harvard Business Review***, 74 (6): 61–78.

89 DiMaggio, P., & Powell, W. W. 1983. The iron cage revisited: Collective rationality and institutional isomorphism in organizational fields. ***American Sociological Review***, 48 (2): 147–160.

90 Matzler, K., Stadler, C., Hautz, J., Friedrich von den Eichen, S., & Anschober, M. 2022. ***Open Strategy: Durch offene Strategieprozesse Disruption erfolgreich meistern***: Vahlen.

91 Wansink, B. 2006. ***Mindless eating: Why we eat more than we think***: Bantam.

92 Thaler, R., & Sunstein, C. 2008. ***Nudge: improving decisions about health, wealth and happiness***: Yale University Press.

93 Thaler, R., & Sunstein, C. 2008. ***Nudge: improving decisions about health, wealth and happiness***: Yale University Press.

94 Thaler, R., & Sunstein, C. 2008. ***Nudge: improving decisions about health, wealth and happiness***: Yale University Press.

95 Matzler, K., Stadler, C., Hautz, J., Friedrich von den Eichen, S., & Anschober, M. 2022. ***Open Strategy: Durch offene Strategieprozesse Disruption erfolgreich meistern***: Vahlen.

96 DiMaggio, P., & Powell, W. W. 1983. The iron cage revisited: Collective rationality and institutional isomorphism in organizational fields. ***American Sociological Review***, 48 (2): 147–160.

97 Gladwell, M. 2013. ***David and Goliath: Underdogs, Misfits and the Art of Battling Giants***: Penguin.

98 Matzler, K., Stadler, C., Hautz, J., Friedrich von den Eichen, S., & Anschober, M. 2022. ***Open Strategy: Durch offene Strategieprozesse Disruption erfolgreich meistern***: Vahlen.

99 Ranadivè, V. 2014. What a CEO Learned Coaching His Daughter's Basketball Team. ***Entrepreneur*** July 7.

100 Ranadivè, V. 2014. What a CEO Learned Coaching His Daughter's Basketball Team. ***Entrepreneur*** July 7.

101 Wilson James, Q., & Kelling George, L. 1982. Broken Windows: The police and neighborhood safety. ***The Atlantic*** (March): 29–38, Zimbardo, P. G. 1969. ***The human choice: Individuation, reason, and order versus deindividuation, impulse, and chaos***. Paper presented at the Nebraska Symposium on Motivation.

102 Wilson James, Q., & Kelling George, L. 1982. Broken Windows: The police and neighborhood safety. ***The Atlantic*** (March): 29–38.

103 Clear, J. 2020. ***Die 1%-Methode – Minimale Veränderung, maximale Wirkung: Mit kleinen Gewohnheiten jedes Ziel erreichen – Mit Micro Habits zum Erfolg***: Goldmann.

104 Clear, J. 2020. ***Die 1%-Methode – Minimale Veränderung, maximale Wirkung: Mit kleinen Gewohnheiten jedes Ziel erreichen – Mit Micro Habits zum Erfolg***: Goldmann.

105 https://www.bbc.com/sport/olympics/19174302

106 https://www.christophstrasser.at/aktuelles_live_newsletter/news/aktuelles_detail-ansicht/mein-erstes-fazit-1day1000k/

107 Misch, D. 2021. ***1000/24. Christoph Strasser und die Jagd nach dem perfekten Tag***: Covadonga Verlag.

108 https://pedalchile.com/blog/shaved-arms

109 https://www.hilite-bikes.com/de/blog/post/wieviel-watt-ersparnis-bringt-eine-saubere-kette/

110 Elberse, A. 2022. Number One in Formula One. ***Harvard Business Review***, 100 (11–12): 70–78.

111 https://www.raceacrossamerica.org/resources/historic/EverythingByShermer.pdf

112 Elberse, A. 2022. Number One in Formula One. ***Harvard Business Review***, 100 (11–12): 70–78.

113 Keller, S., & Meaney, M. 2017. High-performing teams: A timeless leadership topic. ***McKinsey Quarterly***, 3 (July): 81–87.

114 Keller, S., & Meaney, M. 2017. High-performing teams: A timeless leadership topic. ***McKinsey Quarterly***, 3 (July): 81–87.

115 Diese Anzeige wird in der Literatur immer wieder berichtet, auch wenn unklar ist, wann und wo sie erschienen sein soll, siehe Koehn, N. F. 2010. Leadership in Crisis: Ernest Shackleton and the Epic Voyage of the Endurance. ***Harvard Business School Case*** (9-803-127).

116 https://shackleton.com/en-at/blogs/articles/why-ernest-shackleton-is-still-relevant-today

117 Quelle: https://de.statista.com/statistik/daten/studie/205260/umfrage/arbeitszeit-pro-woche-von-geschaeftsfuehrern/

118 https://www.max-grundig-klinik.de/wp-content/uploads/max-grundig-klinik-presse-information-04042016-schlaf.pdf

119 https://www.max-grundig-klinik.de/wp-content/uploads/max-grundig-klinik-presse-information-04042016-schlaf.pdf

120 Porter, M. E., & Nohria, N. 2018. How CEOs manage time. ***Harvard Business Review***, 96 (4): 42–51.

121 Kunzmann, K. 2019. Schlaf, Cheflein, schlaf: Warum dauerhafter Schlafmangel für Körper und Geist fatale Folgen hat. ***Die Absatzwirtschaft*** (28. Januar).

122 Mickle, T. 2020. How Tim Cook Made Apple His Own. ***Wall Street Journal*** (7. August).

123 https://www.cnbc.com/2018/11/05/elon-musk-on-working-120-hours-a-week-youll-go-bonkers.html

124 Barnes, C. M. 2018. Sleep well, lead better. ***Harvard Business Review*** (September–October): 2–5.

125 Czycholl, H. 2014. Müde Manager handeln, als wären sie betrunken. ***Die Welt*** (17. Jänner).

126 Loehr, J., & Schwartz, T. 2003. ***The power of full engagement. Managing energy, not time, is the key to high performance and personal renewal***: Simon and Schuster.

127 Loehr, J., & Schwartz, T. 2001. The making of a corporate athlete. ***Harvard Business Review***, 79 (1): 120–129.

128 Loehr, J., & Schwartz, T. 2001. The making of a corporate athlete. ***Harvard Business Review***, 79 (1): 120–129.

129 Stulberg, B., & Magness, S. 2022. ***Das perfekte Mindset***: Finanzbuchverlag.

130 Pencavel, J. 2015. The productivity of working hours. ***The Economic Journal***, 125 (589): 2052–2076.

131 Amabile, T. M., Hadley, C. N., & Kramer, S. J. 2002. Creativity under the gun. ***Harvard Business Review***, 80: 52–63.

132 Magiera, C. 2009. ***Einsatz und Anwendungen von Innovationstechniken: Betrachtung unter dem Effizienzaspekt***: Diplomica Verlag.

133 Magiera, C. 2009. ***Einsatz und Anwendungen von Innovationstechniken: Betrachtung unter dem Effizienzaspekt***: Diplomica Verlag.

134 Evans, J. S. B., & Frankish, K. E. 2009. ***In two minds: Dual processes and beyond***: Oxford University Press.

135 Dijksterhuis, A., & Nordgren, L. F. 2006. A theory of unconscious thought. ***Perspectives on Psychological Science***, 1 (2): 95–109.

136 Ritter, S. M., & Dijksterhuis, A. 2014. Creativity – the unconscious foundations of the incubation period. ***Frontiers in Human Neuroscience***: 215.

137 Dijksterhuis, A., & Meurs, T. 2006. Where creativity resides: The generative power of unconscious thought. ***Consciousness and Cognition***, 15 (1): 135–146.

138 Stulberg, B., & Magness, S. 2022. ***Das perfekte Mindset***: Finanzbuchverlag.

139 Loehr, J., & Schwartz, T. 2001. The making of a corporate athlete. ***Harvard Business Review***, 79 (1): 120–129.

140 Simpson, N., Gibbs, E., & Matheson, G. 2017. Optimizing sleep to maximize performance: implications and recommendations for elite athletes. ***Scandinavian Journal of Medicine & Science in Sports***, 27 (3): 266–274.

141 Czeisler, C. A., & Fryer, B. 2006. Sleep deficit: The performance killer. ***Harvard Business Review***, 84 (10): 53–59.

142 Barnes, C. M. 2018. Sleep well, lead better. ***Harvard Business Review*** (September–October): 2–5.

143 Czeisler, C. A., & Fryer, B. 2006. Sleep deficit: The performance killer. ***Harvard Business Review***, 84 (10): 53–59.

144 Williamson, A. M., & Feyer, A.-M. 2000. Moderate sleep deprivation produces impairments in cognitive and motor performance equivalent to legally prescribed levels of alcohol intoxication. ***Occupational and Environmental Medicine***, 57 (10): 649–655.

145 Loehr, J., & Schwartz, T. 2001. The making of a corporate athlete. ***Harvard Business Review***, 79 (1): 120–129.

146 Behson, S. 2014. Work-Live Balance Through Interval Training. ***Harvard Business Review*** (Digital Article).

147 https://www.sozialministerium.at/Themen/Gesundheit/Uebertragbare-Krankheiten/Infektionskrankheiten-A-Z/Kinderl%C3%A4hmung-(Poliomyelitis).html

148 https://rotary.de/endpolionow/

149 https://rotary.de/gesundheit/service-award-fuer-kurt-matzler-a-20741.html